INSPIRADO

Tradução de
LUÍS ARON DE MACEDO

JACK LEVISON

INSPIRADO

O ESPÍRITO SANTO E A MENTE DE FÉ

Título original: *Inspired: The Holy Spirit and the Mind of Faith*
Copyright ©2013 por Jack Levison
Edição original por Wm. B. Eerdmans Publishing Co. Todos os direitos reservados.
Copyright da tradução ©2022, de Vida Melhor Editora LTDA.

Todos os direitos desta publicação são reservados por Vida Melhor Editora LTDA.

Os pontos de vista desta obra são de responsabilidade de seus autores e colaboradores diretos, não refletindo necessariamente a posição da Thomas Nelson Brasil, da HarperCollins Christian Publishing ou de sua equipe editorial.

Publisher	*Samuel Coto*
Editor	*André Lodos Tangerino*
Tradutor	*Luís Aron de Macedo*
Preparação	*Judson Canto*
Revisão	*Shirley Lima* e *Gabriel Braz*
Diagramação	*Sonia Peticov*
Adaptação de capa	*Rafael Brum*

Dados Internacionais de Catalogação na Publicação (CIP)
(BENITEZ Catalogação Ass. Editorial, MS, Brasil)

L646i Levison, Jack
1.ed.   Inspirado : o Espírito Santo e a mente da fé / Jack Levison ; tradução Luís Aron de Macedo. – 1.ed. – Rio de Janeiro : Thomas Nelson Brasil, 2022.
256 p.; 15,5 x 23 cm.

Título original: Inspired : the Holy Spirit and the mind of faith.
ISBN 978-65-5689-307-5

1. Bíblia – Crítica, interpretação, etc. 2. Bíblia – Inspiração. 3. Gunkel, Hermann, 1862-1932. Influência do Sagrado Espírito. 4. Sagrado Espírito. I. Macedo, Luís Aron de. II. Título.

08-2022/114   CDD: 231.3

Índice para catálogo sistemático

1. Bíblia : Inspiração 231.3

Bibliotecária responsável: Aline Graziele Benitez CRB-1/3129

Thomas Nelson Brasil é uma marca licenciada à Vida Melhor Editora LTDA.
Todos os direitos reservados à Vida Melhor Editora LTDA.
Rua da Quitanda, 86, sala 218 — Centro
Rio de Janeiro — RJ — CEP 20091-005
Tel.: (21) 3175-1030
www.thomasnelson.com.br

"Uma linha nos tomará horas talvez."
— Yeats

■ ■ ■

Para David Laskin,

meu querido amigo,
em cuja companhia passo as horas

Traduções bíblicas citadas neste livro:

- **ARA**: Almeida Revista e Atualizada
- **ARC**: Almeida Revista e Corrigida, Edição de 2009
- **BJ**: Bíblia de Jerusalém
- **CEB**: Common English Bible
- **NRSV**: New Revised Standard Version
- **NTLH**: Nova Tradução na Linguagem de Hoje
- **NVI**: Nova Versão Internacional
- **NVT**: Nova Versão Transformadora
- *The Message*
- **TB**: Tradução Brasileira

SUMÁRIO

AGRADECIMENTOS   11

INTRODUÇÃO   15

   O espírito, a virtude e o aprendizado   16
   Uma sugestão de agenda   20
   Uma trajetória distinta   22
   Definições-chave   23

1. **O ESPÍRITO E O CULTIVO DA VIRTUDE**   31

   A traição benigna das traduções   34

   O espírito-respiração na literatura israelita   37
      Um espírito estável   37
      O espírito-respiração erguendo um cerco   40
      O espírito na corte do faraó   42
      O espírito no deserto   44
      O espírito nos corredores do poder   50
      O espírito-respiração de Deus no mundo de Israel: resumo   54

   O espírito interior no mundo do judaísmo primitivo   55
      Um espírito santo interior como centro da virtude   56
      O espírito e a busca da virtude   59
      O espírito-respiração no judaísmo primitivo: resumo   66

   O espírito-respiração no cristianismo primitivo   67
      O espírito vitalício interior como o *locus* da virtude e do aprendizado   69
      A nova criação, aprendizado e virtude   76

O significado do espírito-respiração   85
- Como os cristãos reconhecem o espírito nos não cristãos   85
- Como os cristãos oram   87
- Como os cristãos aprendem   88
- Como os cristãos cultivam o espírito   89

2. COLOCANDO O ÊXTASE EM SEU DEVIDO LUGAR   91

O surgimento e o desaparecimento do êxtase   93
- Uma fatia de êxtase na literatura israelita   93
- O êxtase no mundo do Novo Testamento   98
- O êxtase no Novo Testamento   104

Falar em línguas   109
- Carta de Paulo aos Coríntios   109
- O Pentecostes e muito mais no livro de Atos   112

O espírito santo e o poder da reflexão   119
- Paulo, Ananias e uma missão pela frente   119
- Pedro, Cornélio e o derramamento que se segue   123
- A igreja de Antioquia e a fronteira da missão   128
- Espírito, resolução de conflitos e virtude coletiva: o Concílio de Jerusalém (resumo)   134
- Resumo   138

A importância de colocar o êxtase em seu devido lugar   139
- Como as fronteiras são cruzadas   140
- Como os cristãos se preparam para a obra do Espírito Santo   141
- Como os crentes respondem à obra do Espírito Santo   143
- Como as igrejas podem chegar a acordos inspirados   145

3. O ESPÍRITO E A INTERPRETAÇÃO DAS ESCRITURAS   147

A interpretação inspirada na literatura israelita   150
- Esdras   151
- Amasai   152
- Jaaziel   154
- Resumo   156

A interpretação inspirada das Escrituras no judaísmo — 157
- Ben Sirá e o escriba inspirado — 157
- Os Hinos de Qumran — 160
- Fílon, o Judeu — 162
- Josefo — 165
- Resumo — 167

A interpretação inspirada das Escrituras no Novo Testamento — 168
- O cântico de Simeão — 168
- O paráclito prometido — 171
- O livro de Atos — 174
- A carta aos hebreus — 177
- As cartas de Paulo — 185

O significado da interpretação inspirada das Escrituras — 202
- Como avaliar o valor das Escrituras judaicas — 202
- Como valorizar o papel da comunidade para a interpretação inspirada — 204
- Como a preparação abre caminho para a inspiração — 207

CONCLUSÃO. UMA AGENDA PARA O FUTURO DA PNEUMATOLOGIA — 209

1. Uma pneumatologia da criação — 211
- Espírito *versus* espírito — 213
- *Spiritus sanctificans* e *spiritus vivificans* — 216
- Espírito e virtude — 219
- Espírito fora das paredes sagradas — 222

2. O significado de um ponto de partida — 226
- O derramamento do espírito — 228
- Liderança ungida — 229
- Libertação — 231
- Vários pontos de partida — 233

3. A Bíblia e o mundo que a formou — 234
- Paralelos e paralelomania — 237
- Preenchendo as lacunas — 238

Correspondência entre livros tão diferentes quanto a noite e o dia 239
A vitalidade do judaísmo 243

4. Um modelo de inspiração e um futuro unificado para a igreja 244

A Escritura e o espírito 248
Êxtase e edificação 250
Inspiração e investigação 251

AGRADECIMENTOS

Durante duas décadas de pesquisa e escritos sobre pneumatologia, fui o feliz beneficiário de instituições e indivíduos generosos. A Fundação Alexander von Humboldt apoiou minha primeira licença na Alemanha, em 1993-1994, período no qual concluí *The Spirit in First Century Judaism* [O espírito no judaísmo do primeiro século], sob o patrocínio do professor Martin Hengel, da Eberhard-Karls-Universität Tübingen. Em 2005-2006, a renovação dessa concessão inicial, combinada com uma licença sabática da Seattle Pacific University, deu-me tempo para revisar *Filled with the Spirit* [Cheio do Espírito Santo], além de fácil acesso aos amplos recursos da Ludwig-Maximilians-Universität München e a um apartamento no coração do distrito universitário de Munique, no Internationales Begegnungszentrum. Em 2008, o Instituto Louisville concedeu-me uma bolsa de verão que me permitiu trabalhar em *Fresh Air: The Holy Spirit for an Inspired Life* [Ar fresco: o Espírito Santo para uma vida inspirada]. Finalmente, a Seattle Pacific University financiou um ano sabático, no ano passado. Li obras de teologias que, de outra forma, não teria tido tempo de ler no curso normal da vida, enquanto esboçava e rabiscava o que eu esperava vir a ser uma agenda provocativa e programática para o futuro da pneumatologia — quase um pequeno livro.

Durante minha estada em Munique, o professor Jörg Frey e eu desenvolvemos a ideia de um projeto de pesquisa interdisciplinar internacional: *The Historical Roots of the Holy Spirit* [As raízes históricas do Espírito Santo]. Os subsídios combinados para essa pesquisa, provenientes do Programa TransCoop, da Fundação Alexander von Humboldt, e do Programa de Bolsistas Shohet, da International Catacomb Society, tornaram possíveis algumas estadas com a duração de um mês cada em Munique, em 2010 e 2012. Minha família e eu nos instalamos outra vez no Internationales Begegnungszentrum. Durante essas estadas, mantive um escritório na Faculdade Protestante, com acesso aos recursos de sua biblioteca, além da oportunidade de ter conversas importantes, normalmente tomando café com bolo e salgados na companhia do professor Frey; e, na segunda temporada, com o professor Loren Stuckenbruck, embora seu escritório ainda estivesse cheio de caixas de livros até a altura da cabeça.

Três outros colegas deixaram suas marcas neste livro. Ron Herms leu o manuscrito inteiro, fez comentários perspicazes e levantou questões importantes. Daniel Castelo, meu colega na Seattle Pacific University, ensinou-me sobre o pecado enquanto degustávamos sanduíches de almôndegas. Deixe-me dizer isso em outras palavras. Daniel leu a conclusão e me desafiou a fazer alguns acréscimos sobre a realidade do pecado na agenda pneumatológica por mim proposta. Do outro lado do continente, John R. Sachs conduziu-me pela pneumatologia de Karl Rahner.

Também estou em dívida com as boas pessoas da editora Eerdmans. Antes que a tinta secasse em *Filled with the Spirit*, Michael Thomson incentivou-me a escrever um segundo livro para a Eerdmans sobre o assunto do Espírito Santo. *Filled with the Spirit* ultrapassou quinhentas páginas, e nelas relutei em tirar conclusões para a igreja. Este livro, *Inspirado: o espírito santo e a mente da fé*, contém uma mensagem muito mais direta para a igreja e chega a oferecer uma agenda para o futuro da pneumatologia — com menos da metade do volume de *Filled with the Spirit*. Vicky Fanning, da Eerdmans, é uma pessoa extraordinária, enquanto Jenny Hoffman e meu competente editor, David Cottingham, trabalharam com afinco para minimizar as infelicidades da escrita. O diretor criativo da Eerdmans, Willem Mineur, contratou Kevin van der Leek para fazer a capa. Estou maravilhado com o trabalho. A Eerdmans acertou em cheio na capa.

Quando chegou a hora de preparar os índices, eu sabia exatamente a quem procurar. Shannon Smythe, que recentemente concluiu seu doutorado em teologia no Princeton Theological Seminary, havia compilado os índices para o *Filled with the Spirit*, graças a uma bolsa de pesquisa da Seattle Pacific University. Sem hesitação, pedi a ela que fizesse o mesmo com este livro. Shannon, mais uma vez, fez um trabalho notável.

Nos últimos anos, tive inúmeras conversas com meu querido amigo e talentoso escritor David Laskin sobre todas as técnicas literárias. David escreve livros que as pessoas *querem* ler e, com alguma constância, vem me ensinando a arte de escrever livros para serem lidos.

Meus filhos, Chloe e Jeremy, juntaram-se alegremente a esta jornada, mesmo quando as viagens a Munique eram menos cômodas. No verão passado, por exemplo, Chloe e Jeremy encontraram-se em Nova York e embarcaram juntos em um avião para Munique, onde os recebemos com *pretzels* bávaros nas mãos. Naquela noite, exaustos, eles fizeram uma longa caminhada a pé — sem reclamar — até uma cervejaria ao ar livre nos arredores de Munique para comemorar meu aniversário.

Por fim, minha musa: Priscilla Pope-Levison, uma combinação extraordinária de esposa, colega, amiga, crítica e editora. Confio de olhos fechados nos julgamentos de Priscilla. Enquanto escrevia o livro dela, *Building the Old Time Religion* [Construindo a religião dos velhos tempos] para a NYU Press, Priscilla envolveu-se com o meu em todos os níveis. No entanto, retratar Priscilla como editora ou escritora é algo muito especial. Ela é mais que minha colega, mais que minha crítica, mais que minha editora. Amo Priscilla, agora há mais de trinta anos, desde as nossas conversas durante o chá da manhã até o momento em que ela deita a cabeça no meu ombro, ao final do dia.

INTRODUÇÃO

Em algum momento entre escrever *Filled with the Spirit* para o público acadêmico e *Fresh Air: The Holy Spirit for an Inspired Life* para os leitores em geral, despertei para esta convicção da igreja primitiva: *o Espírito Santo torna-se particularmente presente na interpretação inspirada das Escrituras*.[1] Após essa constatação, afastei-me de Hermann Gunkel, acadêmico cujo estudo do espírito teve singular influência na pneumatologia do século 20. Gunkel identificou a espontaneidade do falar em línguas, a *glossolalia*, como o sinal mais claro do espírito santo na igreja primitiva.[2]

Ao traçar uma linha divisória entre o falar em línguas e a interpretação inspirada das Escrituras, posso ter iludido você. Bastou-me apenas um curto parágrafo para tanto — a indicação de como as dicotomias podem ser intratáveis. Portanto, deixe-me fazer uma correção. Não pretendo criar uma divisão entre *glossolalia* e interpretação inspirada das Escrituras. Em vez disso, quero afirmar que a igreja primitiva — incluindo os judeus e muitos autores israelitas — descobriu uma rica simbiose entre várias experiências semelhantes ao êxtase e à acuidade intelectual inspirada. Nessa sinergia de intelecto e inspiração, descobrimos a genialidade das primeiras concepções judaicas e cristãs do espírito. Descobrir essa genialidade e desenterrar exemplos suficientes para convencê-lo dessa simbiose são o coração e a alma deste livro.

A maior parte deste livro consiste em *exegese*. Apresentarei, com o máximo de clareza e concisão que puder reunir, dados do *corpora* literário de Israel (ou seja, a Bíblia judaica ou Antigo Testamento), do judaísmo primitivo (c. 200 a.C.-100 d.C.) e da igreja primitiva (ou seja, o Novo Testamento).

Também desejo criar uma *agenda* ousada que determine como a espiritualidade dos cristãos contemporâneos pode florescer quando informada por um rico conjunto de *insights* duradouros — e ignorados — da

---

[1] *Filled with the Spirit* (Grand Rapids: Eerdmans, 2009), p. 185-99, 347-61, 399-404.
[2] Hermann Gunkel, *The Influence of the Holy Spirit: The Popular View of the Apostolic Age and the Teaching of the Apostle Paul*, 3. ed. (Philadelphia: Fortress, 1979; edição de bolso, 2008).

antiguidade israelita, judaica e cristã. Os leitores interessados em desenvolver e sustentar vibrantes espiritualidades contemporâneas descobrirão muitos recursos neste livro.

Este livro consiste em uma combinação de descrição histórica e prescrição contemporânea, de exegese rigorosa e esforço não apologético, para fornecer uma base vital às espiritualidades contemporâneas, particularmente as cristãs, com as quais estou mais familiarizado. Representa a crença de que a erudição e a igreja se beneficiam de um relacionamento sólido e organizado. No nível prático em que este livro é apresentado, os historiadores e estudiosos da Bíblia recebem o que lhes é devido na porção central de cada capítulo, enquanto os pastores e teólogos, tanto os experientes como os iniciantes, recebem o que lhes cabe no início e no final de cada capítulo. Deixe-me enfatizar, entretanto, que a exegese e a relevância contemporânea são indispensáveis entre si. Portanto, qualquer que seja seu interesse particular por este livro — histórico ou contemporâneo —, recomendo-lhe que fique atento à dimensão que menos lhe interessa. Você ficará surpreso com o que poderá, acidentalmente, encontrar.

O ESPÍRITO, A VIRTUDE E O APRENDIZADO

Os temas deste livro vão progredindo a cada capítulo, até criar, no final, um todo harmonioso e uma agenda consistente. Deixe-me expor o desenvolvimento e o esboço.

O tema do primeiro capítulo é simples: *o espírito inspira virtude e aprendizado*. Esse elemento da agenda que proponho surge de uma vertente negligenciada nas Escrituras judaicas, em que o espírito que o ser humano recebe desde o nascimento não é menos divino ou santo que o espírito recebido pelos dons carismáticos. Para trazer à luz essa vertente, devemos olhar, em primeiro lugar, não para o Novo Testamento, com sua ênfase na nova criação, mas para as Escrituras judaicas. Essa vertente, na qual Deus concede o espírito ao ser humano ao nascer, é um modelo de inspiração fundamental e bíblico.

De acordo com esse modelo, algumas das figuras luminescentes de Israel são pessoas que cultivaram o espírito dentro de si desde o nascimento. Daniel é epítome do cultivo de uma vida de virtude. Sua primeira experiência de revelação ocorreu enquanto ele evitava alimentar-se de forma opulenta,

Introdução

estudava línguas e literatura antigas e vivia como um jovem e fiel israelita em um ambiente que lhe era estranho. A virtude e a sabedoria de Daniel, bem como o espírito que estava nele, foram reconhecidos por bastante tempo — durante os reinados sucessivos de três governantes estrangeiros (Daniel 4—6). O espírito era uma presença vitalícia cultivada por Daniel. Outro israelita luminar foi Bezalel, arquiteto-chefe da Tenda do Encontro, no livro de Êxodo, que oferece um toque ligeiramente diferente nesse modelo de inspiração. À semelhança de Daniel, Bezalel cultivava a habilidade. Ele *já* estava equipado com sabedoria de coração, conhecimento e espírito. Para desempenhar seu papel de líder na construção do Tabernáculo, Deus encheu Bezalel não com uma nova dotação do espírito, mas com uma supersaturação do espírito, um enchimento total com o espírito que ele já cultivava. O enchimento aqui não é uma dotação inicial, mas, sim, um complemento, como o verbo hebraico sugere, a forma como uma promessa é cumprida, ou uma casa ou uma tigela são completamente cheias de moscas ou de comida. Segundo esse modelo de inspiração, Bezalel já possuía o espírito e a sabedoria de coração, que, então, em pouca medida, transbordaram em um momento que proporcionou a Israel um de seus mais magníficos registros de generosidade em comunidade (Êxodo 36:2-7). A plenitude do espírito, a habilidade e a generosidade caminhavam de mãos dadas pelo deserto.[3]

Obviamente, a Bíblia judaica[4] contém outras concepções de inspiração. Apossar-se. Repousar. Derramar. Renovar. Em cada uma dessas concepções,

---

[3] Deixe-me declarar, já de início, que vou trabalhar com textos israelitas, judaicos primitivos e cristãos primitivos nos termos próprios de cada um. Ou seja, não os interpreto como janelas para a história, da maneira como os evangelhos, por exemplo, têm sido usados (em minha opinião, de forma bastante apropriada): como janela para o Jesus histórico. Não haverá busca do Daniel, do Bezalel, do Amasai ou da Ana históricos, nem avaliarei textos como o livro de Atos com base em quão historicamente confiáveis possam ser as narrativas de Lucas. Tais avaliações nos levariam a muitos caminhos que, em geral, considero agradáveis e até mesmo proveitosos em muitas ocasiões, mas que nos distraem e consomem tempo, em vez de permitir que nos concentremos exclusivamente no espírito da antiguidade. Também não gasto energia para determinar a autoria e a data de textos antigos. Presumo que Isaías 40—66 foi escrito no período do exílio babilônico ou mais tarde, que o livro de Daniel foi composto algum tempo depois de 175 a.C. e que as Epístolas Pastorais refletem adequadamente a teologia paulina com relação à pneumatologia, tenham sido elas ou não escritas pelo apóstolo Paulo. Essas decisões não afetam de forma significativa a maneira como interpreto esses textos neste livro.

[4] Como estudioso cristão que colabora com estudiosos judeus, acho difícil saber como me referir ao que os cristãos chamam de Antigo Testamento. Portanto, refiro-me a esse *corpus* da literatura de várias maneiras, entre elas, Escritura, Escritura judaica, Bíblia Hebraica e Antigo Testamento. Também estou ciente de que "escritura" é um termo debatido, até porque não sabemos com certeza quando e por quem a literatura israelita passou a ser considerada Escritura autorizada. Adicione-se

o espírito vem novamente de fora a indivíduos e comunidades inspirados. Durante a era greco-romana, todos esses modelos se aglutinam — uns nos outros e em modelos greco-romanos de inspiração — para criar um amontoado de concepções de inspiração. No fluxo dessa alquimia cultural, os autores judeus conseguiram preservar a crença que encontraram em suas Escrituras — o espírito é a fonte da virtude, um reservatório de aprendizado. Se o espírito inspirou os fiéis desde o nascimento; se o espírito desde o nascimento expandiu-se em momentos inspirados; se o espírito-respiração rugiu como um impulso externo ou talvez como uma mistura de todas essas opções, seja como for, acreditava-se que o espírito inspirava virtude e aprendizado.

A igreja primitiva abraçou essa simbiose entre inspiração, virtude e aprendizado, às vezes adotando a ideia de que o espírito-respiração desde o nascimento é a fonte de sabedoria, embora com foco no dom renovado do espírito, na nova criação, em um novo Adão. De qualquer forma, em qualquer circunstância a virtude e o aprendizado infundem inspiração no Novo Testamento.[5]

Esse elemento numa agenda para o futuro da pneumatologia tem implicações significativas para várias dimensões da fé e da prática cristãs. O capítulo 1 conclui com uma discussão sobre:

- como os cristãos reconhecem o espírito santo nos não cristãos;
- como os cristãos oram;
- como os cristãos aprendem;
- como os cristãos cultivam o espírito diariamente.

O segundo capítulo mostra *a simbiose entre êxtase e o entendimento que permeia as Escrituras judaicas e cristãs*. O êxtase — ou qualquer experiência semelhante — raramente está só. Na literatura israelita, o êxtase está presente apenas em pequenas porções. De modo semelhante, no Novo Testamento apenas algumas visões oferecem acesso ao êxtase, e sempre

---

a isso a dificuldade da nomenclatura: a identificação da igreja mais antiga com o cristianismo primitivo. Isso também pode ser anacrônico, porque não sabemos quão cedo os seguidores de Jesus passaram a ser considerados um ramo da fé separado do judaísmo. Até mesmo o nome primitivo "cristãos", que Lucas diz ter surgido em Antioquia (Atos 11:26), não sugere uma separação completa do judaísmo.

[5] Estou em dívida com Frank Macchia, por me pressionar a discernir a continuidade entre a literatura israelita e a literatura dos cristãos primitivos. Veja seu artigo "The Spirit of Life and the Spirit of Immortality: An Appreciative Review of Levison's Filled with the Spirit", *Pneuma*, n. 33 (2011), p. 69-78.

acompanhadas de importante reflexão. Por exemplo, Pedro confunde a visão de alimentos puros que ele teve ao meio-dia e até mesmo modifica seu significado ao viver novas experiências (Atos 10—15). Nas cartas de Paulo e no livro de Atos, a experiência de falar em línguas é valiosa, principalmente quando acompanhada de — ou quando consiste em — linguagem inteligível. O êxtase por si só não era considerado um sinal claro do espírito santo.

Se fôssemos rastrear as ocorrências inequívocas de êxtase na antiguidade judaica e cristã, nosso diagrama pareceria uma linha bastante plana na literatura israelita e na literatura cristã, interrompida por uma saliência irregular e importante no mundo greco-romano, que incluía o judaísmo, cujos muitos vértices sucumbiram à sedução do êxtase greco-romano.

Para destacar o valor que os cristãos primitivos atribuíam à estreita relação entre êxtase e entendimento, o capítulo 2 examina os relatos mais importantes do livro de Atos sobre experiências correlacionadas de inspiração e rigorosa reflexão: as visões contíguas de Paulo e Ananias; as visões sequenciais de Pedro e Cornélio; a palavra do espírito falada em Antioquia; o Concílio de Jerusalém. Em todos esses episódios, o espírito santo inspira algo com consequências inteligíveis.

A compreensão de que o êxtase está vinculado ao pensamento e à fala inteligíveis tem implicações significativas para várias dimensões da crença e da prática cristãs. O capítulo 2 conclui com uma discussão sobre:

- como as fronteiras culturais são cruzadas;
- como os crentes se preparam para experimentar uma obra do espírito santo;
- como os crentes reagem à obra do espírito santo;
- como as igrejas podem assumir compromissos inspirados.

O terceiro elemento dessa agenda emerge intrinsecamente do segundo: *a expressão mais vital da presença do espírito santo nas literaturas israelita, judaica e cristã é a interpretação inspirada das Escrituras.* Se êxtase e entendimento se complementam, fazem-no de maneira suprema quando o espírito santo inspira a interpretação das Escrituras. Na literatura israelita, figuras relativamente desconhecidas, como Amasai e Jaaziel, recebem o espírito de uma forma que leva o leitor a esperar um confronto militar, como no livro de Juízes. No entanto, em vez disso, esses homens agrupam elementos da herança literária de Israel e os conectam de modo persuasivo para neutralizar situações potencialmente perigosas.

A interpretação inspirada das Escrituras floresce entre os autores judeus da era greco-romana, para quem a literatura de Israel agora faz parte de um passado sagrado e inspirado. Ben Sirá, líder de uma academia em Jerusalém no início do século 2 a.C., afirma que um escriba pode ser "repleto [de um] espírito de inteligência" e derramar sabedoria, conselho e conhecimento quando reflete sobre assuntos ocultos — presumivelmente, os detalhes obscuros das Escrituras (Eclesiástico 39:6-8, BJ). Fílon, o Judeu, assevera várias formas fascinantes de inspiração para explicar sua habilidade peculiar em interpretar a *Torá* de forma alegórica. O autor dos *Hinos de Qumran* acreditava que o espírito santo lhe revelava mistérios. Até Josefo atribui sua decisão de se tornar traidor à interpretação inspirada dos textos proféticos.

O Novo Testamento está repleto de interpretações inspiradas das Escrituras — o cântico de Simeão na dedicação de Jesus, o papel do *paráclito* [ou Paracleto] no Quarto Evangelho, os sermões inspirados no livro de Atos, a carta aos Hebreus e a interpretação multivalente de Paulo em relação ao véu de Moisés. De quase todos os cantos do Novo Testamento — os Evangelhos, Atos, as Cartas —, o *locus* da inspiração é a interpretação das Escrituras.

Como nos capítulos 1 e 2, as descobertas do capítulo 3 têm implicações significativas para a fé e a prática cristãs. Esse capítulo conclui com uma discussão sobre:

- como os cristãos avaliam a importância do Antigo Testamento;
- como os cristãos podem avaliar o papel da comunidade para a interpretação inspirada;
- como a preparação diligente abre caminho para a inspiração.

UMA SUGESTÃO DE AGENDA

A conclusão substancial deste livro não deve ser confundida com um resumo, uma sinopse ou a reiteração dos três primeiros capítulos. Antes, pretendo que seja lida como uma contribuição de pleno direito. Essa conclusão quádrupla explica o significado da pneumatologia, conforme a desenvolvi ao longo de quatro trajetórias: teológica, hermenêutica, cultural e eclesiológica.

Teologia. A conclusão conduz, em primeiro lugar, a uma teologia — ou, mais exatamente, a uma pneumatologia — da criação, segundo a qual o espírito santo é a presença divina em todos os seres humanos. É claro que essa afirmação abre a porta para outra: a presença do espírito divino fora da comunidade de fé cristã. Para explorar essa ideia, examinaremos as teologias de Karl Barth, Wolfhart Pannenberg, Jürgen Moltmann, Karl Rahner e Frank Macchia. O esforço deles para conectar (ou desconectar, no caso de Barth) o espírito da criação e o espírito da salvação, *spiritus sanctificans* com *spiritus vivificans*, o espírito em todas as pessoas com o espírito nos cristãos, é essencial para a compreensão de um dos temas deste livro, particularmente o capítulo 1, em que o espírito-respiração, dado ao ser humano no nascimento, é cultivado pelas pessoas virtuosas.

Hermenêutica. A segunda parte da conclusão demonstra a importância dos pontos de partida para a interpretação da Bíblia. Os leitores deste livro perceberão que meu ponto de partida não é tradicional. Não começo pelo livro dos Juízes, como faz Michael Welker, nem por Lucas-Atos, como muitos estudiosos e teólogos pentecostais.[6] Começo pelo espírito-respiração em todos os seres humanos — concepção difundida por toda a Escritura judaica: Salmos 51, as palavras de Eliú no livro de Jó e as histórias de José, Bezalel e Daniel. As fronteiras entre esse ponto de partida e outros são porosas, de modo que essa parte da conclusão explora possíveis conexões com outros pontos de partida pneumatológicos: o derramamento do espírito; a liderança ungida, prevista em Isaías 11; os juízes e Saul. Os pontos de partida não são indicativos discretos em um horizonte hermenêutico, mas, sim, uma teia de conexões, não sem a beleza, a engenharia e o mistério de uma teia de aranha. Seria negligência concluir sem observar, mesmo de passagem, esses pontos de conexão e seu potencial para desenvolver uma plena concepção — e uma experiência — do espírito santo.

Cultura. A conclusão continua e se aprofunda no cadinho do cristianismo. Há muito tempo, Hermann Gunkel, o pai de 26 anos de idade (na época em que escreveu seu primeiro livro precursor) da pneumatologia moderna, condenou os teólogos bíblicos por saltarem do Antigo Testamento para o Novo.[7] O judaísmo, afirmava ele, fornece o que o Antigo Testamento não pode oferecer. Embora interpretasse o judaísmo de maneira muito negativa, ele estava certo ao reivindicar a sua importância — ponto que se tornaria indiscutível após a descoberta dos *Manuscritos do mar Morto*, em 1947.

---

[6] Veja Martin William Mittelstadt, *Reading Luke-Acts in the Pentecostal Tradition* (Cleveland, TN: CPT Press, 2010).

[7] Veja Gunkel, *Influence*, p. 3, 12-3, 76.

Nessa terceira parte da conclusão, demonstro que o antigo *corpora* judaico é indispensável para se entender o surgimento da pneumatologia cristã primitiva. Simplesmente não podemos retornar a um modelo de reconstrução histórica que reinou, de forma suprema, antes da publicação de *Büchlein*, de Gunkel. Não podemos contentar-nos com uma pneumatologia cristã que deturpa ou ignora a vitalidade espiritual do judaísmo primitivo. Os judeus e os cristãos merecem algo melhor, tanto no que diz respeito à exatidão histórica como em relação às atrocidades antissemitas do século 20.

Igreja. Na quarta e última parte da conclusão, desenvolvo um modelo de inspiração que tem o potencial de preparar um futuro unificado para a igreja. As reivindicações em torno do espírito santo, em vez de prometerem unidade, tendem a provocar divisões e facções. Foi o que vimos em uma igreja local em Hinton, na Carolina do Norte: dividiu-se por causa do movimento carismático.[8] É o que vemos na cisão entre os os católicos romanos e os pentecostais na América Latina. É o que vemos em um abismo crescente entre um norte global mais sóbrio e um sul global mais extático — em países como, por exemplo, a Nigéria. A seção final da conclusão e do livro como um todo é minha modesta tentativa de oferecer um terreno comum a uma igreja cada vez mais dividida, conectando a Escritura e o espírito, o êxtase e a edificação, a inspiração e a investigação.

UMA TRAJETÓRIA DISTINTA

Originalmente, este livro deveria ser uma espécie de versão abreviada de meu estudo acadêmico *Filled with the Spirit*.[9] Contudo, quando comecei a escrever, vi-me produzindo um tipo diferente de livro — uma obra repleta de estudos bíblicos, histórias pessoais e aplicações práticas. O que surgiu foi um livro escrito para um grande leque de leitores, intitulado *Fresh Air: The Holy Spirit for an Inspired Life*.[10]

---

[8] Nancy L. Eiesland, "Irreconcilable Differences: Conflict, Schism, and Religious Restructuring in a United Methodist Church", in: Edith L. Blumhofer, Russell P. Spittler, e Grant A. Wacker (eds.), *Pentecostal Currents in American Protestantism* (Urbana; Chicago: University of Illinois Press, 1999), p. 168-87.

[9] A editora Eerdmans pediu-me para escrever um livro nos moldes de *How on Earth Did Jesus Become a God? Historical Questions about Earliest Devotion to Jesus* (Grand Rapids: Eerdmans, 2005), que apresentasse, de maneira mais resumida, as ideias-chave de *Lord Jesus Christ: Devotion to Jesus in Earliest Christianity* (Grand Rapids: Eerdmans, 2003).

[10] Brewster, MA: Paraclete, 2012.

Introdução

Este livro situa-se no meio do caminho entre *Filled with the Spirit* e *Fresh Air*, e contém exegese e ideias fundamentais de *Filled with the Spirit*: os leitores diligentes descobrirão algumas de suas ideias condensadas neste livro.[11] No entanto, este livro está organizado de acordo com tópicos-chave, não de forma canônica ou cronológica, como em *Filled with the Spirit*. Além disso, este livro é mais atual. Muitas das ideias dispersas em *Filled with the Spirit*, como a interpretação inspirada das Escrituras, são apresentadas como unidades coerentes neste livro. Por fim, fiz muitas outras pesquisas desde a publicação de *Filled with the Spirit*. Consequentemente, os leitores familiarizados com *Filled with the Spirit* descobrirão neste livro um depósito de novos *insights* que se infiltraram depois que escrevi *Filled with the Spirit*.[12]

Este livro também compartilha a perspectiva de *Fresh Air: The Holy Spirit for an Inspired Life*, particularmente a agenda que proponho para o futuro da pneumatologia. *Fresh Air*, escrito para um público mais amplo, está repleto de histórias pessoais que fornecem a cola para sua exegese. Neste livro, pelo contrário, a exegese domina, e a agenda que tracei para o futuro da pneumatologia surge diretamente dessa exegese. Escrito para estudantes, teólogos, acadêmicos e pastores intelectualmente engajados, este livro contém densas porções de exegese, acompanhadas por uma agenda clara.

Depois de ler este livro, se você almeja uma exegese mais aprofundada, com um leque mais amplo de textos antigos, consulte *Filled with the Spirit*. Se você anseia por uma espiritualidade mais profunda, com experiências mais consistentes do espírito santo, leia *Fresh Air: The Holy Spirit for an Inspired Life*.

DEFINIÇÕES-CHAVE

Antes de prosseguirmos, cabe uma breve palavra sobre três termos-chave: "êxtase", "virtude" e "aprendizado".

Êxtase. Nenhuma definição consegue abranger as antigas concepções de êxtase. Uma rápida olhada em dois verbetes nos principais

---

[11] Se seu principal interesse reside no estudo da literatura judaica primitiva, como Fílon e os *Manuscritos do mar Morto*, talvez deva ler *The Spirit in First-Century Judaism*, Arbeiten zur Geschichte des antiken Judentums und des Urchristentums 29 (Leiden: Brill, 1997; em brochura, 2002).

[12] De modo geral, estou em dívida com meus colegas pentecostais, cujas críticas e minhas respostas a elas podem ser encontradas em *Pneuma*, n. 33 (2011): p. 1-4, 25-93, e *Journal of Pentecostal Theology*, n. 20 (2011), p. 193-231.

dicionários bíblicos tornará o ponto mais claro. O verbete "êxtase", em *The New Interpreter's Dictionary of the Bible*, de John Pilch, começa com vários estados alterados de consciência, definidos como "afastamentos da consciência desperta comum, os quais são sentidos subjetivamente e se caracterizam por um pensamento não sequencial e uma percepção descontrolada". Pilch continua: "Com frequência, o êxtase inclui, embora não necessariamente em todos os casos, arrebatamento, frenesi, euforia, emoção extremamente forte e às vezes parece implicar perda de controle e de autocontrole 'racional'".[13] A advertência "não necessariamente em todos os casos", acoplada a uma longa lista de características, em vez de uma definição precisa, revela como é difícil definir *êxtase*. Contudo, nem mesmo uma definição tão ampla — na verdade, uma descrição — inclui o transe, que, "por sua vez, sugere um estado hipnótico ou de atordoamento". No final, Pilch capitula, em vez de oferecer uma definição simples. Ele escreve: "Embora as características propostas se verifiquem em algumas experiências de êxtase e transe, respectivamente, elas nem sempre estão presentes. Portanto, cada caso precisa ser examinado pelos próprios méritos".

Compare a definição de Pilch à de Helmer Ringgren no *Anchor Bible Dictionary*, que define êxtase como "um estado anormal de consciência em que a reação da mente a estímulos externos tem caráter inibido ou alterado. Em seu sentido mais estrito, conforme usado na teologia mística, é quase equivalente a transe".[14] Assim, a definição de êxtase de Pilch exclui o transe, enquanto a de Ringgren restringe o êxtase ao transe.

Então, por onde começar a definição de êxtase? Devemos começar pelas mais antigas, como a definição clássica de "mania" por Platão em *Fedro* 265B? Sócrates discute "quatro divisões da loucura divina, que ele atribui a quatro deuses, e diz que a profecia foi inspirada por Apolo; a loucura mística, por Dionísio; a poética, pelas Musas; e a loucura do amor, por Afrodite e Eros". A propósito, Sócrates afirma que a última é a melhor de todas.[15] Ou será que devemos começar pelo contemporâneo de Jesus, Fílon, o Judeu, e por sua definição de *ekstasis* na *Septuaginta* (LXX), em Gênesis 15:12? "Ora, o

---

[13] Katharine Doob Sakenfeld (ed.), *The New Interpreter's Dictionary of the Bible* (Nashville: Abingdon, 2007), v. 2, p. 185-6.
[14] Helmer Ringgren, "Ecstasy", in: David Noel Freedman, (ed.), *Anchor Bible Dictionary* (Garden City, NY: Doubleday, 1992), v. 2, p. 80.
[15] Todas as referências clássicas e traduções para o inglês no original, inclusive as de Fílon, o Judeu, e de Flávio Josefo, são da Loeb Classical Library.

Introdução

'êxtase', ou 'posição para fora', assume diferentes formas. Às vezes, é uma fúria louca que produz ilusão mental devido à velhice, à melancolia ou a uma causa semelhante. Às vezes, é um espanto extremo em eventos que se passam de forma repentina e inesperada. Outras vezes, é a passividade da mente, se, de fato, a mente pode estar em repouso; e a melhor forma de todas é a possessão ou o frenesi divinos, a que a categoria dos profetas está sujeita."[16] Nem Platão nem Fílon chegam a uma definição única de êxtase; os autores antigos, ao que parece, estão na mesma situação de John Pilch quanto ao empenho de identificar as características do êxtase.

Em vista dessas dificuldades severas, não apresentarei uma definição abrangente de êxtase. As espécies da experiência religiosa são muito variadas e, como veremos no segundo capítulo, de difícil caracterização. Não obstante, utilizo duas dicotomias para esclarecer a natureza do êxtase: uma antiga e outra moderna. Comecemos pela antiga. Os autores greco-romanos distinguiam entre adivinhação artificial — presságios e afins — e natural, que inclui sonhos e visões. Autores tão distintos entre si quanto Ben Sirá, que liderou uma academia em Jerusalém durante o século 2, e Fílon de Alexandria, que redigiu comentários sobre a *Torá* no Egito do século 1, estavam cientes dessa dicotomia. Ambos traçavam uma distinção entre as atividades da adivinhação artificial e os sonhos e as visões da adivinhação natural.[17]

A segunda dicotomia, a moderna, extraio do antropólogo social I. M. Lewis, que oferece uma discussão concisa e bem ilustrada sobre o êxtase em sua obra clássica *Ecstatic Religion: A Study of Shamanism and Spirit Possession* (Religião extática: um estudo do xamanismo e da possessão espiritual).[18] Lewis distingue os contextos de êxtase centrais dos periféricos. O êxtase no que Lewis identifica como contextos centrais, em que as hierarquias sociais claras predominam, dá suporte divino ao *status quo*. O êxtase em contextos periféricos, que, a princípio, pode parecer uma doença, aumenta, em última análise, o *status* marginal do extático. As médiuns em êxtase, por exemplo, tendem a operar em contextos sociais periféricos, porque podem falar diretamente como canal do divino, livres das restrições do *status quo*. Em geral, os médiuns [homens] falam em um contexto social central já apoiado pelo

---

[16] Fílon, o Judeu, *Quem é o herdeiro das coisas divinas?*, p. 249.
[17] Veja *Filled with the Spirit*, p. 121-2, e meu artigo "The Prophetic Spirit as an Angel according to Philo", *Harvard Theological Review* n. 88 (1995), p. 191-2.
[18] I. M. Lewis, *Ecstatic Religion: A Study of Shamanism and Spirit Possession*, 2. ed. (London/New York: Routledge, 1989).

status quo. Enquanto eu lia a análise perspicaz de Lewis sobre as mulheres nas culturas contemporâneas, minha mente invariavelmente se voltava para as profetisas coríntias e a intrigante noção de Paulo sobre o ato de cobrir a cabeça. Será que ter a cabeça coberta permitia que as mulheres falassem como condutoras da glória de Deus, e não — nos limites do *status quo* — como porta-vozes para a glória do marido (1Coríntios 11:2-16)?[19]

Essas distinções — contextos de inspiração centrais *versus* contextos periféricos; e formas de adivinhação artificiais *versus* formas de adivinhação naturais — não nos permitem identificar com grande precisão a natureza do êxtase na antiguidade. Elas ajudam a traçar várias experiências em um espectro de alternativas extáticas.[20]

Virtude. A noção de virtude neste livro não é fixada por categorias aristotélicas ou pela teoria da virtude, como Alasdair MacIntyre e seus interlocutores a enquadram.[21] A virtude, neste livro, é um termo mais maleável, que pode abranger uma gama de atividades, como a simplicidade alimentar (Daniel), a honestidade corajosa (Daniel no livro de Susana), a evitação da ganância (admoestações sapienciais nos *Manuscritos do mar Morto*), a vida de acordo com a razão (Sêneca), a pureza sexual (admoestação de Paulo em 1Tessalonicenses 4), a generosidade em comunidade (a igreja de Antioquia em Atos 13) e inúmeras outras ações e atitudes que caracterizam uma vida santa, justa e devota. A palavra "virtude" não funciona neste livro como um termo técnico para se referir a um estilo de vida particular; seu significado é mais flexível e deve ser interpretado nos contextos do *corpora* literário heterogêneo como código para o que é considerado santo, verdadeiro e justo, entendido de acordo com o ponto de vista de determinado autor, quando isso é discernível a partir de um *corpus* literário.

Aprendizado. As concepções de êxtase e virtude não podem ser espremidas em uma única camisa de força ideológica, antiga ou moderna.

---

[19] Lewis, *Ecstatic Religion*, p. 59-113, 170-1, especialmente p. 62-4, 90-113.

[20] Veja também John Ashton, *The Religion of Paul the Apostle* (New Haven: Yale University Press, 2000); Oskar Holtzmann, *War Jesus Ekstatiker? eine Untersuchung zum Leben Jesu* (Tübingen, 1903); John Pilch, *Visions and Healing in the Acts of the Apostles: How the Early Believers Experienced God* (Collegeville, MN: Liturgical Press, 2004) [edição brasileira: *Visões e curas nos Atos dos Apóstolos: como os primeiros fiéis experimentaram Deus* (São Paulo: Loyola, 2010)]; Colleen Shantz, *Paul in Ecstasy: The Neurobiology of the Apostle's Life and Thought* (Cambridge: Cambridge University Press, 2009).

[21] Alasdair C. MacIntyre, *After Virtue: A Study in Moral Theology*, 2. ed. (Notre Dame: Notre Dame University Press, 1984) [edição brasileira: *Depois da virtude: um estudo sobre teoria moral* (São Paulo: Vide Editorial, 2021)].

Introdução

Tampouco o aprendizado pode ser definido em termos singulares. Há ocasiões em que certo tipo de aprendizado pode ser identificado — o estrito treinamento escribal de Ben Sirá, por exemplo —, mas, em geral, só podemos juntar pedaços da educação formal. O aprendizado, como o êxtase e a virtude, é um conceito maleável que varia da habilidade técnica extraordinária de Bezalel (Êxodo 31—36) ao conhecimento profundo de Simeão a respeito de Isaías 40—55 (Lucas 2), embora não se possa dizer que Simeão aprendeu isso formalmente na sinagoga ou de um modo informal. O período de ensino de um ano de Paulo e Barnabé em Antioquia (Atos 13) representa uma forma de aprendizado que permanece inacessível para nós, assim como a clara consciência de Paulo sobre como a história de Moisés era lida na sinagoga (2Coríntios 3). Em suma, não há um modelo de educação único que domine as perspectivas israelita, judaica e cristã primitivas. Em vez disso, a paixão pelo aprendizado, pelo conhecimento e pela sabedoria emerge página após página. Essa paixão pelo conhecimento e pela disciplina que o aprimora é o que melhor representa o aprendizado.

Nos mundos de Israel, do judaísmo primitivo e da igreja primitiva, o aprendizado não era um exercício desapaixonado, que pudéssemos chamar de "aprendizado por livros", em oposição a um conhecimento tangível e prático. O aprendizado, na perspectiva da antiguidade, era intenso, movido pela insatisfação e aguçado pela curiosidade. O aprendizado era abrangente, expansivo e revelador. O aprendizado era impactante, transformador e criativo. O aprendizado era um processo envolvente, uma sinergia entre competência, paixão e persistência.

Exemplos desse tipo de conhecimento abundam na antiguidade, mas um texto ilustra bem esse ponto, com uma ênfase especial. A conclusão do livro de Eclesiastes, num epílogo que pode ter sido um apêndice, descreve o mestre, o suposto escritor de Eclesiastes, da seguinte forma: "Além de ser sábio, o mestre também ensinou conhecimento ao povo. Ele escutou, examinou e colecionou muitos provérbios" (Eclesiastes 12:9).

Três verbos descrevem a tarefa do mestre experiente: "ponderar", "estudar" e "organizar".

O verbo hebraico traduzido por "ponderar" diz respeito à ação de "pesar" e está relacionado às balanças usadas para pesar dinheiro (Levítico 19:36). Quando o profeta bíblico Jeremias comprou um campo, ele pagou, assinou a escritura, selou-a, arranjou testemunhas e pesou alguns siclos na balança (Jeremias 32:10). O que um mestre faz? Ele pesa os provérbios, testando-os, analisando-os, para ter a certeza de que são verdadeiros. Envolver-se na avaliação é essencial para o aprendizado e o ensino.

O verbo "estudar" está mais ligado à exploração, à busca do limite absoluto do conhecimento, do que à memorização mecânica ou ao empilhamento de fatos. Por exemplo: "[O mineiro] dá fim à escuridão e *vasculha* os recônditos mais remotos em busca de minério, nas mais escuras trevas" (Jó 28:3). O verbo também ocorre em Salmos 139:1, passagem em que se diz que Deus *sonda* nosso ser mais profundo. É usado para interrogar testemunhas em processos judiciais e mostrar que o primeiro exame costuma ser superficial: "O primeiro a apresentar a sua causa parece ter razão, até que outro venha à frente e o *questione*" (Provérbios 18:17). A profundidade dessa exploração pode até desmascarar a presunção e o autoengano: "O rico pode até se julgar sábio, mas o pobre que tem discernimento o *conhece a fundo*" (Provérbios 28:11). O que, então, é exigido do aluno e do mestre? Pressionar os limites do que sabemos, a ponto de minar aquilo em que cremos, é essencial para o aprendizado e o ensino.

O verbo "organizar", no original hebraico, tem o sentido de *arrumar*. Esse verbo me faz pensar na mesa de chá de minha avó, com o bule de porcelana, xícaras e pires finos, o leite e o açúcar perfeitamente dispostos sobre as toalhinhas rendadas que ela trouxera da Itália — tudo organizado na mais perfeita ordem. *Organizar* faz com que o aprendizado se assemelhe a pôr em ordem provérbios sobre toalhinhas mentais delicadas. Tal impressão, no entanto, é enganosa. Em Eclesiastes 1:15, o mesmo verbo hebraico diz: "O que é torto não pode *ser endireitado*; o que está faltando não pode ser contado". Ou Eclesiastes 7:13: "Considere o que Deus fez: Quem pode *endireitar* o que ele fez torto?". Esse verbo, no epílogo de Eclesiastes, faz alusão a consertar, restaurar, decifrar uma literatura inescrutável. Um mestre não organiza provérbios sobre uma toalhinha mental, mas luta com os textos para arrancar algum significado deles. Lutar com textos é essencial para o aprendizado e o ensino.

Pesar textos na balança para ver se são verdadeiros. *Explorar* os limites do conhecimento para além da fronteira da escuridão. *Lutar* com textos para encontrar seu significado. Essa é a essência do aprendizado. Essa é a substância do ensino. Esse é o cerne do conhecimento, da sabedoria e do aprendizado. Esse é o âmago de *Inspirado: o espírito santo e a mente da fé*.

Êxtase, aprendizado e virtude. Uma das contribuições mais importantes deste livro é fornecer aos leitores uma estrutura conceitual embasada em uma interpretação confiável dos textos antigos. Essa estrutura capta a união estreita e ocasionalmente contínua de antagonistas aparentes — êxtase, virtude e aprendizado — que compõem uma vida inspirada pelo espírito santo. As palavras da compositora cristã Nichole Nordeman, escritas acerca de *Fresh Air: The Holy Spirit for an Inspired Life*, podem ser uma descrição igualmente adequada do livro que você está prestes a ler. Portanto, encerro a introdução com as palavras dela: "Existem poucos elementos de nossa fé que são tão apaixonadamente debatidos ou amplamente ignorados quanto o espírito santo, tópico que pode facilmente produzir um discurso impetuoso ou um leve encolher de ombros. O mistério sempre foi um companheiro estranho". Como é vital, continua ela, "cavar fundo no solo do estudo bíblico sobre o assunto, desenterrar e examinar seu complexo sistema de raízes e, então, maravilhar-se diante da beleza que floresce acima! Extravagante e crescendo em fileiras imperfeitas. Que assim seja com meu conhecimento do espírito santo! Um exame cuidadoso, com tudo emaranhado em uma grande maravilha".

CAPÍTULO UM

O ESPÍRITO E O CULTIVO DA VIRTUDE

Priscilla e eu compramos nossa primeira casa em um bairro afastado de Kansas City, a uns três quilômetros do seminário no qual eu lecionava na época. Era uma casa grande e velha, com uma imponente varanda de pedras, robustas vigas de madeira e pequenos lustres de cristal. Não havíamos percebido que a eletricidade era obsoleta nem que as paredes do porão estavam cheias de buracos, o telhado deixava entrar água da chuva, o teto estava caindo e a vizinhança era questionável, com um passado envolto em memórias da máfia de Kansas City. Mesmo assim, era uma casa ótima para um jovem casal com muita energia e, nas noites de quarta-feira, reuníamos algumas dezenas de alunos, cobríamos a mesa da sala de jantar com batatas fritas, molhos, tortas e bolos, atiçávamos o fogo da lareira, cantávamos hinos e discutíamos os sermões de John Wesley.

A casa tinha aqueles antigos e maravilhosos aquecedores de água quente feitos de ferro fundido, do tipo que retinia e fumegava, em que você pode secar roupas íntimas e meias. Em uma manhã de inverno de um dia útil, sentei-me no chão da sala e encostei-me em um dos radiadores do aquecedor. Eu estava lendo a Bíblia e orando, e algo aconteceu. Senti-me não exatamente murmurando ou falando, mas imergindo em alguns momentos sem palavras. Não exatamente sem fala. Havia fala. Mas sem palavras. Quando contei a um amigo que já tivera experiências dessa natureza, ele teve quase certeza de que eu havia falado em outras línguas. Eu mesmo ainda não tenho tanta certeza disso. Acho que talvez apenas tenha experimentado a fala sem palavras do êxtase na presença de Deus.[1] Nos vinte e cinco anos que se passaram desde aquela manhã, não voltei a ter outra experiência como essa (eu era como os anciãos de Israel que profetizaram — mas apenas uma vez), então até hoje não sei o que aconteceu naquela manhã de inverno.[2]

Sei que essa experiência é um forte símbolo de minha vida cristã. Passei grande parte de minha vida *querendo mais*. E não apenas mais: eu queria também *novas* experiências, experiências *originais* do espírito santo. Obviamente, as experiências pelas quais anseio incluem o que a maioria dos cristãos tanto deseja como despreza: falar em línguas, profetizar, curar milagrosamente — o que Paulo chama, em uma de suas cartas aos coríntios, de dons do espírito santo.

As cartas de Paulo não são os únicos livros da Bíblia que alimentaram meu desejo por experiências novas e originais do espírito santo, especialmente as espetaculares. A Bíblia está cheia delas. Comece observando a maneira como o espírito se apossou dos juízes; como revestiu Gideão, que enganou os midianitas;[3] e quando caiu sobre Sansão, que despedaçou um leão, matou trinta inimigos e deu as roupas de festa deles e depois rompeu as cordas que o amarravam e matou mil adversários com a mandíbula de um jumento.[4] O rei Saul continuou do ponto no qual os juízes pararam. O espírito do SENHOR veio sobre ele com poder.[5] Ele "profetizou" com um grupo de profetas errantes e foi transformado em uma pessoa diferente.[6]

Eu teria ficado satisfeito com uma experiência menos espetacular. Algum conhecimento inspirado bastaria. Um pouco de sabedoria revelada seria suficiente. Também há muito disso na Bíblia. Veja Jesus, por exemplo. Ele precisava de um influxo do espírito para realizar a obra de sua vida. Quando se ergue do rio Jordão nos braços de seu primo, ele ouve as

---

[1] Veja a discussão acessível da fala primeva em Harvey Cox, *Fire from Heaven: The Rise of Pentecostal Spirituality and the Reshaping of Religion in the Twenty-first Century* (Reading, MA: Addison-Wesley, 1995), p. 81-97.
[2] A história dos anciãos encontra-se em Números 11:16-30.
[3] Veja Juízes 6—8, especialmente Juízes 6:34.
[4] Veja Juízes 13—16, especialmente Juízes 13:25; 14:6,19; 15:14
[5] Veja 1Samuel 11:6.
[6] 1Samuel 10:5-13; 19:18-24. Para uma análise mais aprofundada, veja Lee Roy Martin, "The Unheard Voice of God: A Pentecostal Hearing of the Book of Judges", *Journal of Pentecostal Theology Supplement Series* 32 (Blandford Forum, UK: Deo, 2008).

seguintes palavras: "Este é meu Filho amado", que ressoam com a descrição do mestre inspirado de Isaías 42:1-4. Quando ele se acomodou, após ler as Escrituras na sinagoga de sua cidade natal, sabia que as palavras de Isaías — "levar boas notícias aos pobres" — seriam suas palavras, sua vocação e seu propósito. Para cumprir a tarefa de resgatar os pecadores, as prostitutas e os pobres, ele precisava ser ungido pelo espírito santo. Se Jesus precisava que esse espírito repousasse sobre ele, então certamente eu também precisava — *nós precisamos*. Então, eu queria um novo influxo do espírito, uma unção para liderar ou ensinar, ou para levar as boas-novas aos pobres, ou para falar em línguas, ou para profetizar, ou para curar alguém ou até mesmo para ficar quieto.

Esse sentimento de anseio — ou seria inadequação? — por algo novo, espetacular, é alimentado passagem após passagem nas Escrituras. Assim, firmado em minha Bíblia, que estava aberta sobre o chão de madeira quando me encostei no aquecedor e segurei a cabeça com as mãos, tive a certeza de que precisava de algo mais, ou seja, de uma nova experiência do espírito. Mesmo assim, recebi apenas uma gotícula ambígua no chão de uma sala de estar em um recanto abandonado de Kansas City.

Ainda assim, aquele momento pouco auspicioso iria florescer ao longo dos anos, se não em uma tamargueira verde em um horizonte de deserto, como na visão que Isaías teve do espírito derramado (Isaías 44:3), pelo menos em uma ideia, uma possibilidade não menos arraigada às Escrituras que aquela tamargueira. A ideia era esta: *não precisamos ansiar pelo espírito, questionar nossa espiritualidade, punir a nós mesmos por não experimentarmos os dons espetaculares de línguas, de cura ou de profecia, por não proferir discursos inspirados, por deixar os enfermos às vezes ainda acamados.*

Não precisamos lamentar a ausência de um derramamento, de um repouso ou de um ímpeto do espírito, porque todo ser humano — cada um de nós — possui o espírito-respiração de Deus dentro de si desde o nascimento. Essa também é uma tradição, uma crença, uma convicção na Bíblia que passou despercebida, ofuscada pelos dons espetaculares, mas é uma vertente da Escritura.

Deixe-me apresentar a ideia da seguinte forma: é hora de aceitar a crença de que o poder do espírito de Deus pulsa a cada vez que respiramos, mas essa pode não ser toda a experiência do espírito. Temos os juízes, os reis, os profetas, os apóstolos e o próprio Jesus — todos receberam novas doses do espírito para cumprir importantes tarefas. No entanto, o ponto inicial está em outro lugar: no choro e na sucção do bebê recém-nascido, que nos faz saber que ele está vivo e ativo, ou, melhor ainda, nos velhos e enfermos, cujo suspiro derradeiro, quando cheio de integridade, constitui um testemunho ao espírito de Deus. Essa percepção também é encontrada na Bíblia.

A TRAIÇÃO BENIGNA DAS TRADUÇÕES

Esse tema não é detectado facilmente nas versões da Bíblia, que traduzem o hebraico *ruach* por "espírito", "sopro", "fôlego" ou "respiração", embora a palavra hebraica possa significar tudo isso. Na verdade, a simples palavra hebraica *ruach* abarca muitos significados, desde "sopro" até "brisa", "vento", "anjo", "demônio", "espírito". Infelizmente, as traduções requerem palavras diferentes para cada domínio de significado.

A diferença entre o original hebraico e as traduções que usamos torna-se evidente na visão de Ezequiel do vale dos ossos secos. Nas traduções da visão, ocorrem três palavras: "espírito", "ventos" e "Espírito".[7] Ezequiel é informado: "Profetize ao *espírito*; [...] Venha desde os quatro *ventos*, ó *espírito*, e sopre dentro desses mortos".[8] Como resultado, "o *espírito* entrou neles", e os ossos "receberam vida e se puseram de pé. Era um exército enorme!". A visão termina com esta promessa animadora: "Porei o meu *Espírito* em vocês e vocês viverão, e eu os estabelecerei em sua própria terra. Então vocês saberão que eu, o Senhor, falei, e fiz. Palavra do Senhor". Em certas traduções, o leitor é levado a acreditar que o "espírito" soprado nos ossos é, de alguma forma, diferente dos quatro "ventos" que se reúnem e do "espírito" que será colocado na nação de Israel. As traduções perdem o sentido do original hebraico, no qual todas as três palavras traduzidas são uma só: *ruach*. Ezequiel repete a palavra *ruach* para enfatizar que o único *ruach* de Deus inspira a ressurreição de Israel — uma ressurreição que é, ao mesmo tempo, uma criação pessoal, como a de Adão (*ruach* = espírito), um ímpeto cósmico de vitalidade (*ruach* = ventos) e uma promessa de integridade nacional (*ruach* = Espírito). Ezequiel vai juntando as conotações de *ruach* para trazer de volta à vida a psique amortecida de Israel. Afinal,

---

[7] Veja Ezequiel 37:1-14.
[8] Em geral, cito a *New Revised Standard Version* (NRSV), embora eu faça amplas adaptações. [N. T.: Em português, usamos a NVI.]

seus ouvintes estão atolados nas areias do exílio, como os ossos em sua visão, que enchem um vale solitário, e Ezequiel precisa soprar vida nova em suas esperanças enfraquecidas, em sua imaginação moribunda.[9] Se as traduções perdem a repetição dramática da palavra *ruach*, não é culpa delas. Trata-se apenas de línguas diferentes. As palavras traduzidas não comportam a mesma amplitude de significados das línguas originais. Para compensar a lacuna entre o hebraico e as traduções, refiro-me com frequência ao *ruach* como "espírito-respiração", em vez de "espírito", "fôlego" ou "sopro".[10]

Os tradutores da Bíblia deparam ainda com outra dificuldade. Quando encontram as palavras *ruach* e *pneuma*, eles precisam decidir se as escrevem com inicial maiúscula, e geralmente o fazem conforme essas palavras se refiram ao espírito humano ou ao divino. Quando entendem que os autores bíblicos estão se referindo à vida física, os tradutores tendem a interpretar *ruach* ou *pneuma* como "fôlego", "sopro", "respiração" ou "espírito". Quando pensam que os autores bíblicos estão se referindo a *ruach* ou *pneuma* como dotação carismática de Deus, usam a inicial maiúscula: ambas as palavras são traduzidas por "Espírito". Às vezes, os tradutores não conseguem decidir. Por exemplo, em uma descrição de Josué em Deuteronômio 34:9, a *New International Version* contém a seguinte frase: "Josué [...] estava cheio do espírito", embora uma nota de rodapé diga "ou Espírito". Obviamente, os tradutores não conseguiram decidir se Josué estava cheio de uma força vital ("espírito") ou de um dom divino do Espírito. O problema — e a razão da nota de rodapé — é a ausência, nas línguas traduzidas, de uma palavra que possa significar simultaneamente espírito ou fôlego humano e Espírito ou fôlego divino. Contudo, em Israel e na igreja primitiva, não se pensava nessa distinção. *Ruach* e *pneuma* comunicavam tanto o espírito ou fôlego de Deus no interior de todos os seres humanos

---

[9] Essa noção provém de Walter Brueggemann, *The Prophetic Imagination*, 2. ed. (Minneapolis: Fortress, 2001). [Edição brasileira: *A imaginação profética* (São Paulo: Paulinas, 1983)].

[10] A propósito, veja a discussão de Wolfhart Pannenberg sobre Gênesis 1:2 em *Systematic Theology* (Grand Rapids: Eerdmans, 1994), v. 2, p. 77-9, em que Pannenberg leva em consideração as três nuances de *ruach*: "vento", "respiração" e "espírito". Pannenberg observa que o espírito de Deus em Gênesis 1:2 tem de estar relacionado às palavras que Deus falará em seguida, em Gênesis 1. Em suma, o espírito de Deus também é respiração, fôlego ou sopro. Além disso, ele pergunta: "Mas por que temos de considerar 'Espírito' e 'vento' alternativas?" (p. 78). Pannenberg refere-se, portanto, ao "Espírito-vento".

como o espírito ou fôlego divino que Deus concede como dom especial. Não é culpa do hebraico ou do grego, mas dos limites das línguas traduzidas, que obrigam os tradutores à infeliz escolha entre "espírito" e "Espírito".

Esse dilema é acompanhado por um terceiro problema. As traduções exigem artigos, mesmo quando os idiomas originais não os contêm. É estranho dizer: "Ela estava cheia d*e* espírito santo", e natural dizer: "Ela estava cheia d*o* Espírito Santo". No entanto, a segunda tradução adiciona um artigo definido e, mais importante, abre um leque de associações que acompanham a ideia do Espírito Santo — com iniciais maiúsculas. Esse dilema é ilustrado em 2Coríntios 6:6, passagem em que Paulo inclui "Espírito Santo" em uma lista de virtudes que descrevem a maneira pela qual ele realiza a obra de sua vida: "Em pureza, conhecimento, paciência e bondade; no Espírito Santo e no amor sincero", e assim por diante (2Coríntios 6:6).

Os tradutores da *New Revised Standard Version* entenderam que, nessa passagem, Paulo está se referindo à própria integridade e traduzem as palavras como "em santidade de espírito". Em contraste, os tradutores da *Nova Versão Internacional* entenderam que Paulo está se referindo a um dom distinto do Espírito e optaram pela expressão "no Espírito Santo". Essas traduções são opostas, mas ambas são possíveis nesse contexto, pois Paulo pode estar descrevendo sua integridade (em santidade de espírito) ou sua inspiração (no Espírito Santo). Entretanto, ambas as traduções traem o original, o que permite tal ambiguidade. Talvez fosse melhor usar notas para explicar que a expressão grega acolheria a tradução por "[um/o] espírito santo", que poderia ter qualquer um destes significados: "espírito santo"; "um espírito santo"; "o Espírito Santo".[11]

Essas três dificuldades desafiam os tradutores da Bíblia. Em primeiro lugar, eles têm de escolher entre uma variedade de palavras — "fôlego", "sopro", "respiração", "vento", "espírito" — para traduzir uma única palavra hebraica ou grega. Em segundo lugar, precisam decidir se a palavra "espírito" deve ser grafada com inicial maiúscula. Em terceiro lugar, na ausência do artigo definido no original hebraico ou grego, devem optar pela inclusão ou não do artigo. Essas traduções levantam um problema incontornável, pois introduzem uma dicotomia entre o espírito ou respiração humana e o Espírito divino.

---

[11] Para uma análise mais detalhada do dilema da tradução, acompanhada por vários exemplos, veja meu livro *Filled with the Spirit* (Grand Rapids: Eerdmans, 2009), p. 36-41.

É hora de acabar com essa dicotomia, se quisermos entender *ruach* ou *pneuma* pelo que é: respiração e Espírito.[12] Farei isso em parte recusando-me a colocar, em todos os casos, a palavra "espírito" com inicial maiúscula e tendo o cuidado de representar a ausência e a presença de artigos definidos nos idiomas originais. Também farei várias referências a *ruach* e *pneuma* como "espírito-respiração". Dessa maneira, contorno a distinção entre o sopro de vida e o Espírito de Deus — ou outras variações dessa dicotomia.

Escrevi este capítulo para fazer mais que discutir traduções e questões lexicais. Mais exatamente, espero expandir nossa noção do espírito santo na antiguidade, identificando um aspecto negligenciado nas Escrituras judaicas: o espírito que o ser humano recebe desde o nascimento não é menos divino ou santo que o espírito recebido por meio de dotes carismáticos. Não podemos alcançar esse objetivo apenas reconhecendo as dificuldades que identifiquei. O verdadeiro trabalho consiste em uma exegese séria, nosso foco nas páginas seguintes.

O ESPÍRITO-RESPIRAÇÃO NA LITERATURA ISRAELITA

Um espírito estável

A pungente penitência do Salmo 51 permite-nos preencher a lacuna entre a respiração de vida e o espírito de Deus. O salmista (tradicionalmente Davi, após sucumbir ao pecado sexual com Bate-Seba) clama:

> Tem misericórdia de mim, ó Deus,
>   por teu amor;
> por tua grande compaixão
>   apaga as minhas transgressões.
> Lava-me de toda a minha culpa
>   e purifica-me do meu pecado.
> Pois eu mesmo reconheço as minhas transgressões,
>   e o meu pecado sempre me persegue.
> Contra ti, só contra ti, pequei
>   e fiz o que tu reprovas,

---

[12] Veja também a interpretação de Wolfhart Pannenberg ao Salmo 104 em "The Working of the Spirit in the Creation and in the People of God", in: Carl E. Braaten, Avery Dulles e Wolfhart Pannenberg (eds.), *Spirit, Faith, and Church* (Philadelphia: Westminster, 1970), p. 16-7.

> de modo que justa é a tua sentença
> e tens razão em condenar-me.
> Sei que sou pecador desde que nasci,
> sim, desde que me concebeu minha mãe. (Salmos 51:1-5)

Essa autoconsciência incisiva não leva o salmista a uma abnegação prejudicial, mas a uma esperança que está além de sua psique ferida. O salmista expressa essa esperança em uma série de apelos que têm um elemento em comum: *ruach*:

> Cria em mim um coração puro, ó Deus,
> e *renova* dentro de mim um *espírito* estável.
> Não me expulses da tua presença,
> nem tires de mim o teu Santo *Espírito*.
> Devolve-me a alegria da tua salvação
> e sustenta-me [em mim] com um *espírito* pronto a obedecer.
> (Salmos 51:10-12; na Bíblia Hebraica, 51:12-14)

Essa oração por purificação não começa com a linguagem mais comum da adoração pública no Templo, da devoção privada, mas com a linguagem da criação: "Cria em mim um coração puro, ó Deus, e coloca um espírito novo e reto dentro de mim" (adaptações minhas). O verbo "criar" lembra vividamente a segunda palavra da Bíblia Hebraica: "No princípio, criou Deus..." (Gênesis 1:1, ARC).[13] Apesar da semelhança com a criação do cosmos, o Salmo 51 aborda uma arena diferente da existência: não a profunda desordem do abismo cósmico, mas as profundezas desordenadas do coração humano.

O salmista diz mais adiante:

> Não te deleitas em sacrifícios
> nem te agradas em holocaustos, senão eu os traria.
> Os sacrifícios que agradam a Deus são um *espírito* quebrantado;
> um coração quebrantado e contrito, ó Deus, não desprezarás.
> (Salmos 51:16-17; na Bíblia Hebraica, 51:18-19)

---

[13] Essa ordem também se assemelha à grande visão de Ezequiel sobre uma recriação, em que um novo espírito entra em um Israel despedaçado, quando um novo Adão emerge, inspirado, do pó e dos ossos da morte (Ezequiel 37:1-14).

A expressão emprestada "teu Santo Espírito" (v. 11) — uma das duas referências ao "espírito santo" em toda a literatura israelita[14] — não se refere ao espírito santo como algum tipo de dotação carismática, como no cristianismo primitivo; tal compreensão seria de um anacronismo gritante. Nesse poema, o adjetivo "santo" toma seu lugar ao lado de outros adjetivos, como "estável" (v. 10) e "voluntário" (v. 12, ARC). Esses adjetivos indicam que o espírito é uma presença vitalícia no interior do salmista. Ele deseja ter um espírito estável (ou seja, "firme", NVT). O salmista deseja ter um espírito voluntário (ou seja, "pronto a obedecer", v. 12). O salmista deseja ter um espírito *santo*.

O espírito também está em uma relação inextricável com o "coração", uma realidade permanente no cerne da vida do salmista. Juntos, coração e espírito representam a essência do salmista — que deve ser purificado, instruído e redirecionado. A relação entre as duas realidades centrais, coração e espírito, é evidente no paralelo tenso entre um "espírito quebrantado" e um "coração quebrantado" (Salmos 51:17) — em que a palavra "quebrantado" descreve em sucessão estreita tanto o espírito como o coração.[15] Portanto, nessa referência sem precedentes, o salmista não está orando sobre *o* espírito santo, que ele recebeu em um ato de fé ou em um momento de inspiração. O espírito santo está unido ao coração inabalável: ambos devem ser quebrantados; ambos podem ser limpos.

Portanto, quando o salmista implora: "Não me expulses da tua presença, nem tires de mim o teu Santo Espírito", ele está orando não para morrer, como em Salmos 104:29, passagem em que a perda do espírito sinaliza a morte: "Quando escondes o rosto [presença], [os animais] entram em pânico; quando lhes retiras o fôlego, morrem e voltam ao pó". Entender o espírito assim explica a súplica: "Ó Deus, meu Salvador, livra-me da morte [derramamento de sangue]" (51:14, NTLH; na Bíblia

---

[14] A outra referência é Isaías 63:10-11.

[15] A estreita associação entre coração e espírito também é evidente na descrição do espírito como "estável" e "pronto a obedecer" (ou "voluntário", Salmos 51:12, ARC), palavras que em outros textos bíblicos estão associadas ao coração: "Meu coração está firme [estável], ó Deus, meu coração está firme; cantarei ao som de instrumentos!" (Salmos 57:7); "O coração deles não era sincero [estável]; não foram fiéis à sua aliança" (Salmos 78:37); "Meu coração está firme [estável], ó Deus! Cantarei e louvarei, ó Glória minha!" (Salmos 108:1); "Não temerá más notícias; seu coração está firme [estável], confiante no Senhor" (Salmos 112.7). A expressão "pronto a obedecer" (ou "voluntário") descreve, repetidas vezes, o coração "voluntariamente disposto" dos que contribuíram com ofertas para a construção da Tenda do Encontro (por exemplo, Êxodo 35:5,22, ARC).

Hebraica, 51:16).[16] O salmista simplesmente não quer morrer e acredita que a presença do Espírito de Deus impede que isso aconteça.[17]

No entanto, a *presença* de Deus também é um lugar santo, um rosto misterioso, e o espírito do salmista não é mero espírito nem mera respiração, mas um espírito *santo*. Esse espírito santo é o *locus* da presença de Deus. Para manter a segurança da presença de Deus, o espírito do salmista deve ser quebrantado, para que seu espírito possa tornar-se estável, santo e pronto a obedecer (voluntário) — o que sempre deveria ter sido. Em suma, existe algo que mantém a morte sob controle e é capaz de evitar que o salmista seja expulso da presença de Deus: o espírito quebrantado do salmista, por ele oferecido no lugar de sacrifício, na esperança de um espírito novo e reto, disposto a obedecer, ou seja, o espírito santo de Deus. O espírito não é apenas um espírito humano, uma respiração, um sorvo de ar que diminui com a morte. O espírito é também o *locus* da virtude e da presença de Deus, o cerne de algo estável e firme, voluntário e disposto, e até mesmo santo.

O espírito-respiração erguendo um cerco

Isso também é o que Eliú pensa ao se posicionar acima de Jó, que estava sentado, quebrantado e desalentado sobre um monte de cinzas, coçando as feridas com cacos de louça. Embora esteja totalmente equivocado em suas observações, o jovem nômade talvez nos dê o vislumbre mais claro da maneira como a respiração e a sabedoria se unem na antiga concepção de *ruach*. Eliú está prestes a explodir, pois ficara ouvindo *ad nauseam* os intermináveis versos burlescos dos mais velhos. Assim, ele inicia seu solilóquio imprudente:

Eu sou jovem, vocês têm idade.
Por isso tive receio

---

[16] Essa interpretação é apoiada pela observação de que, em quase todos os pedidos de libertação desse tipo, quem ora é a vítima ou a vítima em potencial, não o perpetrador. Isso significa que a vítima em potencial suplica a Deus que poupe sua vida. Por exemplo, Gênesis 32:11; Salmos 31:15; 69:14-15; veja Isaías 44:17. A morte, ou derramamento de sangue, refere-se ao salmista, e não a alguém cujo sangue ele pode derramar.

[17] Para uma análise mais detalhada do Salmo 51, veja *Filled with the Spirit*, p 28-31. Sobre a Septuaginta, que parece seguir o original hebraico e interpretar o espírito santo como o espírito-respiração permanente que sustenta a vida, veja meu livro *The Spirit in First-Century Judaism* (Leiden: Brill, 1997; edição em brochura, 2002), p. 65-6.

> e não ousei dizer-lhes o que sei.
> Os que têm idade é que devem falar,
> pensava eu,
> os anos avançados é que devem
> ensinar sabedoria.
> Mas é o espírito dentro do homem
> que lhe dá entendimento;
> o sopro do Todo-poderoso.
> Não são só os mais velhos, os sábios,
> não são só os de idade
> que entendem o que é certo. (Jó 32:6-9)

O espírito de Deus, o sopro do Todo-poderoso — não a idade, os anos ou a experiência —, é a fonte da virtude. Os mais velhos provaram isso com sua tagarelice sem-fim. Agora é chegada a vez de o jovem Eliú demonstrar a sabedoria transmitida pelo espírito-respiração de Deus dentro dele.

Eliú irrompe com o espírito-respiração, ou assim pensa ele. "Devo aguardar, agora que estão calados e sem resposta?", pergunta ele. Em seguida, ele toma a ofensiva contra as soluções especulativas que eles haviam proposto para a situação de Jó. "Também vou dar a minha opinião", grita ele. "Também vou dizer o que sei."

> Pois não me faltam palavras,
> e dentro de mim o espírito
> me impulsiona.
> Por dentro estou
> como vinho arrolhado,
> como odres novos
> prestes a romper.
> Tenho que falar; isso me aliviará.
> Tenho que abrir os lábios e responder. (Jó 32:16-20)

O espírito-respiração em Eliú ergue um cerco contra ele. O verbo que ele escolhe para descrever o impacto do espírito é usado em outro texto, quando os inimigos *erguem* um cerco e cujo resultado é tão desesperador que os israelitas acabam comendo a carne dos próprios filhos (Deuteronômio

28:53,55,57).[18] O verbo expressa até mesmo a *insistência* implacável de Dalila, que leva Sansão a revelar a solução de um enigma (Juízes 14:17) e o mistério de seu cabelo (16:16). O impacto do espírito-respiração de Deus é visceral. Eliú não consegue impedir que ele suba pela garganta, passe pela língua e saia pela boca. As palavras virão porque ele tem abundância do espírito-respiração.

Obviamente, Eliú está errado quanto à sabedoria de suas palavras. Ele consegue apenas levar o diálogo infrutífero dos mais velhos a um nível ainda mais deprimente. Logo depois de afirmar: "O espírito de Deus me fez; o sopro do Todo-poderoso me dá vida" (Jó 33:4), ele também afirma ser igual a Jó: "Sou igual a você diante de Deus; eu também fui feito do barro" (33:6). Como Eliú poderia pensar que ele, com o vigoroso espírito-respiração da juventude, fosse, de alguma forma, semelhante a Jó, sentado aos seus pés em total desalento e ainda assediado por eles? Na melhor das hipóteses, ele poderia demonstrar apenas empatia superficial. Compaixão insignificante. Mas não sabedoria. E certamente não inspiração.

Ainda assim, Eliú sela o caso de que, na antiguidade israelita, a respiração e o espírito são um e a mesma coisa; palavras e sabedoria surgem do mesmo lugar do corpo. A distinção entre a mera respiração e o espírito divino deve ser posta de lado. O que estremece em Eliú não é apenas a respiração que irá rolar sobre sua língua e criar palavras; o que borbulha em Eliú também é o espírito que irá — ou assim pensa ele — impregnar essas palavras com sabedoria. O espírito e a respiração são um — uma mistura física e espiritual que Eliú não tem o direito de reivindicar.

| O espírito na corte do faraó

Eliú é sincero ao criticar e se apega a uma dicotomia duvidosa: *não a idade, mas o espírito-respiração*. Ela é, na base, a raiz de seu esforço equivocado em resolver o problema da situação aflitiva de Jó. Essa dicotomia leviana entre idade e inspiração à qual Eliú se apega não se sustenta no mundo dos luminares de Israel. Em toda uma série de histórias, profecias e textos de sabedoria, há uma nítida relação entre a qualidade do espírito interior, a

---

[18] Jeremias descreve um cerco que *afligirá* Jerusalém (Jeremias 19:9), e Isaías afirma que Deus *sitiará* Jerusalém, como Davi a sitiou, e que a cidade "vai chorar e lamentar-se [...] e instalarei contra você minhas obras de cerco" (Isaías 29:2-3). No entanto, as nações que lutam contra Jerusalém, que "a *sitiam*", desaparecerão (Isaías 29:7).

obtenção de sabedoria e a prática. José, cuja sombra se estende por séculos na memória de Israel, oferece uma leitura rápida nessa questão.

Impressionado com a proposta de José sobre como lidar com sete anos de fartura seguidos por outros sete de fome, o faraó pergunta: "Será que vamos achar alguém como este homem, em quem está o espírito divino?" (Gênesis 41:38). Ele é o faraó e perfeitamente capaz de responder à própria pergunta: "Uma vez que Deus lhe revelou todas essas coisas, não há ninguém tão criterioso e sábio como você" (41:39). Existe uma clara conexão entre a pergunta e a resposta. O faraó pergunta se é possível encontrar alguém "*como este* homem, em quem está o espírito divino", e responde que "não há ninguém tão criterioso e sábio *como você*". O espírito de Deus em José é a fonte de seu discernimento e de sua sabedoria.

Esse espírito não é o produto de uma dotação, como nos dons carismáticos dos primeiros cristãos.[19] O faraó atribui a habilidade de José para interpretar sonhos ao caráter divino do espírito dentro dele — e não ao espírito divino que tenha vindo sobre ele. Outras referências ao espírito de Deus no livro de Gênesis apoiam essa leitura: "O meu Espírito não permanecerá para sempre *no homem*; [...] é ele carne; portanto, os seus dias serão cento e vinte anos" (Gênesis 6:3, TB). A questão em Gênesis 6:3 é a duração total de uma vida. Embora a linguagem seja diferente, o cenário é o mesmo na história seguinte, a do dilúvio, em que Deus destrói quase todos os que têm "fôlego de vida" (6:17; 7:15) ou "[fôlego de] espírito de vida" (7:22, ARC).

Faraó reconhece em José um espírito de caráter supremamente divino que, no longo prazo, capacitará José a servir como o segundo no comando. Como o espírito de José chegou a um caráter tão distinto? Ao que parece, não foi por um influxo instantâneo do espírito que revelou o significado do sonho do faraó. O sucesso de José provém de longos anos de prática. O sonho dele próprio (Gn 37:5-11) foi seguido, anos depois, pelos sonhos do copeiro e do padeiro (40:1-23), que ele interpretou corretamente, e depois, pelo sonho

---

[19] George Montague, *Holy Spirit: Growth of a Biblical Tradition* (Peabody, MA Hendrickson, 1994), p. 13, presume que se trata de uma dotação secundária especial. Para refutar essa interpretação, pelo menos em parte, podemos também levar em consideração outras referências em Gênesis, como a amargura de espírito de Isaque e Rebeca, provocada por Esaú e suas esposas (26:34-35), ou a renovação do espírito de Jacó quando reconheceu os sinais reveladores da mão de José na sobrevivência de sua família à fome (45:27). Embora sejam expressões idiomáticas bastante comuns na Bíblia Hebraica, nenhuma delas é meramente física, puramente vital; ambos os textos refletem a crença de que o espírito também é a sede das emoções e do caráter.

do faraó com as sete vacas gordas e as sete vacas magras (41:1-36). Em outras palavras, José tem prática na interpretação de sonhos, o que leva o faraó a reconhecer que José tem o espírito de Deus dentro de si.

Sua capacidade de elaborar um plano para a salvação do Egito também é produto de uma sabedoria adquirida a duras penas. O faraó elogia José não só por sua habilidade interpretativa, mas também por seus conselhos práticos sobre o que fazer nos períodos de fartura e de fome. O conselho incisivo de José vai muito além da interpretação dos sonhos: o faraó deve separar um quinto dos grãos durante os anos bons, entre outras providências. Esse tipo de sabedoria é produto da experiência. No momento em que faraó identifica José como alguém em quem está o espírito de Deus, este já se mostrava um administrador capaz. José serviu tão bem na casa de Potifar e na prisão que nem Potifar nem o carcereiro-chefe se preocupavam com o que estava sob os cuidados dele (Gênesis 39:6; 39:23). No momento em que o faraó percebe em José o espírito de Deus, este já tem um histórico de excelência administrativa.

Esse triângulo — o espírito de Deus, a prática na interpretação de sonhos e o exercício da previsão administrativa — contém os ingredientes essenciais que capacitam José a interpretar sonhos, a esquematizar e planejar e, consequentemente, a assumir o poder. É uma vida bem vivida, com habilidades bem assimiladas e sabedoria adquirida ao longo de uma existência de sofrimento e decepção. Quando o faraó pergunta: "Será que vamos achar alguém como este homem, em quem está o espírito divino?" (Gênesis 41:38), e responde à própria pergunta: "Uma vez que Deus lhe revelou todas essas coisas, não há ninguém tão criterioso e sábio como você" (41:39), ele reconhece que o espírito-respiração de Deus em José é o *locus* vitalício da sabedoria aprendida.[20]

O espírito no deserto

A ascensão meteórica de José ao poder no Egito foi apenas um aspecto em uma série de eventos que levaram Israel a uma escravidão implacável. Muito tempo depois de sua morte, a história continua com as corajosas parteiras que desafiaram o faraó, uma mãe cuja astúcia a levou a lançar o filho no rio Nilo

---

[20] Para uma análise mais detalhada da história de José, veja *Filled with the Spirit*, p. 48-51.

em um cesto impermeável e uma filha cuja ousadia uniu mãe e filho como ama de leite e bebê.[21] Essas mulheres pavimentaram o caminho para o êxodo do Egito, quando Moisés, o bebê do cesto, liderou uma turba de escravos fugitivos que, mais tarde, rejeitariam sua liderança, ao confeccionarem um bezerro de ouro com as joias que haviam espoliado dos egípcios (Êxodo 32). Contudo, histórias de graça embalam o episódio da confecção do bezerro: em torno dessa demonstração da impaciência israelita, estão as meticulosas instruções sobre como a Tenda do Encontro — o Tabernáculo — deve ser construída (Êxodo 25:1—31:11; 35:4-33). A Tenda do Encontro proporcionou estabilidade em meio à transição e firmeza a um povo impaciente, e a história de sua construção oferece exemplos de insuperável generosidade. O povo que a construiu não o fez por compulsão divina, mas por puro desejo: "Disse o SENHOR a Moisés: 'Diga aos israelitas que me tragam uma oferta. Receba-a de todo aquele cujo coração o compelir a dar'" (Êxodo 25:1-2).

Se esse esforço magistral começa com Deus pedindo uma oferta àqueles de coração voluntário, termina com um surpreendente decreto divino. Diante da demonstração de grande generosidade, Moisés é obrigado a expedir esta ordem: "Nenhum homem ou mulher deverá fazer mais nada para ser oferecido ao santuário" (Êxodo 36:6). Não há pedido nem apelo por mais ofertas, e sim — quem diria? — *generosidade excessiva*. Tudo que foi feito, construído, tecido, costurado e revestido veio da oferta voluntária daqueles que tiveram o coração despertado para tal. Foi um momento em que os cofres ficaram abarrotados — uma pausa prolongada na recalcitrância de Israel. Não é de admirar que a linguagem profusa do enchimento do espírito ocorra, pela primeira vez na Bíblia, nessa história de ofertas excessivas.

Quando chega a hora de confeccionar as vestes para Arão e para o sacerdócio, o espírito entra em cena, embora não espontaneamente, como no Pentecostes ou sobre os juízes de Israel. Deus diz a Moisés: "Falarás também a todos os que são *sábios de coração*, a quem *eu tenha enchido do espírito de sabedoria*, que façam vestes a Arão" (Êxodo 28:3, ARC). Deus seleciona esses artesãos qualificados não para receber influxo de habilidade, mas porque *já haviam* demonstrado essa habilidade.[22]

---

[21] Veja Êxodo 1—2.
[22] Em toda essa história, a expressão "sábios de coração" refere-se a trabalhadores qualificados, em contraste com trabalhadores não qualificados. Veja, por exemplo, Êxodo 36:8: "Todo sábio de coração

Se eles já estão cheios de sabedoria, como Deus poderia "encher" os artesãos com espírito de sabedoria? A primeira pista para a resposta está na suntuosidade da cena. As peças das vestimentas sacerdotais — peitoral, coletes, túnicas e turbantes — são listadas com riqueza de detalhes. A cena está salpicada de tons de ouro, azul, roxo e vermelho — cores vívidas que fariam corar o outono da região da Nova Inglaterra. Em um cenário assim tão luxuoso, os artesãos que produzem essas roupas esplêndidas são descritos em termos faustosos como "sábios de coração, a quem eu tenha enchido do espírito de sabedoria". Eles estão *cheios* de (um) espírito de sabedoria, fazem tudo de todo o coração e estão cheios de sabedoria.

Isso conduz à segunda pista: o significado de "encher" (em hebraico, *ml'*). À primeira vista, o verbo parece indicar um enchimento inicial: um odre é enchido com água (Gênesis 21:19); um chifre, com óleo (1Samuel 16:1); um saco, com trigo (Gênesis 42:25). A impressão é enganosa. Um dom carismático podia ter sido comunicado por numerosos outros verbos. Em outras passagens, o espírito é *posto sobre* as pessoas (Números 11:29), *vem sobre* elas (por exemplo, Números 24:2; Juízes 3:10; 1Samuel 10:6; 16:13), *reveste*-as (Juízes 6:34, ARC), *apossa-se* delas (Juízes 14:6) e *repousa sobre* elas (Isaías 11:2). Todos esses verbos vibram com a pulsação do carisma.

Mas o verbo "encher" nos conduz em outra direção, para longe do enchimento inicial e rumo a plenitude, completude ou totalidade, como vemos nesse notável episódio ocorrido no deserto, quando os israelitas, em vez de muito pouco, dão muito para Deus, o que permite que os líderes e artesãos de Israel tornem realidade o projeto e, assim, cumpram — "encham completamente" — sua vocação. O sentido de enchimento total desse verbo é evidente quando um período precisa ser encerrado. A espera de Jacó por Raquel acabou — *encheu* (Gênesis 29:21). Uma gravidez chegou a termo — "encheu" (Gênesis 25:24). Completou-se um período de purificação — "encheu-se" (Levítico 12:4,6). Um voto foi cumprido — "enchido" (Números 6:5). Banquetes foram encerrados — "encheram" (Ester 1:5). O exílio na Babilônia chegaria ao fim — "encheria" (Jeremias 25:12).[23] O mesmo sentido de conclusão também caracteriza o verbo *encher* quando as palavras estão em questão: a própria mão ou poder de Deus

---

[os trabalhadores qualificados], entre os que faziam a obra [os trabalhadores não qualificados], fez o tabernáculo" (ARC). Para uma análise detalhada desses textos, veja *Filled with the Spirit*, p. 51-65.

[23] O verbo "encher" funciona como sinônimo do verbo hebraico *tmm* para indicar completude, plenitude ou um fim (p. ex., Levítico 25:29-30).

enche — realiza — o que é prometido (p. ex., 1Reis 8:15; 2Crônicas 6:4); as pessoas também são capazes de encher — cumprir — as promessas (Jeremias 44:25).[24]

A presença de Deus também enche os espaços sagrados. Deus encheu a Tenda do Encontro (Êxodo 40:34), o templo terrestre (1Reis 8:10) e o templo celestial (Isaías 6:1). Essas misteriosas representações da presença de Deus não se fixam no momento em que Deus encheu esses lugares pela primeira vez, mas na realidade de que essa presença está *completamente* neles. Quando Jeremias afirma que a glória de Deus enche a terra (Jeremias 23:24), ele está enfatizando a inevitabilidade do divino em toda a criação, assim como quando Habacuque afirma que o conhecimento da glória do Senhor enche a terra (Habacuque 2:14). Quando Ezequiel lembra: "Olhei e vi a glória do Senhor enchendo o templo do Senhor, e prostrei-me com o rosto em terra" (Ezequiel 44:4), ele não está descrevendo a entrada da glória de Deus no Templo, mas a realidade de que a glória de Deus encheu todos os cantos da casa.[25] A Tenda do Encontro também foi totalmente cheia da glória de Deus: "Moisés não podia entrar na Tenda do Encontro porque a nuvem estava sobre ela, e a glória do Senhor enchia o tabernáculo" (Êxodo 40:35). A glória aqui era tão densa — *enchia* o Tabernáculo — que Moisés não conseguia nem mesmo entrar na Tenda do Encontro.

Da mesma forma, a frase simples "a quem eu tenha enchido do espírito de sabedoria" sugere algo diferente de dotação, posse, repouso, revestimento ou vinda inicial do espírito. "Encher" indica completude, cumprimento, realização, totalidade, plenitude. Quando as casas egípcias se encheram de moscas, deve-se imaginar mais que uns poucos insetos zumbindo por ali (na Bíblia Hebraica, Êxodo 8:17). Quando a aba do manto de Deus encheu o Templo, na grande visão de Isaías, o santuário interno estava ocupado por mais que a borda do manto (Isaías 6:1). Quando Jeremias protestou contra a terra cheia de ídolos, não era por estar preocupado com os ídolos ocasionais que pontilhavam as encostas de Judá (Jeremias 16:18). Quando se diz que o Jordão enchia todas as suas margens

---

[24] O verbo "encher" também aparece em contextos espaciais. Quando Jeremias fala de uma cisterna cheia de mortos, faz questão de enfatizar que a cisterna era grande. Ou seja, foram necessários muitos cadáveres para enchê-la *completamente* (Jeremias 41:9). A ênfase aqui incide mais na grande quantidade que no ato inicial de enchimento.

[25] É o que ocorre com respeito à glória de Deus, ou à nuvem, que enche o Templo (p. ex., 1Reis 8:11; Ezequiel 43:5).

na época da colheita, isso significa que o rio transbordava essas margens, enchendo-as e inundando-as (Josué 3:15).

O verbo simples "encher" comunica que agora há espírito mais que suficiente nesses trabalhadores talentosos para realizar a tarefa, com o fim de concluí-la à perfeição. Eles não estão moderadamente capacitados. Estão completamente cheios de um espírito sábio. Em suma, o coração deles está cheio de sabedoria.[26]

Por estarem completamente cheios, a responsabilidade de supervisionar essa obra sem precedentes recaiu sobre Bezalel e Aoliabe, sobre quem Deus disse a Moisés:

> Eu escolhi Bezalel, filho de Uri, filho de Hur, da tribo de Judá, e o enchi do espírito de Deus, dando-lhe destreza, habilidade e plena capacidade artística para desenhar e executar trabalhos em ouro, prata e bronze, para talhar e esculpir pedras, para entalhar madeira e executar todo tipo de obra artesanal. Além disso, designei Aoliabe, filho de Aisamaque, da tribo de Dã, para auxiliá-lo. Também capacitei todos os artesãos para que executem tudo o que lhe ordenei. (Êxodo 31:1-6)

Bezalel ressurge em uma reprise desse episódio, que ocorre no contexto da extraordinária generosidade de Israel:

> Disse então Moisés aos israelitas: "O S ENHOR escolheu Bezalel, filho de Uri, neto de Hur, da tribo de Judá, e o encheu do Espírito de Deus, dando-lhe destreza, habilidade e plena capacidade artística, para desenhar e executar trabalhos em ouro, prata e bronze, para talhar e lapidar pedras e entalhar madeira para todo tipo de obra artesanal. E concedeu tanto a ele como a Aoliabe, filho de Aisamaque, da tribo de Dã, a habilidade de ensinar os outros. A todos esses deu capacidade para realizar todo tipo de obra como artesãos, projetistas, bordadores de linho fino e de fios de tecidos azul, roxo e vermelho, e como tecelões. Eram capazes de projetar e executar qualquer trabalho artesanal". (Êxodo 35:30-35)

---

[26] Para uma análise um pouco mais detalhada, inclusive com o adjetivo "cheio" e o substantivo "plenitude", veja *Filled with the Spirit*, p. 52-8.

A correspondência entre espírito e coração, que caracteriza o Salmo 51 e a descrição dos artesãos em Êxodo 28:3, ocorre em Êxodo 31 e 35 com uma precisão crescente e uma clareza inevitável.[27]

- 28:3: Falarás também a todos os que são *sábios de coração*, a quem *eu tenha enchido do espírito de sabedoria* (ARC).
- 31:3: [...] *o enchi* [Bezalel] *do espírito de Deus, de sabedoria*, e de entendimento, e de ciência em todo artifício (ARC).
- 31:6: *Tenho dado sabedoria ao coração de todo aquele que é sábio de coração*, para que façam tudo o que te tenho ordenado (ARC).
- 35:31: [Deus] *o encheu* [Bezalel] *do espírito de Deus, no tocante à sabedoria*, [...] *a toda sorte de obras* (TB).
- 35:35. [Deus] *encheu-os* [Bezalel e Aoliabe] *de sabedoria do coração, para fazer toda obra...* (ARC).

Em cada um desses casos, o narrador entende claramente que o *locus* da sabedoria é o coração. Confrontado com a imagem correspondente da sabedoria de coração, o fato de Deus encher Bezalel do "espírito de Deus, de sabedoria", não significa que ele tenha recebido um influxo inteiramente novo do espírito, um ímpeto do espírito ou um espírito novo. As imagens espelhadas do coração e do espírito sugerem que o enchimento de (do) espírito deve ser compreendido como enchimento de espírito. Não é tanto uma dotação do espírito, mas um aprimoramento do espírito.

Como os demais artesãos, tanto o coração de Bezalel como o de Aoliabe já eram habilidosos, pois o espírito deles já era versado nessas artes, de modo que o dom da sabedoria veio a corações e espíritos que já eram sábios por meio do aprendizado adquirido. Embora não haja coração nem espírito novos na narrativa, existe algo novo aqui: nesse ponto da história de Israel, os espíritos estão, de uma forma singular, completamente cheios de

---

[27] Em Êxodo 28:3 e 31:6, os artesãos (trabalhadores qualificados) são "sábios de coração". Em Êxodo 31:3, Bezalel está cheio do espírito de Deus, de sabedoria e de inteligência. Êxodo 35:31 e 35:35, que descrevem Bezalel e Aoliabe, envolvem ambas as imagens; "cheios do espírito" e "sabedoria do coração" indicam que Bezalel e Aoliabe, como líderes de todo o empreendimento, ainda estão incluídos entre os artesãos, como também mais tarde, em Êxodo 36:1: "Assim, trabalharam Bezalel, e Aoliabe, e todo homem sábio de coração a quem o SENHOR dera sabedoria e inteligência, para saberem como haviam de fazer toda obra para o serviço do santuário, conforme tudo o que o SENHOR tinha ordenado" (ARC).

habilidade e transbordam competência. *O espírito de Deus com o qual Deus desde o início encheu Bezalel e os artesãos — o espírito que já era a fonte de habilidade neles — foi ainda mais enriquecido com sabedoria, discernimento e inteligência nesse momento salutar da história de Israel.*

Uma linha comum no final desse episódio mostra o que Bezalel e Aoliabe realmente fizeram com seu conhecimento adquirido, com (o) espírito de Deus, com a sabedoria, o conhecimento e o entendimento que os enchia: "Também [Deus] lhe tem disposto o coração para ensinar a outros, a ele e a Aoliabe, filho de Aisamaque, da tribo de Dã" (Êxodo 35:34, ARC).[28] O papel deles não era assumir e dominar o projeto monumental que tinham diante de si. Nem mesmo eles passariam todo o tempo nas trincheiras. Sua vocação era ensinar aos outros as habilidades que dominavam. Apesar de toda a linguagem suntuosa aglutinada em torno deles nessas circunstâncias, o que Bezalel e Aoliabe fizeram foi simplesmente ensinar.

Essa linha imperceptível sugere muita coisa sobre como os artesãos haviam sido "enchidos do espírito de sabedoria", como Deus pôde afirmar: "Tenho dado sabedoria ao coração de todo aquele que é sábio de coração" (Êxodo 28:3; 31:6, ARC). A ideia de encher de espírito e dar sabedoria evoca imagens da direta intervenção divina, mas essa simples menção a ensino sugere o contrário. A quem Bezalel e Aoliabe ensinaram? Aos artesãos, é claro. Os artesãos foram cheios de espírito de sabedoria e receberam sabedoria no coração porque aprenderam com mestres capazes, mestres que dominavam as habilidades de todos os ofícios.

| O espírito nos corredores do poder

A história de Daniel desenrola-se em uma época horrível, que ficou gravada na memória de Israel, um tempo no qual Israel foi destruído pela Babilônia e teve seus príncipes deportados, seu Templo destruído e seu rei cegado. A política imperial da Babilônia consistia em privilegiar a nata da safra de cativos e educá-los para que se tornassem líderes do povo deles.

---

[28] A tradução bíblica que traduz o verbo como "capacitar" evoca uma dotação especial: "O SENHOR capacitou tanto Bezalel como Aoliabe, filho de Aisamaque, da tribo de Dã, para ensinarem suas aptidões a outros" (NVT). É melhor traduzir a raiz hebraica *ntn* por "deu", seguindo o exemplo da Septuaginta. Deus *deu* em seu coração ensinar (cf. NTLH).

Nesse contexto, a história de Daniel — e a presença do espírito nele — dura três gerações. É um período importante:

- *Geração 1.* O rei Nabucodonosor da Babilônia afirma três vezes que Daniel tem "[*um*] *espírito dos santos deuses* [ou *um espírito do Deus santo*]" (Daniel 4:8-9,18; na versão aramaica, 4:5-6,15).
- *Geração 2.* A nora de Nabucodonosor, depois de ficar sabendo da escrita desconcertante que aparece durante a festa de Belsazar, relembra: "Existe um homem em teu reino que possui *o espírito dos santos deuses* [ou *o espírito de um/do Deus santo*]. Na época do teu predecessor verificou-se que ele era um iluminado e tinha inteligência e sabedoria como a dos deuses" (Daniel 5:11). Mais tarde, ela lembra que "se achou neste Daniel um *espírito excelente*, e ciência, e entendimento, interpretando sonhos, e explicando enigmas, e solvendo dúvidas" (5:12, ARC). Seu marido, Belsazar, filho de Nabucodonosor, também ouvira falar sobre o *"espírito dos deuses"* que estava em Daniel (5:14).
- *Geração 3.* Nessa época, havia um novo império em cena, e Dario da Média planejava nomear Daniel para ocupar altas posições no governo, porque *"nele havia um espírito excelente"* (Daniel 6:3, ARC; na versão aramaica, 6:4).

Essa é uma ampla linguagem espiritual: mais de meia dúzia de referências ao "espírito" em apenas três capítulos. Elas se encaixam perfeitamente no padrão que verificamos nas histórias de José e dos artesãos que construíram a Tenda do Encontro.

O que descobrimos na história de Daniel é o seguinte: o espírito esteve presente em Daniel por um tempo considerável. O espírito não é, da perspectiva de Daniel ou de qualquer um dos construtores do império, uma emboscada divina de ocasião. Ao longo de três gerações — Nabucodonosor, Belsazar e Dario —, Daniel demonstra tamanha sabedoria que uma sucessão de governantes estrangeiros reconhece nele um espírito que só pode ter vindo de Deus. Se Daniel possui sabedoria ao longo de três gerações, não é por haver recebido ocasionalmente uma dotação especial do espírito de Deus, mas porque o espírito dentro dele é uma fonte perene de iluminação, sabedoria e presciência.

Descobrimos também muita excelência, embora não no sentido que habitualmente a entendemos. Daniel tem um espírito *yattirah*. Essa palavra é traduzida, numa versão branda, por "excelente". Tende a comunicar um grau ou uma medida extraordinária, de modo que deve ser traduzida por "ao mais elevado grau possível". A estátua de Nabucodonosor era enorme, e seu brilho era "impressionante" (*yattirah*) ou, nesse contexto, "cegante" (Daniel 2:31). A fornalha ardente foi "tão" (*yattirah*) aquecida que "as chamas mataram os soldados que levaram Sadraque, Mesaque e Abede-Nego" para dentro da fornalha (3:22). Numa visão, um quarto animal é descrito como "o mais [*yattirah*] aterrorizante" (7:19). A escolha dessa palavra para descrever o espírito de Daniel indica mais que mera excelência. A estátua era brilhante em seu mais elevado grau, a fornalha estava quente em seu mais elevado grau e o animal era apavorante em seu mais elevado grau. Essa palavra comunica, por um lado, esbanjamento e plenitude: há muito brilho, muito calor, muito terror e *muito espírito*.[29] Por outro lado, comunica qualidade. Há puro brilho, puro calor, puro terror e *puro espírito*, espírito como espírito tem de ser, espírito tão perfeitamente espírito que, sem dúvida alguma, é um espírito de Deus. Isso é espírito ao mais elevado grau. É um espírito *yattirah*.

Descobrimos algo mais nessa sequência: o que tornou o espírito de Daniel tão distinto foi a sabedoria que o caracterizava em grande medida. Em Daniel 5, há um paralelo notável entre espírito e sabedoria. Daniel tem em si:

"espírito *yattirah*" (5:12, ARC);

"sabedoria *yattirah*" (5:14, ARC).

Como Daniel passou a ser caracterizado como possuidor de espírito e sabedoria no mais elevado grau por um período tão longo? A resposta está no primeiro episódio do livro que leva seu nome. Após o exílio, chega à Babilônia um grupo de jovens nobres israelitas que já se apresentam "sem defeito físico, de boa aparência, cultos, inteligentes, [para] que dominassem os vários campos do conhecimento e fossem capacitados para servir no palácio do rei". Eles deveriam aprender "a língua e a literatura dos babilônios" (1:4). Daniel é um espécime raro que tem de tudo: brilho intelectual, força física e boa aparência.

---

[29] Sobre os graus de enchimento, entendendo-se o espírito em termos de quantidade, veja o excurso 4 em Cor Bennema, *The Power of Saving Wisdom: An Investigation of Spirit and Wisdom in Relation to the Soteriology of the Fourth Gospel*, Wissenschaftliche Untersuchungen zum Neuen Testament 2.148 (Tübingen: Mohr Siebeck, 2002), p. 253-5.

O espírito e o cultivo da virtude

Contudo, Daniel não usa nada disso para galgar na hierarquia do poder imperial. Diferentemente de quase todos os outros refugiados reais, que por três anos eram tratados com fartura de comida e vinho da própria mesa do rei, como preparação para uma vida inteira na corte, Daniel "decidiu não se tornar impuro com a comida e com o vinho do rei, e pediu ao chefe dos oficiais permissão para se abster deles" (Daniel 1:8). Daniel foi acompanhado pelos três companheiros de futura fama no caso da fornalha ardente. Os quatro comiam vegetais, em vez da comida requintada e do vinho. Foi no cadinho da resistência de Daniel ao cardápio real, em seu repúdio à ambição, em sua rejeição ao poder, em sua propensão à simplicidade e em sua recusa a buscar *status* que Daniel se tornou primeiramente reconhecido como intérprete de visões e sonhos. O narrador diz: "A esses quatro jovens Deus deu sabedoria e inteligência para conhecerem todos os aspectos da cultura e da ciência. E Daniel, além disso, sabia interpretar todo tipo de visões e sonhos" (1:17). Essa primeira parte da história emite um sinal claro de que a sabedoria que irradiará do espírito de Daniel nas gerações vindouras surge da fidelidade tenaz, da rejeição ao luxo e de rara simplicidade. Quando os anos de recusa ao cardápio real acabaram, Daniel e seus amigos compareceram perante Nabucodonosor, quando "o rei lhes fez perguntas sobre todos os assuntos que exigiam sabedoria e conhecimento e descobriu que eram dez vezes mais sábios do que todos os magos e encantadores de todo o seu reino" (1:20).

Daniel combina sua inclinação pela fidelidade com paixão pela sabedoria. Ele faz um curso de três anos sobre a literatura e a língua dos caldeus (Daniel 1:4-6), aprende a ler a língua de seus captores, o aramaico (5:17,24-25), registra os sonhos por escrito (7:1) e incorpora a *Torá* em suas orações (9:11-14). Em grande medida, seu espírito é divino, sábio e extraordinário porque ele tem paixão pelo estudo.

Avancemos para o último episódio sobre o espírito excepcional de Daniel, quando o tema ressurge.

> Ora, Daniel se destacou tanto entre os supervisores e os sátrapas por suas grandes qualidades que o rei planejava tê-lo à frente do governo de todo o império. Diante disso, os supervisores e os sátrapas procuraram motivos para acusar Daniel em sua administração governamental, mas nada conseguiram. Não puderam achar nele falta alguma, pois ele era fiel; não era desonesto nem negligente. (Daniel 6:3-4)

O tema da fidelidade, que pontua esse episódio final, não é nada novo. A essência da primeira história é que a fidelidade de Daniel e de seus amigos leva-os a recusar o cardápio real. E as consequências disso? Eles surgem saudáveis, vigorosos e sábios, e Daniel é capaz até mesmo de interpretar sonhos e visões. Aprendemos que não há atalho para a espiritualidade; não havia influxo frequente e fugaz do espírito para transformar Daniel em sábio. Pelo contrário, em uma rápida sucessão de fatos, aprendemos que o espírito-respiração dentro dele — uma fonte vitalícia de sabedoria — estava fundamentado em três qualidades essenciais:

- resistência à ambição e à aspiração por ocupar posições de maior relevo nos corredores do poder;
- fidelidade de todo o coração às leis alimentares embasadas na *Torá*, que, à primeira vista, parecem ter muito pouca relação com a grandeza do espírito de Deus;
- apego ao estudo, inclusive à aprendizagem de idiomas e de literatura fora do escopo dos textos sagrados judaicos.

As histórias em torno de Daniel estão entre as mais recentes da Bíblia judaica e fornecem uma retomada pertinente dos temas anteriores. No livro de Daniel, esses temas tornam-se inevitáveis, na medida em que determinadas características do espírito, evidentes em narrativas anteriores, reverberam agora pelos corredores dos poderes da Babilônia e da Média.

O espírito-respiração de Deus no mundo de Israel: resumo

O mundo do espírito é abundante. Eliú entende que o espírito não goteja sobre os sábios; o espírito existe em tal medida e com tamanha força que mantém o sábio refém, erguendo um cerco contra ele. Seu coração é como um odre prestes a estourar. A sensação de compulsão de Eliú explica muito bem por que alguns israelitas escolhidos são descritos como cheios de (do) espírito. É uma linguagem extravagante, porque não são indivíduos que seguem Deus sem convicção.

A pergunta do faraó, por exemplo, implica um rico perfil que surge do interior de José: "Será que vamos achar alguém como este homem, em quem está (o) espírito divino [dos deuses]?" (Gênesis 41:38). Os sábios e feiticeiros do Egito são cativos da própria ignorância. José, sozinho, resolve o enigma do sonho do faraó e, então, sem orientação externa, toma a iniciativa de planejar uma estratégia de sobrevivência em prol do bem comum. José sozinho, dentre todos os líderes no Egito, espelha o mundo divino com uma medida completa de discernimento e de sabedoria — sabedoria adquirida a duras penas, discernimento há muito aguardado.

Essa prodigalidade de espírito continua em meio à desolação do Sinai, onde os israelitas *em massa* oferecem muito mais que o necessário, onde os corações são animados, os espíritos incitados a oferecer bens e serviços com uma munificência sem precedentes. Existem também outros — artesãos, os sábios de coração — cheios de (do) espírito de sabedoria. Os materiais com os quais fiam e martelam são retratados em cores vivas e em detalhes aprazíveis. Não é de admirar que seus líderes, Bezalel e Aoliabe, sejam descritos como *cheios* de (do) espírito de Deus e de sabedoria de coração, acrescidos de uma embaraçosa parataxia que goteja elogios pródigos: Bezalel estava cheio do espírito de Deus, de sabedoria, de inteligência e de conhecimento. No deserto implacável do Sinai, há uma generosidade excessiva e imponente, uma coleção impressionante de habilidades, uma plenitude marcada por artesãos que exibem habilidades extraordinárias e, algo não menos notável, corações prontos a ensinar.

As experiências de Daniel em cortes estrangeiras galvanizam essas vertentes. Três histórias sucessivas sobre três reinados sucessivos chamam a atenção para sua sabedoria e para seu conhecimento extraordinários. Em cada episódio, Daniel recebe grandes elogios, pois, à semelhança de José, é um intérprete incomparável do inescrutável e um administrador por excelência. E por quê? Porque nele está o espírito dado por Deus em seu mais elevado grau — uma medida extraordinária da vitalidade divina que, quando cultivada pela simplicidade e pela habilidade, torna-se fonte de conhecimento e de sabedoria.

O ESPÍRITO INTERIOR NO MUNDO DO JUDAÍSMO PRIMITIVO

Essa vertente da pneumatologia que emerge das histórias de José e de Bezalel, para citar alguns luminares israelitas, teve uma vibrante presença pós-morte no mundo do judaísmo. Em vez de murchar, a crença israelita — de que alguns eram cheios do espírito e de sabedoria — floresceu na era que deu origem ao cristianismo. Na verdade, essa crença explodiu ao longo da era macabeia — a década de 160 a.C. —, quando talvez o livro de Daniel tenha sido escrito. (Embora incluído nas Escrituras canônicas, o livro de Daniel pode ter sido escrito tardiamente, na época de outras literaturas judaicas, como a coleção de sentenças de Ben Sirá no livro de Sirácida ou Eclesiástico.) Daniel, muito mais que José, tinha um espírito dentro de si em seu mais elevado grau, o qual lhe deu sabedoria também no mais elevado grau. Daniel, muito mais que José, cultivou esse espírito por meio de disciplina autoimposta, da rejeição às iguarias requintadas dos banquetes reais e da recusa às sutilezas de uma existência entre uma elite em formação. E, muito mais que no caso de José, os dignitários estrangeiros, tanto inimigos como aliados, reconheceram a qualidade do espírito de Daniel em um período que durou três administrações sucessivas.

Um espírito santo interior como centro da virtude

Daniel também aparece no conto pitoresco de Susana, uma jovem de beleza incomum e de virtude impecável. Certo dia, depois de enviar seus servos para buscar algo de que precisava, ela foi tomar banho em um jardim. Dois anciãos que a desejavam sexualmente esconderam-se naquele lugar. Enquanto os servos de Susana estavam fora, os anciãos aproximaram-se dela e exigiram que ela mantivesse relações sexuais com eles, ou então a acusariam de adultério com um jovem. Ela recusou. Quando Susana foi levada a julgamento, a palavra dos dois anciãos foi naturalmente considerada verdadeira, apesar dos protestos da jovem. Contudo, "suscitou Deus o espírito santo de um jovem adolescente, chamado Daniel", que começou a gritar: "Eu sou inocente do sangue desta mulher!" (Daniel 13.45-46, BJ). Então, ele teve uma ideia para descobrir a verdade: interrogou os dois anciãos separadamente e perguntou debaixo de qual árvore cada um a vira cometendo adultério. Cada ancião identificou uma árvore diferente, então eles foram condenados à morte — a mesma pena que pretendiam aplicar a Susana.

Esse conto curioso, mas perturbador, é como um para-raios em torno do qual se aglutinam vários temas da literatura bíblica. O espírito de Daniel demonstra a sabedoria típica dos anciãos, então os outros anciãos aprovam sua estratégia para descobrir a verdade. Esse é um dos pontos principais da história, ressaltado com um sinal de exclamação quando os anciãos lhe dizem: "Senta-te no meio de nós e expõe-nos o teu pensamento, pois Deus te deu o que é próprio da ancianidade" (Daniel 13:50, BJ).

Essa história enfatiza também a manifestação ou o movimento do espírito de Daniel. Seu espírito já é santo, e requer-se que esse movimento ocorra nesse exato instante. Deus suscita o espírito santo de Daniel, a fim de ele trace um plano para inocentar Susana. Esse movimento é reminiscência do magnífico derramamento de posses e habilidades que acompanharam a construção da Tenda do Encontro, quando Deus moveu os espíritos e levantou o coração dos israelitas (Êxodo 35:5,21; 36:2).

A frase curta "suscitou Deus o espírito santo de um jovem adolescente, chamado Daniel", reúne, nesse conto simples, elementos surgidos primeiramente na antiga tessitura literária de Israel, embora com algo novo: o espírito que Daniel tem dentro de si é, sem dúvida, o espírito santo. Ele se caracteriza por possuir um espírito santo interior que desmascara o assédio sexual e demonstra sabedoria muito acima de sua idade. Em vez de aceitar um falso veredito, o jovem com espírito santo grita: "Eu sou inocente do sangue desta mulher!". Em outras palavras: "Não quero tomar parte no derramamento do sangue dessa mulher!". Quão diferente, embora semelhante, é o Daniel do salmista egocêntrico e derrotado que implora a Deus: "Não [...] tires de *mim* o teu Santo Espírito. [...] Livra-*me* da culpa dos crimes de sangue [ou do derramamento de sangue]" (Salmos 51:11,14).

O que o conto de Susana oferece em forma romanceada, os manuscritos do mar Morto oferecem em linguagem acadêmica. No *Documento de Damasco*, que prescreve um estilo de vida para as comunidades espalhadas por toda a Palestina, o espírito humano é um "espírito santo".[30] O membros da comunidade são aconselhados "a se manterem afastados de toda impureza, de acordo com seus regulamentos, sem que ninguém *contamine seu espírito santo*" (*Documento de Damasco*, 7.3-4).[31] O significado disso fica claro quando colocamos a declaração ao lado de outra, um pouco mais adiante: "Ninguém deve *contaminar a sua alma* com qualquer ser vivente ou com um que rasteja, comendo-os, desde as larvas das abelhas até todos os seres vivos [...] que

---

[30] Para uma visão geral da palavra *ruach* nos Manuscritos do mar Morto, veja o apêndice em A. E. Sekki, *The Meaning of Ruaḥ at Qumran*, Society of Biblical Literature Dissertation Series 110 (Atlanta: Scholars, 1989), p. 225-39.

[31] Não é possível ter certeza absoluta de que o possessivo "seu" na expressão "seu espírito santo" se refere a um membro da comunidade, e não a Deus, embora o antecedente desse pronome seja um membro da comunidade, não Deus.

se arrastam nas águas" (*Documento de Damasco*, 12.11-13). A forma e o vocabulário do *Documento de Damasco* (7.4; 12.11) comunicam uma concepção compartilhada com palavras diferentes; a palavra hebraica *nephesh* ("alma") em um deles reaparece como *ruach* ("*espírito* santo") no outro.[32]

Os termos *ruach hakodesh* e *nephesh* são usados como sinônimos em outros lugares nos manuscritos do mar Morto, em vários antigos fragmentos de sabedoria que, juntos, foram intitulados *4QInstrução*. Numa parte relacionada aos recursos financeiros, há uma advertência contra a desonestidade, possivelmente uma estratégia duvidosa que tenha por objetivo retardar o pagamento de uma dívida.[33] Essa advertência avisa contra trocar um espírito santo por dinheiro:

> [Em seus negócios, não deprecie] o seu espírito; não troque o seu espírito santo por dinheiro nenhum, pois nenhum preço é adequado. (4Q416 fr. 2 II.7)

Essas instruções são repetidas um pouco mais adiante.

> Não venda sua alma por dinheiro. É melhor que você seja um servo no espírito e que sirva de graça a seus superintendentes. (4Q416 fr. 2 II.17)[34]

Os adeptos da aliança não devem rebaixar seu espírito nem trocar seu *espírito santo* por dinheiro; eles não devem vender a *alma* por dinheiro. A santidade é mais importante que o ganho financeiro; a integridade deve sempre ter prioridade sobre a ambição econômica.[35]

Meros três breves fragmentos dos manuscritos do mar Morto lidos ao lado da história de Susana oferecem uma lúcida perspectiva sobre a crença

---

[32] Outro sinal de que aqui "alma" e "espírito santo" são sinônimos é que a palavra *ruach* é usada nos manuscritos do mar Morto no lugar de *nephesh* em Levítico 11:43 e 20:25. A maneira como o *Documento de Damasco*, 7.4, se baseia na fraseologia de Levítico 11:43 e 20:25 indica que, no *Documento de Damasco*, a expressão "espírito santo" é considerada um substituto adequado para *nephesh* em Levítico. Para conhecer antecedentes e bibliografia, veja Sekki, *Meaning*, p. 112-4. Para uma estrutura mais detalhada do hebraico relevante, veja meu livro *Spirit in First-Century Judaism*, p. 74-5.

[33] Veja também Matthew J. Goff, *The Worldly and Heavenly Wisdom of 4QInstruction*, Studies on the Texts of the Desert of Judah 50 (Leiden: Brill, 2003), p. 80-167; sobre o pagamento de dívidas e um espírito santo, veja a obra citada, p. 226.

[34] Veja os fragmentos paralelos 4Q417 frag. 1 II.8, 21; 4Q418 frag. 8.3-4, 14.

[35] No segundo caso, deve-se servir "com o espírito" de graça, se essa for a maneira de preservar a integridade. Nesse mandamento, as palavras "alma" e "espírito" voltam a ser sinônimos.

judaica primitiva de que os seres humanos têm em si o espírito santo de Deus desde o nascimento. Não menos significativo, esse espírito santo é o *locus* da santidade e da integridade. O espírito humano não é um território neutro, nem uma simples respiração. É uma região santa. Esse espírito santo pode ser vendido ou trocado por moeda insignificante, por isso o mestre da sabedoria de *4QInstrução* exorta seus leitores a não desprezar o espírito nos assuntos diários, a não trocar o espírito santo, a não vender a alma por dinheiro miserável.

O conto de Susana e os manuscritos do mar Morto foram provavelmente compostos na Palestina, um remoto posto avançado do Oriente grego — porém não mais remoto que Qumran — ao longo da margem noroeste do mar Morto. Mesmo assim, os judeus também apreciavam a santidade do espírito nos centros urbanos gregos. Particularmente em Alexandria, os autores golpearam a inspiração do Gênesis na bigorna das concepções greco-romanas, tanto médicas como filosóficas. Desse modo, remodelaram a noção de espírito, embora não sem reter a crença de que o espírito é o *locus* da virtude. Note-se que essa não foi uma tarefa particularmente difícil, visto que o estoicismo, a mais popular das filosofias greco-romanas, defendia esse ponto de vista.

O espírito e a busca da virtude

Os estoicos tendiam a crer que o *pneuma* permeava um cosmos vivo e racional. Alexandre de Afrodísias resume a visão de Crisipo (c. 280-207 a.C.), um dos pensadores mais renomados do estoicismo: "Ele presume que todo o mundo material é unificado por um *pneuma* que o permeia totalmente e por meio do qual o universo é tornado coerente e mantido junto" (*Sobre a mistura*, 216, linhas 14-7). Lucílio Balbo, que sintetiza o estoicismo de forma competente e cuidadosa em *Sobre a natureza dos deuses*, de Cícero, composto durante os anos de 46 a 44 a.C., afirma que a ordem mundial é "mantida em uníssono por um único espírito divino e onipenetrante" (*Sobre a natureza dos deuses*, 2.19).

Se o *pneuma* era o elemento unificador a permear o cosmos, a alma humana era um fragmento da alma cósmica: "O mundo [...] é uma coisa viva no sentido de uma substância animada. [...] E é dotado de alma, como deixam bem claro nossas várias almas, cada qual um fragmento dele".[36] A alma humana é, em suma, um fragmento do divino. O *pneuma* unifica o cosmos e a alma, que é uma parte dele, mantendo cada qual em uma tensão viva e unificadora.

Nenhum autor antigo, judeu ou romano, homem ou mulher, expressa o caráter do espírito humano de maneira mais pungente que o estadista estoico Sêneca (c. 4 a.C. a 41 d.C.), o qual aconselhou Lucílio, o destinatário da quadragésima primeira de suas cartas morais, a olhar para si, e não para os deuses ou para os ídolos. Nessa carta, Sêneca concentra-se em um "espírito santo" que habita nos seres humanos:

> Não precisamos erguer as mãos em direção ao céu nem implorar ao guardião de um templo que nos permita aproximação do ouvido desse ídolo, como se assim fosse mais provável que nossas orações fossem ouvidas. Deus está perto de você, ele está com você, ele está dentro de você. É o que quero dizer, Lucílio: um espírito santo habita em nós [*sacer intra nos spiritus sedet*], aquele que marca nossas boas e más ações e é nosso guardião. A forma como tratamos esse espírito corresponde àquela como também somos tratados.[37]

A pessoa que cumpre o ideal estoico de se manter impassível diante dos perigos, intocada pelos desejos, o faz em virtude de um espírito que, embora se encontre em seu interior, permanece aliado à sua origem celestial:

> Quando uma alma se eleva acima das outras almas, quando passa por todas as experiências como se fossem de pouca importância, quando sorri

---

[36] Diógenes Laércio, 7.143. Como um fragmento do divino, os estoicos acreditavam que a alma humana carregava características divinas. Como o éter mais puro, a porção governante do cosmos, a mente como *pneuma* era considerada a parte governante (hegemônica) da alma. Sexto Empírico, em *Contra os matemáticos*, 8.400, define lucidamente a posição estoica: "Visto que, portanto, a alma e o espírito governante são mais puros do que qualquer espírito...". Veja também H. von Arnim, *Stoicorum Veterum Fragmenta* (Leipzig: Teubner, 1903-24), 4:65. Diógenes Laércio expressa de forma primordial a concepção estoica da alma humana: "A natureza, na visão deles, é um fogo que opera artisticamente, indo em seu caminho para criar; que é equivalente a um sopro de fogo criativo ou modelador. E a alma é uma natureza capaz de ter percepção. E eles a consideram a respiração da vida congênita em nós; disso inferem primeiramente que é um corpo e, em segundo lugar, que sobrevive à morte. [...] Zenão de Cítio e Antípatro, em seus tratados *De anima*, e Posidônio definem a alma como uma respiração quente; pois assim nos tornamos animados, e isso nos permite mover-nos" (7.156-57). Para uma visão geral, veja Samuel Sambursky, *Physics of the Stoics* (Princeton: Princeton University Press, 1987).

[37] Sêneca, *Epístolas morais*, 41.2.

de nossos medos e de nossas orações, é movida por uma força do céu. [...] Portanto, uma grande parte dela reside nesse lugar de onde veio à terra, [...] a grande e sagrada alma, que desceu para que possamos ter um conhecimento mais próximo da divindade, de fato se associa a nós, mas ainda se apega à sua origem. (*Epístolas morais*, 41.5)

O conceito de alma como aquilo que "desceu para que possamos ter um conhecimento mais próximo da divindade" sugere muito claramente a adesão de Sêneca à noção estoica de que a alma humana é um fragmento da alma cósmica. O que caracteriza essa alma perfeita não são os acessórios externos que podem ser passados para outra pessoa, mas uma vida vivida de acordo com a razão, uma vida vivida de acordo com a própria natureza:

> Elogie a qualidade nela que não pode ser dada ou roubada, aquela que é propriedade peculiar da pessoa. Você pergunta o que é? É a alma e a razão levada à perfeição na alma. Pois o ser humano é um animal que raciocina. Portanto, o maior bem de uma pessoa é alcançado se ela cumpriu o bem para o qual a natureza a projetou no nascimento. E o que a razão exige dela? A coisa mais fácil do mundo: viver de acordo com sua natureza. (*Epístolas morais*, 41.8-9)

Nesse ensaio eloquente, a tarefa e o caráter do espírito santo, entendido em termos estoicos, são explicados com uma clareza excepcional: viver de acordo com a razão (o ideal estoico) e viver de acordo com a própria natureza são sinônimos, porque a própria natureza da pessoa consiste, em parte, de um espírito santo, o deus interior, que desceu do mundo divino e racional e continua a buscar dentro dos humanos associação com o mundo divino.

Não se trata de um salto da pena de Sêneca para o pergaminho da *Sabedoria de Salomão*, da mente de Crisipo para as reflexões de Fílon, o Judeu. O impacto do estoicismo foi imenso, principalmente no desenvolvimento das percepções judaicas do *pneuma*, em especial na cidade egípcia de Alexandria, um viveiro do diálogo filosófico greco-romano.

Em frontal acusação contra os fabricantes de ídolos, o autor alexandrino de *Sabedoria de Salomão* leva o sopro de Gênesis 2:7 a um novo nível, com nuances tão ricas que são quase intraduzíveis: "Aquele [Deus] que o plasmou, que nele inspirou uma alma ativa e nele insuflou o espírito que faz viver".³⁸ O autor (o sábio) acredita que o espírito é emprestado de Deus por um tempo e destinado a voltar para ele. Os criadores de ídolos não reconhecem esse espírito e o Deus que o insuflou, por isso são "cinzas, o seu coração! Sua esperança: mais vil que a terra. Sua existência: mais desprezível que o barro!" (*Sabedoria de Salomão* 15:10).³⁹

O fracasso de tais fabricantes de ídolos reside na flagrante incapacidade de reconhecer não a mera respiração, mas um espírito extremamente santo dentro do ser humano. Essa concepção é tão importante para o sábio que ocorre nas linhas iniciais de *Sabedoria de Salomão*:

> O espírito santo, o educador [da disciplina], foge da duplicidade, ele se retira diante dos pensamentos sem sentido, ele se ofusca quando sobrevém a injustiça. A Sabedoria é um espírito amigo dos homens, e não deixa impune o blasfemo por seus propósitos; porque Deus é a testemunha de seus rins, perscruta seu coração segundo a verdade e ouve o que diz a sua língua. O espírito do Senhor enche o universo, e ele, que mantém unidas todas as coisas, não ignora som algum. Por isso quem fala iniquamente não tem desculpa, não poderá eludir a Justiça vingadora. (*Sabedoria de Salomão* 1.5-8, BJ)

Desde o início, o sábio defende uma visão estoica do espírito como algo que enche o mundo e mantém unidas todas as coisas.⁴⁰ Desde o início, ele também descreve o *pneuma* como um espírito "da disciplina" ou "do ensino". Com um acréscimo tão notável, o sábio afirma que esse espírito santo pode ser ensinado, educado e corrigido para fugir da dissimulação, afastar-se dos pensamentos insensatos e retrair-se do ataque violento da injustiça. Já aprendemos isso sobre o espírito. Daniel pode muito bem ter sido identifi-

---

[38] Essa descrição do sopro vai muito além de Gênesis 2:7, ao introduzir o vocabulário da tradição médica alexandrina. O prolífico historiador médico Galeno, por exemplo, poderia atribuir a Erasístrato, médico alexandrino, a crença de que o corpo continha não apenas "um poder *vivente*", mas também um poder *psíquico*; essas dimensões estão refletidas nas palavras "alma" ou "psique" e em "espírito vivente" (*pneuma zōtikon*).

[39] Veja "Portraits of Adam in Early Judaism: From Sirach to 2 Baruch", *Journal for the Study of the Pseudepigrapha: Supplement Series 1* (Sheffield, UK: Sheffield Academic, 1988), p. 53-4.

[40] Ele também se refere a um "espírito santo" como um vértice do triângulo da existência humana, ao lado do corpo e da alma: "A Sabedoria não entra numa *alma* maligna, ela não habita num *corpo* devedor ao pecado. Pois o *espírito santo* [da disciplina] foge da duplicidade" (*Sabedoria de Salomão* 1:4-5a). A tríade corpo, alma e espírito, como a interpretação de Gênesis 2:7 em *Sabedoria de Salomão* 15, oferece ainda outro exemplo de que o espírito humano — que caracteriza os seres humanos desde o nascimento — é um *espírito santo*.

cado, no livro que leva seu nome, como um herói em quem há um "santo espírito da disciplina", pois estudou, orou e jejuou ao longo da árdua jornada rumo à sabedoria.

Em nenhum lugar dessas linhas de abertura o sábio oferece abrigo seguro para uma alma sozinha. *Todas as pessoas*, e não só aquelas com direitos exclusivos de inspiração, podem ser guiadas por um espírito santo disciplinado; os idólatras, que, mais adiante, o autor condena, fracassam justamente por se recusarem a reconhecer esse aspecto da criatividade de Deus, e não porque lhes falte esse espírito. A eles, atribui-se não apenas um fracasso da biologia, como também um fracasso da teologia.

Se *Sabedoria de Salomão* contém vislumbres do espírito como o reservatório da virtude, esses vislumbres são relativamente tênues e fugazes. Fílon defende repetidas vezes a concepção do espírito como o *locus* da virtude. Essa concepção, ao mesmo tempo escriturística e estoica, vem à tona especialmente quando Fílon interpreta Gênesis 2:7 como significado de que Deus "soprou nele [a humanidade] desde o alto da própria divindade de Deus".[41]

Como Sêneca, Fílon identifica o sopro de Gênesis 2:7 com o dom da mente mais pura, um fragmento do espírito cósmico de Deus, "pois aquilo que Deus soprou nada mais era do que uma respiração divina que migrou para cá, daquela existência bem-aventurada e feliz, em benefício de nossa raça".[42] Embora a antropologia de Fílon seja complexa, um aspecto é incontestável:

---

[41] Fílon, o Judeu, *O pior ataca o melhor*, p. 86. Não se trata de mero momento de doação de vida, mas de um presente da própria divindade. O ser humano foi "julgado digno de receber sua alma, não de qualquer outra coisa já criada, mas pelo sopro de Deus, transmitindo seu poder na proporção que a natureza mortal podia receber" (*Sobre as virtudes*, 203). Em *Sobre as leis especiais* 4.123, ele escreve que a "essência ou substância daquela outra alma é espírito divino", porque, como Moisés "em sua história da criação diz, [...] Deus soprou um sopro de vida no primeiro ser humano, o fundador de nossa raça. [...] E claramente o que foi então soprado foi o *éter*-espírito, ou algo mais, se tal for melhor que o *éter*-espírito, até uma refulgência da bendita e triplamente bendita natureza de Deus".

[42] *Sobre a criação do mundo*, 135. De modo semelhante, apenas um pouco mais adiante, ele escreve sobre a alma e o corpo humanos: "Cada pessoa, no que diz respeito à mente, é aliada da Razão divina, tendo passado a existir como cópia, fragmento ou raio daquela natureza bendita, mas na estrutura de seu corpo está aliada a todo o mundo" (*Sobre a criação*, 146). Sobre a relação entre o esplendor do *pneuma* e seus fragmentos, veja T. Tobin, *The Creation of Man: Philo and the History of Interpretation*, Catholic Biblical Quarterly Monograph Series 14 (Washington, DC: Catholic Biblical Association of America, 1983), p. 78. Quando ele interpreta a maldição de Gênesis 3:14, "pó comerá todos os dias da sua vida", Fílon pressiona a interpretação estoica de Gênesis 2:7 ainda com mais vigor: "O corpo, então, foi formado da terra, mas a alma é do *éter*, uma partícula separada da Divindade: 'pois Deus soprou em seu rosto a respiração da vida, e o humano tornou-se alma vivente'" (*Interpretação alegórica*, 3.161). Veja também *Sobre os sonhos*, 1.34, e *Quem é o herdeiro das coisas divinas?*, p. 283.

apenas a alma mais pura, a mente, é a respiração divina: "E a respiração ou espírito divino [é] sua parte mais dominante [...] ele [Moisés] não fez a substância da mente depender de qualquer coisa criada, mas a representou como soprada por Deus. Pois o Criador de tudo, *diz* ele, 'soprou em seu rosto a respiração da vida, e o humano tornou-se uma alma vivente'" (*Who Is the Heir?*, p. 55-7). Apenas a parte superior da alma, particularmente a mente, é capaz de virtude. A parte inferior da alma é arrastada para a lama da existência física.

Nessa interpretação, como em todas as suas interpretações de Gênesis 2:7, Fílon não deixa dúvidas de que a inspiração é o dom do espírito de Deus no nascimento (embora ele também a veja como um dom aos profetas e intérpretes das Escrituras, como examinaremos no capítulo 3). Não é uma mera inspiração da respiração, mas uma infusão completa da divindade, da mente, da alma mais pura. Isso soa como Sêneca — "a grande e sagrada alma, que desceu para que possamos ter um conhecimento mais próximo da divindade"— ou o que Sêneca poderia ter escrito a Lucílio, tivesse ele sido criado em um lar judeu.

Gênesis 2:7 também é uma porta de entrada para a crença de Fílon na centralidade da virtude. Como em *Sabedoria de Salomão*, que entende que a alma pode ser enganosa, o corpo escravizado ao pecado e o espírito santo sujeito à disciplina ou ao ensino, para Fílon o espírito que Deus sopra pode fornecer a base para a virtude. Como na carta de Sêneca a Lucílio, na qual o propósito do espírito santo interior é atingir o mais alto bem humano, para Fílon a vida vivida de acordo com a mente conduz ao mais alto benefício de ser elevado em uma visão arrebatadora de Deus. De acordo com Fílon, esse espírito interior existe principalmente para fornecer a base para a virtude, por um lado, e a culpabilidade para o vício, por outro. Esse espírito tira o ser humano de suas amarras às paixões do corpo e proporciona liberdade para que voe pelos céus em direção ao divino.

Essa associação com o espírito surge quando Fílon aborda as dificuldades surgidas em torno da noção de um sopro físico em Gênesis 2:7. Fílon pergunta, em primeiro lugar, por que Deus soprou na "mente terrena e amorosa do corpo" de Gênesis 2, e não no ideal platônico da mente em Gênesis 1, que ele entendia como a imagem de Deus (Gênesis 1:26-27).[43]

---

[43] Fílon, o Judeu, *Interpretação alegórica*, 1.33.

O espírito e o cultivo da virtude

Fílon responde que Deus gosta de doar, *mesmo aos imperfeitos*, a fim de incutir neles "zelo pela virtude". O sopro, portanto, é o meio pelo qual Deus "não criou a alma estéril de virtude, mesmo que o exercício dela seja para algo impossível" (*Interpretação alegórica*, 1.34).

Fílon prossegue no exame do tema da virtude, insistindo que aqueles "em quem a vida real" foi soprada agora são responsáveis pelo exercício da virtude. Se Deus não tivesse soprado essa vida autêntica naqueles "sem experiência de virtude", eles poderiam alegar injustiça na punição de Deus. Foi por culpa de Deus que eles pecaram, poderiam ter argumentado, porque fracassaram por ignorância e inexperiência. Contudo, eles não têm o direito de culpar a Deus por "ter deixado de soprado nele [ou nela] qualquer concepção de virtude".[44]

A segunda questão proposta por Fílon é o significado do verbo "soprou [em]".[45] No contexto de uma resposta complexa, Fílon associa o sopro à capacidade de conceber Deus: "Como a alma poderia ter concebido Deus se Deus não tivesse soprado nela e a possuído poderosamente?".[46] Simplificando, o sopro permite que os humanos concebam Deus.

Na terceira questão — por que Deus soprou no *rosto* —, a virtude mantém seu papel proeminente. Ao incorporar a fisiologia estoica, Fílon prepara-se para argumentar que Deus sopra apenas na mente, que, por sua vez, inspira a porção desprovida de razão da alma:

> Assim como o rosto é o elemento dominante do corpo, a mente é o elemento dominante da alma: nele somente Deus sopra. [...] Pois a mente transmite à porção destituída de razão da alma uma parte daquilo que recebeu de Deus. [...] Pois a mente é, por assim dizer, o Deus da parte irracional.[47]

Portanto, o sopro de Gênesis 2:7 é muito mais que meramente dar vida a um corpo. É a transmissão da capacidade de virtude, a possibilidade de conhecer a Deus, a vitalização da mente, a porção mais pura do ser humano, que compartilha sua substância com o cosmos. De acordo com Fílon, não causa admiração que o primeiro homem tenha vivido em pura glória e bem-aventurança, em consonância com as estrelas, "visto que o *espírito* divino

---

[44] Fílon, o Judeu, *Interpretação alegórica*, 1.35.
[45] Fílon, o Judeu, *Interpretação alegórica*, 1.33.
[46] Fílon, o Judeu, *Interpretação alegórica*, 1.38.
[47] Fílon, o Judeu, *Interpretação alegórica*, 1.39-40.

fluiu para ele em plena corrente". Por causa dessa corrente, o primeiro homem "se esforçou com zelo em todas as suas palavras e ações para agradar ao Pai e ao Rei, seguindo Deus passo a passo nas estradas cortadas pelas virtudes".[48]

O espírito-respiração no judaísmo primitivo: resumo

Quando a cortina do drama humano se abre, revelando um jardim intocado, o ser humano, que é apenas pó da terra, levanta-se no instante em que o Deus criador o encontra face a face para soprar vida nele. É uma cena simples, uma cena íntima.

Agora compare essa simplicidade à complexidade da atitude de Fílon a respeito da ação. Não se trata de um contato íntimo entre um criador e sua criação. Fílon entende esse momento de inspiração de qualquer forma, menos em termos tão simples. Pode ser a transmissão da mente humana, mas não um vento interior. Pode ser um dom da divindade, mas não um simples sopro vivificante. Pode ser a infusão da capacidade da virtude, mas certamente não um mero sopro de barro. Apesar da complexidade de seus comentários, Fílon nunca perde o fascínio pelo sopro divino. Pelo contrário, ele fica extasiado diante do primeiro momento de inspiração, na medida em que o cita, palavra por palavra, dezenas e dezenas de vezes, em um esforço para explicar a generosidade de Deus, o dom incomparável da "vida real", a capacidade inigualável da virtude, a oportunidade inestimável de um conhecimento íntimo de Deus que esse primeiro sopro dá ao homem.

Outros autores judeus não estão menos cientes da inspiração que torna todos os seres humanos capazes de virtude. O autor de *Sabedoria de Salomão*, que entende Gênesis 2:7 como o empréstimo temporário de uma alma, inicia seu livro sapiencial com uma referência fugaz ao "espírito santo [da disciplina]", que foge do engano. Embora a referência a um espírito santo seja concisa, é suficiente para estabelecer a base do ensino do sábio sobre a busca da virtude e da sabedoria.

Essa apreciação de um espírito santo interior não era propriedade intelectual exclusiva da tradição filosófica judaica alexandrina. O curioso conto de Susana também expressa a convicção de que o espírito interior é o *locus*

---

[48] Fílon, o Judeu, *Sobre a criação*, 144. Para mais discussão e bibliografia, veja meu livro *Portraits of Adam*, p. 81-2, 84-5. Para um comentário mais recente, veja Jonathan Worthington, *Creation in Paul and Philo: The Beginning and Before*, Wissenschaftliche Untersuchungen zum Neuen Testament 2.317 (Tübingen: Mohr Siebeck, 2011).

da virtude. Não há surpresas aqui, já que Daniel, no livro que leva seu nome, é caracterizado repetidas vezes por um espírito interior extraordinário, por um grau robusto de espírito, até mesmo por um espírito santo, de acordo com várias traduções gregas. Nem há surpresa alguma na metamorfose de uma expressão escriturística: "Suscitou Deus o espírito", pelo acréscimo da palavra *santo*: "Suscitou Deus o espírito *santo* de um jovem adolescente" (Daniel 13:45). O livro de Daniel descreve um jovem de extraordinária integridade, que aprimora fielmente suas habilidades por meio do jejum e do estudo. Apresentá-lo agora sem necessidade de explicação, como faz o autor do conto de Susana, como um jovem cujo espírito santo o compele a descobrir a injustiça, está inteiramente de acordo com as histórias que circularam em torno de sua ascensão ao poder nas cortes dos babilônios e dos medos.

Todos esses textos antigos compartilham a convicção de que o *locus* da virtude nos seres humanos é um espírito santo que Deus desperta (Daniel e Susana), um espírito santo que pode ser contaminado (*Documento de Damasco*) e trocado por segurança financeira (*4QInstrução*) e um "espírito santo da disciplina", que foge do engano (*Sabedoria de Salomão*). Fílon não adota a expressão exata "espírito santo". No entanto, apesar da complexidade de sua interpretação e da preferência por essa expressão, oferece-nos o vislumbre mais rico de um mundo repleto do espírito santo. Neste mundo, outros autores, embora com menos extravagância que Fílon, mencionaram pronta, inequívoca e claramente que o *locus* da virtude e da sabedoria interior é o espírito santo.[49]

O ESPÍRITO-RESPIRAÇÃO NO CRISTIANISMO PRIMITIVO

Voltemos por um instante ao aquecedor no chão da sala de estar daquele bairro longínquo de Kansas City, ocasião em que posso ou não ter falado em línguas. Siga meu pensamento de lá até a probabilidade de que minha busca pelo extático, pelo incontrolável e pelo incognoscível foi imprudente. O que você leu até agora sugere, em vez disso, que eu já precisava experimentar o espírito em mim, o espírito-respiração como *locus* da virtude e do aprendizado.

---

[49] A tradução da Septuaginta de Salmos 51.12-14 (na Septuaginta, Salmo 50) é menos ambígua que o original hebraico, pois contém vários indicadores para auxiliar no entendimento de que o espírito santo é o espírito-respiração no interior do ser humano. Para uma discussão detalhada, veja meu livro *Spirit in First-Century Judaism*, p. 67-8.

Essa interpretação do espírito soaria como pura frustração? Teria eu começado a acreditar nisso porque não falei em línguas de forma definitiva? Ou será que, no fundo, eu estava com medo da experiência pela qual pensei estar atraído? A parte em mim da igreja na qual aprendi minha fé estava com medo. Quando eu era menino, um irmão falou algo sem sentido durante nosso culto de adoração. Ele era hispânico, então imaginei que falara em espanhol. Mais tarde, descobri que os anciãos ordenaram que ele fosse embora, pois falava em outras línguas. Cerca de uma década depois, quando eu tinha 15 anos, um ministro visitante veio à nossa casa e declarou, com uma enervante confiança, que as palavras em 1Coríntios 13:10 — "Quando [...] vier o que é perfeito, o que é imperfeito desaparecerá" — significam que o dom de falar em línguas não é mais viável. O "perfeito" era a Bíblia; com a chegada da Bíblia, não havia mais necessidade de dons espirituais "imperfeitos". Alguns anos depois, quando eu decidi ir para a Faculdade de Wheaton, em Illinois, em vez de cursar um de nossos institutos bíblicos, um líder da igreja puxou-me para o lado e sussurrou: "Você não vai querer ir para Wheaton. Ouvi dizer que eles falam em línguas".

Talvez toda a minha agenda interpretativa esteja mal direcionada. Acaso eu estaria defendendo a vertente misteriosa de uma porção obsoleta da Escritura, o chamado Antigo Testamento, que o Novo Testamento havia ultrapassado e superado? Será que minha proposta — de que a Bíblia Hebraica e a literatura judaica primitiva preservam uma tradição segundo a qual o espírito-respiração desde o nascimento é o *locus* da virtude e do aprendizado — cria uma fenda irreparável entre os testamentos e privilegia o primeiro sobre o segundo? Não há nada no Novo Testamento sobre o espírito santo nos seres humanos para o longo percurso que o associa à Bíblia judaica e ao povo judeu?

Há, sim. Embora tênues, há indícios dessa tradição no Novo Testamento, em que o *locus* da virtude e do aprendizado é o espírito vitalício interior. Nas páginas seguintes, examinaremos alguns desses textos neotestamentários.

Existe ainda outro ponto de conexão entre os testamentos por meio do judaísmo antigo. Muitas passagens sobre o espírito santo no Novo Testamento, apesar da forte convicção de que o espírito é dado como dotação muito tempo após o nascimento, refletem os impulsos do Antigo Testamento, com seu profundo apreço pela vida da mente, com sua aceitação quanto ao aprendizado inspirado e com sua ênfase na prática da virtude. O espírito santo pode não ser compreendido como um dom desde o nascimento, mas as qualidades do espírito, quando este é concedido, aglutinam-se em torno da virtude e do aprendizado.

À medida que vamos evoluindo em nosso estudo do espírito santo na antiguidade, chamarei sua atenção inicialmente para as passagens do Novo Testamento, reconhecidamente poucas, nas quais o espírito desde o nascimento é o *locus* da virtude e da sabedoria. Em seguida, identificarei os textos em que o espírito santo, embora seja visto mais como uma dotação carismática na nova criação do que como um dom desde o nascimento, é servo da virtude e da sabedoria.

O espírito vitalício interior como o *locus* da virtude e do aprendizado

A convicção de que a virtude reside em um espírito santo, seja ela expressa na linguagem simples do conto de Susana, na qual o espírito santo de Daniel é despertado, seja na linguagem extravagante dos comentários de Fílon, em que Deus sopra em cada ser humano a capacidade para a virtude, oferece uma leve transição para as convicções dos primeiros autores cristãos. Suas cartas, histórias e o apocalipse contêm vestígios dessa concepção do espírito santo, um espírito santo dado a todos os seres humanos por força da criação, um espírito que pode ser cultivado por meio do estudo e da disciplina, um espírito que é o *locus* da virtude. Esse tipo de espírito santo quase evapora nos escritos cristãos primitivos, em que as boas dádivas de Deus chegam com um subsequente enchimento do espírito santo. Ainda assim, alguns vestígios da concepção de Israel do espírito interior permanecem.

Esses vestígios surgem ocasionalmente nas cartas de Paulo, como em 2Coríntios 6:6-7, passagem em que a expressão "espírito santo" está incluída em uma lista de virtudes: "Em pureza, conhecimento, paciência e bondade; no [em um] espírito santo e no amor sincero; na palavra da verdade e no poder de Deus".[50] Isso pode ser uma referência ao espírito santo como a

---

[50] Paulo está ciente da distinção entre o espírito divino e o espírito humano, pois ele se refere em Romanos 8:16 ao "próprio Espírito [que] testemunha ao nosso espírito que somos filhos de Deus". Essa distinção é evidente em 1Coríntios 2:11, passagem em que Paulo explica o espírito divino por meio de uma comparação com o espírito humano: "Pois quem conhece os pensamentos do homem, a não ser o espírito do homem que nele está? Da mesma forma, ninguém conhece os pensamentos de Deus, a não ser o Espírito de Deus". É esse espírito interior que pode orar e cantar sem a mente

força motriz do ministério de Paulo, e não a um espírito santo humano. Entretanto, à luz da identificação judaica primitiva do espírito interior como espírito santo — e, nesse contexto em particular, com seu catálogo de virtudes —, essas palavras se encaixam nas convicções israelita e judaica primitivas de que o espírito santo, com o qual Deus dotou os seres humanos, é o *locus* da virtude.⁵¹

Paulo também expressa sua convicção de que o espírito humano, o *locus* da santidade e da virtude, pode ser contaminado, como diz o *Documento de Damasco*, ou mesmo trocado, em sentido amplo, como se lê em *4QInstrução*, quando aconselha a igreja de Corinto a excluir um homem que comete o pecado grave de viver com a esposa do pai. Com essa decisão, Paulo espera que o "espírito" do homem "seja salvo no dia do Senhor" (1Coríntios 5:5). Um pouco mais adiante na carta, Paulo aborda o tema das relações sexuais dentro do casamento e afirma que as mulheres solteiras estão livres de certas preocupações relativas aos assuntos humanos, como, por exemplo, agradar ao marido. Em vez disso, elas podem ser "santas no corpo e no espírito" (1Coríntios 7:34).⁵² Assim, em apoio à sua opinião de que os crentes não devem associar-se intimamente aos incrédulos, Paulo exorta os coríntios a se purificarem "de tudo o que contamina o corpo e o espírito, aperfeiçoando a santidade no temor de Deus" (2Coríntios 7:1). Cada um desses fragmentos da correspondência coríntia de Paulo corresponde a uma pequena parcela de sua convicção de que o espírito interior, embora não com a exclusão do corpo, pode tornar-se santo pela prática da virtude, pela devoção obstinada (1Coríntios 7:34) e por um processo de autopurificação (2Coríntios 7:1).

Talvez seja tentador entender esse espírito como o espírito *humano*, não como o *Espírito Santo*. Por desconhecer o judaísmo, no qual o apóstolo

---

ou, como Paulo prefere, em conjunto com a mente (1Coríntios 14:14-16). Uma concepção semelhante é aplicada à profecia em 1Coríntios 14:32: os profetas têm responsabilidade sobre seu espírito. Para uma discussão recente sobre essa questão, veja Desta Heliso, "Divine Spirit and Human Spirit in Paul in the Light of Stoic and Biblical-Jewish Perspectives", in: I. Howard Marshall, Volker Rabens e Cornelis Bennema (eds.), *The Spirit and Christ in the New Testament and Christian Theology* (Grand Rapids: Eerdmans, 2012), p. 156-76. De maneira mais geral, veja o excelente estudo de Volker Rabens, *The Holy Spirit and Ethics in Paul: Transformation and Empowering for Religious-Ethical Life*, Wissenschaftliche Untersuchungen zum Neuen Testament 2.283 (Tübingen: Mohr Siebeck, 2010).

⁵¹ Os últimos quatro itens da lista contêm um substantivo e um adjetivo ou um substantivo com um substantivo no genitivo. Ou seja, a consistência literária exige que reconheçamos o caráter adjetival da palavra "santo"; não é mero marcador de identidade ou termo técnico para indicar que se trata do "espírito santo".

⁵² Veja também a tríade espírito, alma e corpo, que devem ser mantidos sãos e irrepreensíveis, de acordo com 1Tessalonicenses 5:23.

foi criado e educado, podemos sucumbir a essa tentação. No entanto, os comentários de Fílon sobre Gênesis 2:7 desmentem esse julgamento exegético. Para Fílon, o autor de *Sabedoria de Salomão*, para os autores que compuseram o conto de Daniel e Susana, e certamente para os autores dos manuscritos do mar Morto, o espírito humano *é* um espírito santo divinamente concedido — até mesmo *o* espírito santo. A distinção entre um espírito humano e um espírito santo torna-se discutível para um intérprete habilidoso como Fílon, para quem o sopro do fôlego em Gênesis 2:7 é a transmissão da capacidade para a virtude, o dom da divindade, um fragmento do divino. Precisamos resistir a interpretações que põem uma cunha desnecessária entre esses espíritos, porque Paulo não era um cristão do século 19, 20 ou 21. Paulo foi um judeu do primeiro século, criado em um mundo greco-romano, no qual o estoicismo era a filosofia popular reinante. Para esses judeus, o espírito interior *era* um espírito santo.

A referência mais clara de Paulo ao espírito recebido desde o nascimento ocorre em uma enxurrada de referências ao espírito em sua carta aos Romanos. Depois de exortar seus leitores a viver pelo espírito, e não pela carne, porque receberam um "espírito de adoção", em vez de um "espírito de escravidão", Paulo estabelece uma conexão entre o espírito concedido no nascimento e o espírito dado com a fé: "[Pelo Espírito] clamamos: '*Aba*, Pai'. O próprio Espírito testemunha ao nosso espírito que somos filhos de Deus. Se somos filhos, então somos herdeiros" (Romanos 8:15-17a). Das quarenta e sete palavras dessa passagem bíblica, seis delas — cerca de 13% — são *pneuma*. Nesse conjunto de referências, Paulo deixa uma coisa bem clara: o espírito de Deus coopera com nosso(s) espírito(s)[53] em uma oração que expressa relação íntima entre os seres humanos e Deus. O clamor "*Aba*, Pai" é uma expressão pura e direta de nossa vida como filhos de Deus, e não como escravos do medo. De forma indireta, essa passagem atesta o lugar poderoso do espírito concedido no nascimento. *Nosso* espírito é o motor principal da oração, o *locus* da relação entre Deus e o crente, o lugar do qual os humanos clamam "*Aba*, Pai". O espírito de Deus pode confirmar essa oração, mas não a move nem a inspira. Esse movimento e essa inspiração vêm de dentro.

Paulo, apesar da crença inabalável de que os cristãos vivem em uma nova criação, capacitados por um espírito magnífico, continua a acreditar

---

[53] Literalmente, "com nosso espírito", embora o substantivo talvez deva ser interpretado como referência a "nossos espíritos".

que dentro do ser humano existe uma pessoa interior, um espírito interior, no qual se encontram um *locus* de oração e um panorama de renovação.[54] O apóstolo pode acreditar que o espírito é um dom divino concedido com relação à fé, mas não perde totalmente a convicção de que o espírito interior também é um *locus* da virtude.

O espírito interior recebido desde o nascimento também aparece na abertura do evangelho de Lucas. João Batista, registra Lucas, "crescia e se fortalecia em espírito; e viveu no deserto, até aparecer publicamente a Israel" (Lucas 1:80). A afirmação é paralela e consistente com o amadurecimento progressivo do menino Jesus, que "crescia e se fortalecia, enchendo-se de sabedoria" (2:40a):

> O menino crescia e se fortalecia *em espírito* (1:80).
> O menino crescia e se fortalecia, *enchendo-se de sabedoria* (2:40).

Nesses retratos de João e Jesus, "em espírito" e "enchendo-se de sabedoria" ocupam posições paralelas, após os verbos "crescer" e "fortalecer-se". Lucas não substitui a concepção israelita e judaica do espírito como *locus*

---

[54] Se as indisputáveis cartas de Paulo oferecem pelo menos alguns vislumbres inequívocos de um espírito que pode ser santo, as epístolas pastorais contêm uma das referências mais enigmáticas ao espírito na literatura cristã primitiva. Paulo exorta Timóteo: "Mantenha viva [ou desperte] a chama do dom de Deus que está em você mediante a imposição das minhas mãos. Pois Deus não nos deu espírito de covardia, mas de poder, de amor e de equilíbrio" (2Timóteo 1:6-7). Foi esse espírito que encheu Timóteo desde o nascimento ou o que o encheu mais tarde, mediante a imposição de mãos? Ao mesmo tempo, esse espírito é descrito por uma lista de virtudes: poder, amor e equilíbrio. Claro que isso se encaixa perfeitamente na concepção de um espírito santo como *locus* da virtude. O contraste desse espírito com a covardia reflete *Sabedoria de Salomão*, livro segundo o qual o espírito é forte e corajoso, pois "o espírito santo [da disciplina] foge da duplicidade, ele se retira diante dos pensamentos sem sentido" (*Sabedoria de Salomão* 1.5). Nem o espírito santo retratado em Daniel, que move o profeta a condenar a injustiça corajosamente, fica muito longe do contraste entre o espírito de Timóteo e um espírito de covardia (Daniel 13.44-45). Esse conselho, nesse cenário e nesse contexto, seria um lembrete a Timóteo de que o núcleo que Deus lhe deu, a força essencial, a vitalidade que possui em virtude de ser humano, deve estar continuamente aceso. Timóteo é incentivado a cavar fundo nesse recurso, a mergulhar nesse reservatório de poder, amor e autodisciplina, a fim de reacender o fogo que está em seu espírito, porque Paulo impôs as mãos sobre ele. Contudo, pode ser uma simples referência ao dom do espírito que Timóteo recebeu posteriormente. O verbo "dar" ocorre com frequência no Novo Testamento para descrever um subsequente dom do espírito (veja *Filled with the Spirit*, p. 253-67). O dom interior de Deus pode não ser nada além do espírito dado a Timóteo quando ele se tornou crente. Em última análise, talvez não seja possível determinar se o autor das cartas pastorais entende o espírito como a vitalidade que todos os seres humanos possuem — vitalidade que Timóteo é exortado a reacender em uma vida de poder, amor e disciplina, em vez de covardia — ou como um dom concedido a Timóteo pela imposição de mãos.

vitalício da virtude pela crença em um enchimento subsequente, que se tornará território familiar nos sermões inspirados que permeiam os evangelhos e o livro de Atos. Aqui, muito antes da descida da pomba, da condução pelo espírito ao deserto e da pregação poderosa impulsionada pelo espírito, existe ainda o espírito recebido desde o nascimento, que pode tornar-se forte e cheio de sabedoria.

A associação israelita e judaica primitiva do espírito com a sabedoria ressurge no livro de Atos, quando a igreja incipiente, no início de sua vida comunitária, enfrenta a necessidade de reconciliação racial. As viúvas de língua grega da remota dispersão judaica são negligenciadas na distribuição de alimentos, mas não as viúvas de língua hebraica ou aramaica que, em sua Jerusalém nativa, estão em casa. A deliberação da igreja resulta em uma solução amigável, que evita um *apartheid* primitivo. Os líderes da igreja, seus apóstolos, entendem sua vocação com uma clareza inabalável e anunciam: "Não é certo negligenciarmos o ministério da palavra de Deus" (Atos 6:2). Eles conhecem seu dever, e não é servir comida a viúvas famintas. No entanto, os apóstolos também reconhecem que mesmo as questões mundanas são essenciais à vida da igreja. Assim, acrescentam ao anúncio a seguinte recomendação: "Escolham entre vocês sete homens de bom testemunho, cheios do Espírito e de sabedoria. Passaremos a eles essa tarefa e nos dedicaremos à oração e ao ministério da palavra" (6:3-4).

Apesar de toda a sua praticidade, é uma recomendação surpreendente, porque o caráter das pessoas selecionadas parece desproporcional à tarefa em questão: são pessoas íntegras, cheias de (do) espírito e sábias. Estêvão, um deles, é "cheio de fé e do Espírito Santo" (Atos 6:5). Trata-se de um grupo extraordinário, cuja tarefa é relativamente trivial: "servir às mesas" na distribuição diária de alimentos às viúvas. A razão da exigência de integridade, inspiração, fé e sabedoria só fica clara quando percebemos que a frase "servir às mesas" também pode implicar organizar em tabelas ou, em linguagem moderna, criar planilhas ou manter tabelas financeiras. Eles garantem que todas sejam alimentadas, de modo que as provisões comunais sejam distribuídas de forma equitativa.

Ao abrir a cortina de uma disputa na igreja primitiva, vislumbramos novamente a prodigalidade de um espírito sábio interior, a medida supersaturada de um espírito santo, de sabedoria e de fé. Esses homens, em suma, são os herdeiros de José, aquele que se destacou na administração prática; de Bezalel, a quem Deus encheu do espírito de Deus, de sabedoria, de inteligência e de conhecimento especializado para construir uma tenda no deserto; e de Daniel, que tinha espírito ao mais elevado grau e, à semelhança de José muito antes dele, olho aguçado para a administração.[55]

Se vestígios dessa tradição permanecem no Quarto Evangelho, são praticamente indetectáveis. É difícil reconhecer até mesmo a caracterização de Jesus do ponto de vista da crença de que o ser humano, ao nascer, recebe o dom de um espírito santo ou divino. O mais próximo que o Quarto Evangelho se aproxima dessa perspectiva está em uma possível associação oblíqua entre a entrega que Jesus fez de sua vida (João 10:17; 15:13)[56] e a entrega de seu espírito (fôlego) na cruz (João 19:30). Mas, aqui, nós temos apenas um primo distante da concepção do espírito santo de Daniel ou do espírito santo nos manuscritos do mar Morto, que pode ser perdido e profanado, ou o *pneuma* divino que fluiu para dentro do primeiro humano "em plena corrente", de modo que ele "se esforçou fervorosamente em todas as suas palavras e ações para agradar ao Pai e ao Rei, seguindo Deus passo a passo nas estradas cortadas pelas virtudes".[57] João não enfatiza o potencial de virtude ou aprendizado que reside no espírito interior. Se o evangelista está dizendo que "Jesus possivelmente entregou o Espírito divino que sustentara sua vida física, bem como capacitara sua missão", ele o faz com uma sutileza impressionante.[58]

Outro possível contato com essa tradição encontra-se no início do evangelho, na conclusão do solilóquio de Jesus sobre o pão que dá vida: "O Espírito dá vida; a carne não produz nada que se aproveite. As palavras que eu disse são espírito e vida" (João 6:63). O contraste entre carne e espírito, bem como a associação de palavras e espírito, tudo isso pode sugerir que o espírito sobre o qual Jesus está falando nesse contexto é "o espírito que dá vida. [...] A respiração de Jesus, a respiração de sua boca, na qual suas palavras faladas são transmitidas".[59] Contudo, a clareza dessa respiração é perturbada pela recepção anterior que Jesus tinha do espírito quando foi batizado (1:32-33). No Quarto Evangelho, Jesus *já* recebeu a dotação do espírito. Portanto, se

---

[55] Sobre a ambiguidade de "espírito" em Atos 6—7, veja *Filled with the Spirit*, p. 243-5.
[56] Veja também João 13:37.
[57] Fílon, o Judeu, *Sobre a criação*, p. 144.
[58] Bennema, *Saving Wisdom*, p. 253.
[59] Delbert Burkett, "The Son of Man in the Gospel of John", *Journal for the Study of the New Testament Supplement Series 56* (Sheffield, UK: Sheffield Academic, 1991), p. 139-40.

João preserva a associação tradicional de palavras e espírito-respiração, não deixa claro se esse foi o espírito que Jesus recebeu ao nascer. Pelo contrário, no contexto narrativo do Quarto Evangelho, a inspiração de Jesus deve ser atribuída principalmente, se não exclusivamente, ao recebimento do espírito em seu batismo.

Essa concepção do espírito pode ser a base de uma das referências mais enigmáticas do cristianismo primitivo ao espírito:

> Ora, se o sangue de bodes e touros e as cinzas de uma novilha espalhadas sobre os que estão cerimonialmente impuros os santificam, de forma que se tornam exteriormente puros, quanto mais o sangue de Cristo, que pelo Espírito eterno se ofereceu de forma imaculada a Deus, purificará a nossa consciência de atos que levam à morte, para que sirvamos ao Deus vivo! (Hebreus 9:13-14)

Para começar, no grego a expressão *Espírito eterno* não tem artigo definido, como nas traduções, então não podemos presumir que se refira a "*o* Espírito Santo", entendido como dotação carismática, como em tantos outros textos do Novo Testamento. A expressão pode ser traduzida de diferentes maneiras:

"pelo espírito eterno", com artigo definido;
"por um espírito eterno", com artigo indefinido;
"por espírito eterno", sem artigo algum.

A ausência do artigo definido no texto original torna difícil entendermos o que seja esse espírito eterno.

Talvez esse espírito eterno seja *o* espírito santo, assim como, um pouco mais adiante, o "Espírito da graça" é também uma referência ao espírito santo (Hebreus 10:29). Nesse contexto, a preferência do autor pela palavra "eterno", em vez de "santo", pode dever-se à força da retórica. Ele associa a palavra "eterno" três vezes: a "redenção" (9:12), "Espírito" (9:14) e "herança" (9:15). A questão é se o espírito santo, sob a perspectiva do autor, veio a Jesus para ajudá-lo enquanto ele passava pela morte. Podemos destacar Romanos 1:4 como paralelo, passagem em que Jesus é ressuscitado dos mortos pelo espírito de santidade. De acordo com essa interpretação, o espírito eterno é o meio pelo qual Jesus se ofereceu na morte (não o meio pelo qual ressuscitou dos mortos, como em Romanos). Embora não haja nenhum indício dessa interpretação nos evangelhos, o autor da carta pode estar comunicando que o espírito eterno veio a Jesus a fim de fortalecê-lo para enfrentar a morte, talvez lhe dando uma visão da salvação eterna que ele estava prestes a inaugurar e um vislumbre da aliança eterna que estava prestes a iniciar.

É possível uma alternativa: um espírito vitalício — o espírito-respiração que Jesus cultivou ao longo da vida — deu-lhe a força para enfrentar a morte no caminho para a aliança eterna, a salvação eterna da ressurreição. Visto por essa perspectiva, como o espírito eterno dentro de Jesus no longo prazo, a lógica torna-se clara: por ter dentro de si um espírito eterno, com qualidades eternas, semelhante ao espírito de Daniel ao mais elevado grau, Jesus podia oferecer-se sem defeito. Lembremos o Salmo 51, no qual o salmista suplica por um coração puro, um espírito reto e um espírito voluntário (51:10-12), ou o espírito santo de Daniel no conto de Susana, ou o espírito santo nos manuscritos do mar Morto, que não deve ser trocado por dinheiro, ou pelo espírito de João Batista, que crescia forte, conforme lemos no Evangelho de Lucas. De modo semelhante, diz-se que Jesus tem dentro de si um espírito eterno, que lhe torna possível suportar o horror de sua morte, porque ela realiza nada menos que a redenção eterna (Hebreus 9:12) e produz nada menos que uma herança eterna (9:15). Tal espírito dentro de Jesus combina e torna possível a salvação que o autor da carta descreve em termos magníficos como "salvação eterna" (5:9), "juízo eterno" (6:2) e o sangue da "aliança eterna" (13:20).

A nova criação, aprendizado e virtude

O reduzido número de textos neotestamentários que sustentam o ponto de vista do espírito concedido no nascimento como o *locus* do aprendizado e da virtude é indício de quão pouca confiança os autores cristãos primitivos depositavam na antiga criação, em contraste com a nova. Não existe um José cuja clarividência e cujos conselhos práticos sejam tão impressionantes que leve o faraó a desconhecer mais alguém em quem haja um espírito de Deus. Não há na igreja primitiva um Daniel que por três gerações tenha estado cheio de espírito até o mais elevado grau, uma figura robusta que moldaria o destino de impérios, cujo espírito santo Deus acionou para protestar contra a injustiça perpetrada a uma Susana inocente. Não há um Bezalel, o artesão instruído e habilidoso em quem havia o espírito, cheio até transbordar, porque dominava uma gama completa de habilidades artesanais e específicas necessárias à construção da mais improvável das tendas para Deus no meio do deserto. Não há um mandamento simples para evitar, a todo custo, a contaminação do espírito santo da pessoa. Nem há nada com uma formulação tão forte quanto a crença de Fílon, segundo a qual o sopro de Gênesis 2:7 transmitiu uma capacidade à virtude.

Quando nos voltamos para o Novo Testamento, é difícil ignorar o caráter abrangente de uma afirmação como: "Se alguém está em Cristo, é nova criação. As coisas antigas já passaram; eis que surgiram coisas novas" (2Coríntios 5:17). Até mesmo o ato de fé é descrito por Paulo como um ato da criação: "Deus, que disse: 'Das trevas resplandeça a luz', ele mesmo brilhou em nossos corações, para a iluminação do conhecimento da glória de Deus na face de Cristo" (4:6). Na carta aos Colossenses, a ideia de Gênesis 1:26 — revestir-se "do novo, o qual está sendo renovado em conhecimento, à imagem do seu Criador" — passa a integrar uma visão audaciosa da humanidade livre de distinções entre grego e judeu ou escravo e livre (Colossenses 3:10-11). O contraste da imagem espelhada de Paulo do primeiro Adão e do segundo Adão também revela uma reflexão cuidadosa e completa sobre dois pontos nodais da existência: a entrada do pecado e de sua companheira, a morte, no início da vida (Romanos 5:12-21); e a eliminação do pecado e de sua companheira, a morte, no final da vida (1Coríntios 15:42-58).

A divisão radical de Paulo entre a velha e a nova criação guarda certa semelhança com o livro de Atos, no qual uma linha bem definida entre a fé e a descrença dá forma à comunidade e à missão. O parâmetro a partir do qual todas as variações emergem é um apelo direto ao arrependimento: "Arrependam-se, e cada um de vocês seja batizado em nome de Jesus Cristo para perdão dos seus pecados, e receberão o dom do Espírito Santo. Pois a promessa é para vocês, para os seus filhos e para todos os que estão longe, para todos quantos o Senhor, o nosso Deus, chamar" (Atos 2:38-39). Já o discurso de Paulo em Atenas, no qual ele afirma que Deus "dá a todos a vida, o fôlego e as demais coisas", teve muito menos sucesso que o de Pedro (17:25). Quando Paulo mistura os limites entre o crente e o incrédulo, e retrata Deus como o doador de respiração para todos os seres humanos, como um Deus que está perto de toda a humanidade (17:27), não há uma resposta avassaladora nem o registro de milhares e milhares de batismos.

O Quarto Evangelho, no qual o paráclito é preparado para revelar um conhecimento maravilhoso, não demonstra menos consanguinidade com as cartas de Paulo ou com o livro de Atos. O conhecimento que o paráclito irá revelar está estritamente indisponível a um mundo moldado pelos valores da velha criação, pela escuridão deste mundo. Não há ninguém entre os judeus do Quarto Evangelho plenamente cheio de um espírito cultivado por meio de espera paciente, oração e prática. Não há nos homens e mulheres espírito santo que Deus possa acionar. Não há espírito divino interior que guie os personagens que povoam o Quarto Evangelho por um caminho ininterrupto rumo à virtude.

Uma rápida pesquisa pode levar-nos a concluir que essa disjunção radical exclui a possibilidade de continuidade entre a velha e a nova criação. Chegar a tal conclusão seria um péssimo julgamento, pois há uma boa dose de continuidade entre o antigo e o novo. O que acontece em grande parte do Novo Testamento é o seguinte: *as qualidades do espírito concedido no nascimento mais tarde são transferidas para o espírito dado como dotação.* O espírito dado aos crentes, recebido pelos crentes, torna-se o *locus* da virtude e do aprendizado. Os matizes mudam ligeiramente. As ênfases mudam um pouco. Entretanto, há no final grande semelhança entre as qualidades do espírito interior recebido desde o nascimento e as qualidades do espírito dado aos crentes como dom. Entre essas qualidades, as mais importantes são a virtude, o aprendizado, a santidade e as várias atividades que as acompanham.

Quase não precisamos escavar o Novo Testamento para descobrir o forte compromisso da igreja primitiva com o aprendizado e a virtude. Assim que abrimos suas páginas, vemos Jesus aprendendo algo ao receber o espírito em seu batismo: ele é o Filho amado de Deus, aquele de quem Deus se agrada.[60] Examinando mais de perto, vemos que ele aprendeu mais que isso pelas alusões nas palavras de Deus. A frase "Este é o meu Filho" relembra as palavras ditas ao rei em Salmos 2:7: Jesus é realeza. Já a frase "De quem me agrado" relembra as palavras ditas ao servo de Isaías 42:1, que traz boas-novas às nações e vive para morrer em silencioso sofrimento em prol da humanidade (Isaías 52:13—53:12). Em suma, Jesus aprende que sua vocação

---

[60] Veja Mateus 3:13-17.

é tornar-se um rei sofredor, um servo régio. Contudo, o espírito simplesmente não desaparece depois de descer como uma pomba sobre ele em seu batismo. O espírito impele Jesus (no Evangelho de Marcos), conduz Jesus ao deserto (no Evangelho de Mateus) ou guia Jesus pelo deserto (no Evangelho de Lucas), local em que Jesus passa por um período de intensa disciplina que inclui quarenta dias de jejum. No deserto, enquanto renuncia ao alimento, ele aprende que os anjos cuidam dele, os animais cooperam com ele e o diabo não pode vencê-lo.

A única promessa feita por Jesus no Evangelho de Marcos também abrange o âmbito da disciplina:

> Fiquem atentos, pois vocês serão entregues aos tribunais e serão açoitados nas sinagogas. Por minha causa vocês serão levados à presença de governadores e reis, como testemunho a eles. E é necessário que antes o evangelho seja pregado a todas as nações. Sempre que forem presos e levados a julgamento, não fiquem preocupados com o que vão dizer. Digam tão somente o que for dado a vocês naquela hora, pois não serão vocês que estarão falando, mas o Espírito Santo.
>
> O irmão trairá seu próprio irmão, entregando-o à morte, e o mesmo fará o pai a seu filho. Filhos se rebelarão contra seus pais e os matarão. Todos odiarão vocês por minha causa; mas aquele que perseverar até o fim será salvo. (Marcos 13:9-13)

Nessa predição, Jesus promete o espírito santo exclusivamente às pessoas em missão que são entregues, contra a vontade, aos concílios oficiais, pessoas prestes a serem punidas pelos canais oficiais, arrastadas até a presença de altos funcionários do governo. Então — e somente então —, o espírito santo falará por eles e neles. A palavra que receberão não consistirá em um desfecho miraculoso; o espírito falará em testemunho, mesmo quando os oradores forem convidados a "perseverar até o fim" em face da hostilidade e do ódio (Marcos 13:13).

Marcos deixa incerta a mecânica da inspiração — se é que "inspiração" é a palavra certa para descrever uma palavra de *martyrion* que conduz ao martírio. Lucas, ao contrário, preserva versões paralelas dessa declaração e, na primeira, esclarece, diferentemente de Marcos, o modo pelo qual os discípulos de Jesus receberão as palavras que devem dizer: "Quando vocês forem levados às sinagogas e diante dos governantes e das autoridades, não se preocupem com a forma pela qual se defenderão, ou com o que dirão, pois naquela hora o Espírito Santo ensinará o que deverão dizer" (Lucas 12:11-12). *Ensinar*. Mesmo quando se sentirem pressionados, os discípulos de Jesus serão exatamente isto: discípulos, alunos a quem o espírito santo ensina. Em outra versão dessa declaração, Lucas é vago sobre a mecânica, mas acrescenta a palavra "sabedoria", com a qual pode indicar que o produto do espírito não são exclamações espontâneas: "Convençam-se de uma vez de que não devem preocupar-se com o que dirão para se defender. Pois eu lhes darei palavras [uma boca] e sabedoria a que nenhum dos seus adversários será capaz de resistir ou contradizer" (Lucas 21:14-15).

Esse retrato do que está reservado prenuncia o testemunho convincente e compreensível de Estêvão no livro de Atos, sobre cujos oponentes Lucas escreve: "Não podiam *resistir* à *sabedoria* e ao Espírito com que ele falava" (Atos 6:10). O discurso de Estêvão, que vem logo a seguir, é um modelo poderoso de retórica — organizado, focado e incendiário —, no qual Estêvão argumenta até a morte que Deus não está limitado ao Templo ou à terra (Atos 7:1—8:1). Lucas deixa esse ponto bem claro: o espírito ensinou a Estêvão como testemunhar sabiamente em meio às dores da hostilidade.

Em outras partes do livro de Atos, aprendizado e virtude caminham juntos na edificação de igrejas fortes. Em Antioquia (igreja que analisaremos em detalhes no próximo capítulo), a palavra falada pelo espírito abriu as comportas da missão: "Enquanto adoravam o Senhor e jejuavam, disse o Espírito Santo: 'Separem-me Barnabé e Saulo para a obra a que os tenho chamado'" (Atos 13:2). Essa palavra chegou a uma igreja com tendência ao aprendizado. Antes disso, Barnabé havia levado Saulo a Antioquia, onde "durante um ano inteiro Barnabé e Saulo se reuniram com a igreja e ensinaram a muitos" (11:26). Ao lado das disciplinas espirituais — jejum, oração e adoração —, a sede de aprendizado caracterizava a vida dos crentes de Antioquia. Essa combinação de prática e aprendizado comunitário fez de lá o lugar perfeito para o espírito inaugurar a missão na Ásia Menor.

Veremos no capítulo 3 que a relação entre estudo e espírito é a perfeita expressão da inspiração em todo o livro de Atos. Vez após vez, o espírito capacita os crentes a falar, e eles falam como intérpretes das Escrituras, com uma consistência notável. Essa atividade do espírito também caracteriza o Quarto Evangelho (embora um estudo detalhado dessa dimensão particular da inspiração tenha de esperar até o capítulo 3). Por ora, podemos observar de maneira geral que a promessa do espírito santo, o paráclito, feita por

Jesus no Quarto Evangelho, está repleta de linguagem de ensino e aprendizado. Em duas ocasiões, Jesus refere-se ao espírito da verdade (João 14:17; 16:13), descrição que lembra o que ele disse anteriormente à mulher samaritana, quando conversavam junto a um poço: "Está chegando a hora, e de fato já chegou, em que os verdadeiros adoradores adorarão o Pai em espírito e em verdade. São estes os adoradores que o Pai procura. Deus é espírito, e é necessário que os seus adoradores o adorem em espírito e em verdade" (4:23-24). A verdade é uma questão espiritual; o espírito deve trazer a verdade em seu rastro. Da mesma forma, a adoração deve oferecer uma combinação de verdade e espírito. Jesus também promete que o paráclito irá ensinar e lembrar os crentes (14:26); provar que o mundo está errado acerca do pecado, da justiça e do juízo (16:7-11); guiar os crentes a (ou em) toda a verdade, falar daquilo que ouvir, declarar as coisas que estão por vir, receber o que é de Jesus e declarar a eles (16:13-15). Num evangelho que se encontra em dívida para com uma visão de escuta e de aprendizado, além de enraizado na tradição de sabedoria, em que Jesus como o *logos* profere palavras que são "espírito e vida" (6:63), não é surpresa que o espírito da verdade, o espírito santo, o paráclito, nada mais seja que mestre e revelador.

Essas atividades refletem a descrição paulina do espírito como revelador e mestre na primeira carta aos coríntios (1Coríntios 2:10-13). Paulo inicia a primeira seção dessa carta fascinante e às vezes provocativa lembrando que chegara a Corinto sem polimento retórico, que se havia aproximado dos coríntios com fraqueza, medo e tremor. "Minha mensagem e minha pregação não consistiram em palavras persuasivas de sabedoria", lembra ele, "mas em demonstração do poder do Espírito, para que a fé que vocês têm não se baseasse na sabedoria humana, mas no poder de Deus" (1Coríntios 2:4-5).[61] A principal lição de 1Coríntios 2 é que o *conteúdo* de sua mensagem — não apenas o comportamento do mensageiro, a reação dos ouvintes ou as atividades miraculosas que a acompanhavam — consiste em fraqueza: "Pois decidi nada saber entre vocês, a não ser Jesus Cristo, e este, crucificado" (2:2).

---

[61] Em outras passagens das cartas de Paulo, o poder produz esperança (Romanos 5:5; 15:19; 2Coríntios 1:21-22), sinais e maravilhas, como em Romanos 15:19. Nelas, Paulo descreve a obediência das nações, conquistada por palavra e ação, "pelo poder de sinais e maravilhas e por meio do poder do Espírito de Deus" (veja Gálatas 3:5), e plena convicção nos ouvintes, como no caso dos tessalonicenses, a quem ele escreve: "Nosso evangelho não chegou a vocês somente em palavra, mas também em poder, no Espírito Santo e em plena convicção" (1Tessalonicenses 1:5).

O conteúdo confiável é uma dotação essencial do espírito santo. O mesmo acontece com a virtude. Nem mesmo os milagres substituem as virtudes do espírito. Em Gálatas, Paulo lança um olhar para a virtude quando traça um contraste direto entre as obras da carne, como impureza, dissensões e inveja, e as obras do espírito — "amor, alegria, paz, paciência, amabilidade, bondade, fidelidade, mansidão e domínio próprio".[62] Paulo lembra que o espírito e o cultivo das virtudes andam de mãos dadas, mesmo em uma comunidade que havia experimentado milagres em primeira mão (Gálatas 3:1-5).

Uma passagem particularmente imperativa nas cartas de Paulo exprime a ligação entre o espírito *santo* e a *santidade*. Em 1Tessalonicenses 4:8, Paulo serve-se de toda a sua influência — o que ele tem a dizer deve ser importante — e escreve: "Portanto, aquele que rejeita estas coisas não está rejeitando o homem, mas a Deus, que lhes dá [para dentro de vocês] o seu Espírito Santo". A sintaxe grega dessa referência ao espírito é um pouco estranha. Para começar, Paulo adota o verbo "dar", e não seu verbo preferido, "enviar". A escolha da preposição também é atípica; ele diz que o espírito é dado "para dentro de vocês", e não, como esperado, "a vocês" ou "em vocês". A razão para essas esquisitices é a dívida de Paulo para com Ezequiel 37. Duas vezes na visão do vale de ossos muitíssimos secos, encontramos no original hebraico a frase "*dar* meu espírito *para dentro de* vocês/deles" (Ezequiel 37:5-6,10,14). Paulo preserva pepitas da grande visão de Ezequiel, embora absorva a linguagem do profeta em uma questão real e particular: *a pureza sexual*. "A vontade de Deus", escreve Paulo, "é que vocês sejam santificados: abstenham-se da imoralidade sexual" (1Tessalonicenses 4:3). A parte da carta em que Paulo exorta os tessalonicenses a manter uma vida de pureza sexual termina com uma admoestação baseada em Ezequiel 37: "Aquele que rejeita estas coisas não está rejeitando o homem, mas a Deus, que lhes *dá* [*para dentro de* vocês] o seu Espírito Santo".

A visão de Ezequiel sobre a renovação de Israel, que contém a maior concentração de referências ao espírito em toda a Bíblia hebraica, comunica dois temas essenciais para a interpretação de 1Tessalonicenses 4:3-8. O primeiro é a santificação e a santidade: o nome de Deus será santificado quando Israel viver na presença das nações em santidade. O outro é o conhecimento de Deus. Esses temas aglutinam-se em Ezequiel 36:23:

---

[62] Gálatas 5:19-22.

> Mostrarei a santidade do meu santo nome, que foi profanado entre as nações, o nome que vocês profanaram no meio delas. Então as nações saberão que eu sou o Senhor, palavra do Soberano, o Senhor, quando eu me mostrar santo por meio de vocês diante dos olhos delas.

Ambos os temas, santidade (ou tornar santo — a santificação) e conhecimento de Deus, ressurgem na carta de Paulo aos tessalonicenses, numa discussão sobre a sexualidade, que termina com um ponto de exclamação fundamentado em Ezequiel 37: "[...] que lhes dá [para dentro de vocês] o seu Espírito Santo". Paulo pega três facetas da visão de Ezequiel — o espírito dado a Israel, a santidade e o conhecimento de Deus — e as adapta à situação dos tessalonicenses.

> A vontade de Deus é que vocês sejam santificados: abstenham-se da imoralidade sexual. Cada um saiba controlar o seu próprio corpo de maneira santa e honrosa, não dominado pela paixão de desejos desenfreados, como os pagãos que desconhecem a Deus. Neste assunto, ninguém prejudique seu irmão nem dele se aproveite. O Senhor castigará todas essas práticas, como já dissemos e asseguramos. Porque Deus não nos chamou para a impureza, mas para a santidade. Portanto, aquele que rejeita estas coisas não está rejeitando o homem, mas a Deus, que lhes dá o seu Espírito Santo.
> (1Tessalonicenses 4:3-8)

Ainda que a visão não seja mais da ressurreição nacional, embora em uma escala muito menor, os temas permanecem relevantes. Os tessalonicenses estão cheios do espírito *santo*, que Deus sopra para dentro deles. Equipados com o espírito santo e com um conhecimento de Deus que seus vizinhos pagãos não têm, eles devem viver em santidade e pureza (1Tessalonicenses 4:3). Eles devem controlar seu próprio vaso em santidade (4:5), pois Deus os chamou não em impureza, mas em santidade (4:7). Agora não é a nação, mas os crentes individuais em uma comunidade local, que Paulo conclama a incorporar os valores da visão de Ezequiel. Cheios de um espírito santo, eles não podem e não devem viver como seus vizinhos, ou seja, ter uma vida profana e impura, caracterizada pela falta de controle sexual (4:4,7).

A luta pelo controle sexual não é apenas uma questão do passado, do momento em que os tessalonicenses se voltaram para a fé, quando "receberam a palavra com alegria que vem do Espírito Santo" (1Tessalonicenses 1:6) e "se voltaram para Deus, deixando os ídolos" (1:9). Tampouco é uma questão apenas para o futuro, quando os mortos em Cristo ressuscitarão e os vivos serão arrebatados nas nuvens (4:16-17). O controle sexual é uma questão relacionada às circunstâncias presentes, visto que os tessalonicenses correm o risco de dormir (5:6), de perder o controle sobre a vida sexual, de não entender a vontade de Deus: a santidade deles.

Sem dúvida, é a urgência do presente, a facilidade com que a fidelidade conjugal pode ser violada, que impele Paulo a localizar a visão de Ezequiel e ajustá-la ao seus tempos verbais. Quando, em geral, descreve o envio do espírito, Paulo está se referindo a um momento no passado, presumivelmente o batismo, ou a um momento equivalente àquele em que seus leitores se voltaram para Deus. É claro que, no caso de Tessalônica, teria sido o momento em que eles receberam a mensagem do evangelho e se voltaram dos ídolos para Deus (1Tessalonicenses 1:5-9). Entretanto, quando incentiva os tessalonicenses a manter uma vida de controle sexual, ele adota o tempo presente. Em vez de escrever que os tessalonicenses deveriam ser santos, porque Deus "lhes *deu* o seu Espírito Santo", Paulo escreve que Deus *está dando* o espírito santo a eles.

Essa é uma mudança salutar na sintaxe. O lembrete de Paulo quando o assunto em questão é o controle sexual e a exploração do próximo em busca de gratificação sexual (1Tessalonicenses 4:6) não é: "Você *foi cheio* do espírito santo", como se um único momento no tempo fosse suficiente para uma vida contínua de luta pela santidade. O lembrete consiste mais no seguinte: "Você está *sendo cheio* do espírito santo". Pode ter havido uma conversão radical no passado e pode haver esperança de ressurreição no futuro. No momento, porém, a luta por pureza sexual na rotina diária dos crentes está fundamentada no dom *contínuo* do espírito santo de Deus para dentro do ser interior dos crentes.

A importância da pureza sexual para Paulo é inestimável. Ele inicia a instrução identificando nada menos que a vontade de Deus com relação à santidade, que ele imediatamente identifica com a abstenção de sexo ilícito (1Tessalonicenses 4:3). Ele diz aos tessalonicenses, em termos severos, que "o Senhor castigará todas essas práticas" e que ele já os havia alertado sobre isso (4:6). Finalmente, ele deixa claro que quem rejeita essa vida de pureza sexual não está rejeitando a autoridade humana, "mas a Deus, que lhes dá o seu Espírito Santo" (4:8). A vontade de Deus, a vingança de Deus e a autoridade de Deus estão em jogo nos hábitos sexuais dos crentes. No entanto, isso não é pedir muito, pois Deus continuamente sopra espírito santo para dentro dos crentes, energizando-os para uma vida de controle sexual.

A inspiração da Escritura[63] nas epístolas pastorais também tem o propósito do aprendizado e da prática da virtude: "Toda a Escritura é inspirada [*theopneustos*] por Deus e útil para o ensino, para a repreensão, para a correção e para a instrução na justiça, para que o homem de Deus seja apto e plenamente preparado para toda boa obra" (2Timóteo 3:16-17).[64] Estas palavras podem descrever Bezalel ou Daniel: plenamente ensinado; plenamente treinado; proficiente ou apto; plenamente equipado e preparado para toda boa obra.

O SIGNIFICADO DO ESPÍRITO-RESPIRAÇÃO

Essa concepção do espírito-respiração como reservatório da virtude, do aprendizado e da habilidade contém sérias implicações para quatro aspectos da fé cristã: 1) como os cristãos reconhecem o espírito santo naqueles que não são cristãos; 2) como os cristãos oram; 3) como os cristãos aprendem; 4) como os cristãos cultivam o espírito no dia a dia.

Como os cristãos reconhecem o espírito nos não cristãos

Tenho um querido amigo judeu (ou que se diz *mais ou menos* judeu), um nova-iorquino expatriado de Seattle que foi expulso de uma sinagoga quando tinha 16 anos por fazer muitas perguntas, o que os rabinos interpretaram como falta de respeito. David e eu conversamos sobre espiritualidade com bastante frequência. Quando o fazemos, acho difícil olhar nos olhos do meu amigo e dizer-lhe que Deus se apossa apenas do espírito dos cristãos. Talvez eu tenha perdido minha vontade de aço ou minha confiança juvenil ou a bússola da verdade, mas tenho dificuldade em afirmar que os cristãos são os únicos possuidores do espírito santo.

Minha incapacidade de reivindicar para os cristãos o direito exclusivo ao espírito não se deve à perda de vontade ou confiança. Minha incapacidade

---

[63] Presumivelmente, a versão grega das Escrituras judaicas.
[64] Mesmo que não seja de autoria paulina, esse texto é adequado como resumo de inspiração em uma chave paulina.

deve-se, em grande medida, ao fato de eu aceitar toda a Bíblia, inclusive a literatura judaica primitiva, que torna porosas as fronteiras entre o Antigo e o Novo Testamento.

O ponto principal da Bíblia judaica é que as figuras-chave de Israel possuíam o espírito. E, por possuírem o espírito, eram indivíduos sábios, capazes, habilidosos e cheios de conhecimento. A capacidade de José para interpretar sonhos e, em nível mais prático, criar uma estratégia para enfrentar a fome, levou o faraó a ver nele um espírito de Deus. Bezalel estava tão cheio do espírito de Deus, de conhecimento e de entendimento que podia ensinar aos artesãos exatamente o que eles precisavam saber para construir uma tenda espetacular destinada à presença de Deus no meio do deserto. Daniel tinha dentro de si o espírito em seu mais elevado grau por tanto tempo que três gerações de governantes estrangeiros puderam atribuir a ele sabedoria no mais elevado grau. E o salmista podia orar para reter o espírito santo de Deus.

Nenhum deles era cristão. Nenhum deles recebeu o espírito ao confessar Jesus como Senhor ou ao crer que Deus o ressuscitou dos mortos ou ao participar de um sacramento como o batismo. Pode haver meios de explicar essa realidade, mas nenhum deles se sustenta neste livro. Não pode ser, por exemplo, algum tipo de respiração em oposição ao Espírito Santo. Falsa dicotomia. *Ruach* é *ruach*, e *ruach* aqui não é apenas respiração física: é também o *locus* da virtude, da sabedoria, do conhecimento e da santidade. Quando os tradutores da Septuaginta deparavam com esses textos, não se esquivavam de usar a palavra que apareceria no Novo Testamento: *pneuma*. José tinha "espírito de Deus". Bezalel recebeu "espírito de Deus, dando-lhe destreza, habilidade e plena capacidade artística". As traduções gregas de Daniel são mais complicadas, mas nenhum dos tradutores evita identificar o espírito em Daniel como (o) espírito santo. Na verdade, a Septuaginta tende a intensificar, em vez de dissipar, esse cenário com a leitura "espírito santo nele", em vez de espírito *yattirah*, "espírito ao mais elevado grau nele".[65]

É aqui que começo. O cânone bíblico completo permite — e até mesmo incita — que seus leitores afirmem que pessoas não cristãs podem experimentar o espírito de Deus dentro de si desde o nascimento, como fonte de sabedoria, conhecimento, habilidade e santidade.

---

[65] Daniel 5:12; 6:4. Para uma análise mais aprofundada, veja meu livro *Spirit in First-Century Judaism*, p. 73.

No entanto, não é fácil reconhecer que todos têm um espírito *santo*. A esse respeito, estou com Fílon: Deus sopra o potencial ou a capacidade da virtude em todos. Deus não inspira a virtude em todos. O espírito de Deus em nós deve ser ensinado, disciplinado e cultivado. Para José, o cultivo veio pela espera paciente e prática da interpretação de sonhos nas celas da prisão. Para Bezalel, a habilidade veio pelos canais habituais da aprendizagem e do aprendizado, e a comunicação da habilidade veio pela prática normal do ensino. Para Daniel, o conhecimento veio por meio da simplicidade e do estudo. Para os devotos às margens do mar Morto, a santidade era mantida pela rejeição à ganância. Para Paulo, o ministério era produto da prática sustentada de virtudes — a santidade de espírito, por exemplo —, muito mais que pela revelação instantânea. Para a igreja de Antioquia, o aprendizado e a devoção intensa às disciplinas — adoração, oração e jejum — haviam aberto o caminho para ela receber uma revelação sem precedentes do espírito. Ou seja, o espírito interior de Deus deve ser cultivado pelas práticas corretas, para que continue a ser um espírito *santo*.

Como os cristãos oram

Em anos passados, eu orava para que o espírito santo viesse sobre os alunos. Depois que percebi que o espírito já estava neles, cristãos ou não, comecei a orar de forma diferente. Orei também para que o espírito que já estava neles se movesse e para que os alunos discernissem esse movimento, essa inspiração. Pedi a Deus que os enchesse — no sentido de encher totalmente ou completar — nas lutas da vida universitária.

Deixe-me levá-lo de volta algumas décadas, até uma sala de aula da faculdade, onde meu professor de grego, Jerry Hawthorne, nos conduzia pela breve carta de 1João. Quando deparou com o ponto em que o autor pergunta à congregação: "Se alguém tiver recursos materiais e, vendo seu irmão em necessidade, *não se compadecer* dele, como pode permanecer nele o amor de Deus?" (1João 3:17), Jerry destacou que a frase traduzida por "não se compadecer" deixa escapar a qualidade visceral — literalmente, visceral — da declaração, que ele traduziu por algo assim: "e trava suas vísceras". A compaixão é visceral. Em Seattle, os mendigos enchem as rampas de saída da Rodovia Interestadual e colocam-se nos becos do Mercado Pike Place. Quando vejo alguém parado com um cartaz no peito, chapéu sobre o cimento duro, salpicado de moedinhas, meu estômago aperta, especialmente se me esqueci de reabastecer nosso estoque de barras de granola e caixas de suco. Nessas ocasiões, é difícil seguir adiante. Pouco importa se doamos para organizações humanitárias como a Union Gospel Mission ou para a Visão Mundial. Ainda sinto um aperto no estômago.

É aí que, de acordo com este capítulo, o espírito santo permanece e trabalha. Nas entranhas de uma mulher. Nas entranhas de um homem. Hoje, ao orar pelos alunos, oro para que o espírito dentro deles se mova e lhes fortaleça o desejo por Deus, bem no fundo, em algum lugar de suas vísceras, abaixo de suas racionalizações, para além de sua resistência e para além de suas preocupações. Claro que não estou certo de que Deus responderá a essa oração de uma forma diferente de como responde ao pedido para que o espírito venha sobre eles. No entanto, é assim que oro agora, na esperança de que o espírito dentro deles se agite e os encha completamente de habilidade, visão e conhecimento, como aconteceu com José, Bezalel e Daniel.

Como os cristãos aprendem

Há alguns anos, uma aluna pediu-me para ser o orientador de um projeto seu. Quando lhe pedi que explicasse seus planos, ela respondeu: "Não quero planejar muito. Quero deixar isso para o espírito santo". Ela acreditava que o trabalho árduo, a deliberação e o planejamento cuidadoso desestabilizam a obra mais verdadeira do espírito santo. Espero esse tipo de resposta de alunos indolentes, porém ela era uma aluna nota dez. Não queria deixar as coisas sem planejamento porque era preguiçosa, mas porque acreditava honestamente que o excesso de preparação poderia minar a inspiração do espírito santo. Não posso culpá-la. Para muitos cristãos, o sinal mais seguro do espírito é um influxo irresistível de emoção ou sintomas físicos incontroláveis — e, certamente, não uma vida inteira de disciplina obstinada.

Talvez melhor que ninguém, a figura equivocada de Eliú encapsula o equívoco de minha aluna. Eliú deixa de reconhecer que o espírito-respiração do Todo-poderoso não tende a resultar automaticamente em conhecimento; o espírito em um mortal não produz inevitavelmente sabedoria. Por presumir erroneamente que o excesso de energia, a abundância de vitalidade e a explosão de palavras são iguais a excesso de espírito e sabedoria excedente, Eliú repreendeu, em vez de animar, o homem derrotado sobre o monte de cinzas.

A relação entre sabedoria e espírito na literatura israelita estava alinhada muito mais intimamente com o cultivo de habilidade e de conhecimento do que Eliú se preocupava em reconhecer. A sabedoria do espírito interior exige o domínio meticuloso dos ofícios e a busca persistente por conhecimento. José, por exemplo, adquiriu conhecimento por meio da prática e da experiência na casa de Potifar e em uma prisão egípcia, onde sua liderança era tão excepcional que tudo ficava em suas mãos. Essa experiência se concretizou na capacidade de José em interpretar o sonho do faraó e oferecer conselhos completos sobre como se proteger contra a fome que se avizinhava. O faraó não respondeu elogiando acima de tudo as habilidades refinadas de José; ele identificou naquele homem um espírito insuperável e uma sabedoria incomparável.

O legado literário de Israel também isola uma sinfonia de trabalhadores qualificados, sábios de coração, que contribuíram para a construção da Tenda do Encontro. Bezalel e Aoliabe, líderes nessa mão de obra qualificada, foram apresentados inicialmente como cheios de (do) espírito divino e de habilidade, inteligência e conhecimento em todo tipo de arte. Mais tarde, foram reapresentados como cheios de espírito de sabedoria e cheios de sabedoria de coração, com sabedoria e conhecimento de cada arte (cf. Êxodo 31:2-3; 35:31,35; 36:1-3a). Em suma, eles foram escolhidos porque eram artesãos altamente qualificados em Israel. Deus os capacitou com o espírito, não para que aprendessem novas habilidades, mas para que ensinassem as que eles já dominavam durante uma vida inteira de aprendizado e prática.

A associação de sabedoria e espírito explode nas histórias que cercam Daniel, um estrangeiro em cortes estrangeiras que tinha um compromisso intransigente com a *Torá*, com a vida simples e com o estudo. O resultado de sua disciplina é impressionante: uma sucessão de influentes governantes estrangeiros reconheceu o espírito e a sabedoria ao mais elevado grau que nele havia.

Como os cristãos cultivam o espírito

Recentemente, encontrei-me com um grupo de alunos para discutir suas experiências com o espírito santo. Um a um, sem exceção, todos disseram que associavam o espírito a eventos excepcionais: um retiro, uma noite de consagração ao redor de uma fogueira, um culto de adoração particularmente vigoroso e cheio de energia. Nenhum deles, sem exceção, associou o espírito santo ao espírito-respiração ou às realidades mundanas da vida cotidiana. Em suma, nenhum deles acreditava que o espírito se move ao longo da existência, nas fendas da vida, nos cantos e recantos dos detalhes do cotidiano.

Não há necessidade de repetir minha afirmação de que o *ruach* é o espírito-respiração, o reservatório energizante da virtude e do aprendizado que existe dentro de cada ser humano, do nascimento à morte. Não há necessidade de documentar a ênfase na educação verificada nas histórias de Bezalel e Daniel. Não há necessidade de inventariar as disciplinas diárias de luminares desde José até os homens e mulheres da igreja de Antioquia. Não há necessidade de recordar as descrições sequenciais de Jesus e João Batista, de como o menino Jesus "crescia e se fortalecia em espírito" e de como o menino João "crescia e se fortalecia, enchendo-se de sabedoria" (Lucas 1:80; 2:40). Nem é preciso lembrar que o espírito na nova criação inspira virtude e aprendizado. O espírito prometido ensina e revela, destacando a pessoa de Jesus e a fraqueza da cruz.

Há também uma dimensão profundamente pessoal na presença perpétua do espírito de Deus. Lembre-se de quão cuidadosamente Paulo escreve para reforçar em seus irmãos tessalonicenses a rica relação existente entre santidade sexual e o espírito santo. Quando ele fala de santidade sexual, não pode simplesmente recorrer a uma linguagem conhecida, como, por exemplo: "Deus enviou o espírito santo para vocês". A santidade sexual é muito fugidia e pode ser perdida com muita facilidade. Portanto, Paulo enfatiza que o espírito *está sendo dado* aos crentes constante, contínua e implacavelmente. O dom do espírito não é uma obra momentânea. O dom do espírito não está atrelado a experiências incomuns. O dom do espírito é estável e contínuo, algo que vale a pena conhecer nas lutas que têm o potencial de tornar a vida em cacos sem sentido.

CAPÍTULO DOIS

COLOCANDO O ÊXTASE EM SEU DEVIDO LUGAR

Há alguns anos, um casal de missionários sentou-se conosco em nossa sala de estar. Décadas antes, o marido rejeitara a perspectiva de uma carreira lucrativa nos Estados Unidos como médico. A esposa havia acabado de concluir o mestrado em Estudos Interculturais. Ambos haviam passado mais de vinte anos nas regiões mais remotas da América do Sul, trabalhando entre os mais pobres das áreas rurais. Ao longo dos anos, enviaram cartas impressionantes, não do tipo que fala sobre as coisas grandiosas e gloriosas que Deus estava fazendo na vida deles, mas sobre caminhar dois dias pelos campos para tratar um velho doente com duas aspirinas, ou sobre as velhas quíchuas, todas com 75 anos, porque ninguém sabia a data de nascimento delas, que desembrulhavam seus xales para revelar dois ou três ovos como pagamento por um procedimento médico complicado, ou tão complicado quanto era possível ao nosso amigo na pequena clínica que ele e o irmão haviam construído, em uma aldeia rural isolada. Nossos amigos mencionaram que provavelmente iriam se mudar para uma cidade próxima, já que agora havia sete equipes médicas na clínica que eles haviam fundado, onde inicialmente haviam trabalhado sozinhos. Na cidade, pretendiam oferecer atendimento médico a nativos quíchuas que se haviam mudado para lá em busca de trabalho. Eles descreveram perfeitamente o racismo na cidade: os nativos quíchuas são baixos e morenos, enquanto os descendentes dos espanhóis são altos e brancos. Era o suficiente. Eles se haviam colocado do lado das pessoas baixas e morenas.

Naquela noite, em nossa sala de estar, nossos amigos contaram sobre uma conhecida que achava que eles deveriam falar em línguas. Ela até mesmo dera o nome de seu pastor para ajudá-los. A reação deles a essa mulher me surpreendeu: eles se perguntaram em voz alta se deveriam ligar para ele. Ali estava um homem que já fora um jovem médico muito talentoso nos Estados Unidos, que renunciara à influência e ao prestígio em potencial para trabalhar entre as pessoas mais pobres e necessitadas da América do Sul. Ali estava uma mulher que auxiliava em procedimentos cirúrgicos sobre a mesa da sala de jantar, que ministrava inúmeros estudos bíblicos, que cuidava de hordas de crianças e era especialista em Comunicação Intercultural. O primeiro pensamento que expressei foi: "NÃO! Não telefonem para esse pastor! Vocês estão vivendo na unção do espírito santo. Vocês estão vivendo a vida do servo de Isaías, de quem Deus disse: 'Eis o meu servo, a quem sustento, o meu escolhido, em quem tenho prazer. Porei nele o meu Espírito, e ele trará justiça às nações. Não gritará nem clamará, nem erguerá a voz nas ruas. Não quebrará o caniço rachado, e não apagará o pavio fumegante. Com fidelidade fará justiça; não mostrará fraqueza nem se deixará ferir, até que estabeleça a justiça na terra. Em sua lei as ilhas porão sua esperança'.[1] Vocês estão levando justiça às nações. Estão ensinando os marginalizados. Estão curando os caniços quebrados com um sussurro apenas. Vocês são o prazer de Deus! O espírito de Deus já repousa sobre vocês!".

Quando eles saíram, comecei a me perguntar: "O que levaria missionários de carreira, com uma sólida vida devocional, um profundo compromisso com Deus, amor a Jesus, repúdio à riqueza, uma clínica médica construída a partir do nada, uma reputação excepcional no campo da medicina (certa vez ofereceram ao nosso amigo um cargo no governo, e, obviamente, ele recusou, para permanecer na aldeia rural), um ministério de ensino em toda a América do Sul e unção do espírito santo em sua carreira de mais de vinte anos entre os pobres do mundo, a querer mais uma obra do espírito santo?". Suponho que seja o fascínio do êxtase. Ainda sentados diante da lareira, todos concordamos em que uma pontinha de êxtase seria um toque agradável na rotina diária, um pouco de alívio das responsabilidades e obrigações,

---

[1] Isaías 42:1-4.

uma forma de contornar nossa mente hiperativa e analítica. Todos nós receberíamos bem o dom de falar em línguas, concordamos. Mas todos nós somos adultos, cristãos experientes, com vocações significativas e chamadas vibrantes, sabedores de que uma experiência efêmera dificilmente se compara à plenitude de uma vida bem vivida. Então, por que desejar esse sinal particular do espírito? De que forma seria inadequado incorporar a obra do espírito à prática da medicina entre os pobres ou à orientação de universitários? O que há no falar em línguas que tanto nos cativa?

O desejo pelo êxtase, que, como você deve lembrar, senti ao me recostar em um aquecedor há um quarto de século, está vivo e bem. Quase um bilhão de pentecostais em todo o mundo (para não mencionar os devotos de outras religiões) constituem um amplo testemunho do anseio por êxtase.

Esse anseio por uma experiência extática, por mais intenso e sincero que seja, não encontra suporte fácil nas Escrituras, porque o êxtase ocupa um lugar surpreendentemente isolado e estreito das Escrituras. Talvez mais surpreendente ainda: a Bíblia oferece poucas e preciosas informações exatamente sobre a relação entre o êxtase e as ações e os estados mentais a que está relacionado. Aprendemos muito mais sobre a natureza do êxtase nas literaturas grega, romana e judaica que na própria Bíblia. Se fôssemos rastrear o surgimento do êxtase, em relação ao que temos disponível na literatura antiga, veríamos uma linha reta com alguns discretos picos na literatura israelita, seguida por uma grande linha ascendente nas literaturas grega, romana e judaica, seguida, mais uma vez, por uma linha reta com pequenos picos que representam o Novo Testamento. Se o êxtase está presente nas Escrituras, isso acontece em pequenas doses. É possível até mesmo falar de supressão do êxtase na literatura bíblica, especialmente em comparação com outro antigo *corpora* literário, em que os escritores descrevem o êxtase em detalhes elaborados.

O SURGIMENTO E O DESAPARECIMENTO DO ÊXTASE

Uma fatia de êxtase na literatura israelita

Com a única exceção de Ezequiel, os profetas israelitas deixaram apenas fragmentos de sua experiência com o espírito. Suas frágeis lembranças devem ser reunidas com cautela. Na verdade, foi só na era pós-exílica, depois de Israel haver reconstruído sua pequena nação, que os escritores começaram a contemplar em retrospectiva o alcance da inspiração profética e a vincular o espírito à profecia como um todo. Neemias, arquiteto da nova Jerusalém durante os anos 400 a.C., orou: "Durante muitos anos foste paciente com eles. Por teu Espírito, por meio dos profetas, os advertiste. Contudo, não te deram atenção, de modo que os entregaste nas mãos dos povos vizinhos" (Neemias 9:30). Em uma acusação pós-exílica na sequência da longa história de recalcitrância de Israel, Zacarias afirma: "Endureceram o coração e não ouviram a Lei e as palavras que o SENHOR dos Exércitos tinha falado, pelo seu Espírito, por meio dos antigos profetas. Por isso o SENHOR dos Exércitos irou-se muito" (Zacarias 7:12). Mais perto da era da igreja primitiva, nos manuscritos do mar Morto, a profecia como um todo está ligada ao espírito: "Este é o estudo da lei que ele ordenou pela mão de Moisés, a fim de agir em conformidade com tudo que tem sido revelado de era em era e de acordo com o que os profetas têm revelado pelo seu espírito santo" (*Regra da comunidade* [1QS], 8.15-16). Essa associação do espírito com toda a sucessão de profetas permaneceu na igreja primitiva. As últimas palavras de Estêvão foram: "Povo rebelde, obstinado de coração e de ouvidos! Vocês são iguais aos seus antepassados: sempre resistem ao Espírito Santo! Qual dos profetas os seus antepassados não perseguiram?" (Atos 7:51-52). Essas declarações abrangentes desmentem a escassez de referências ao espírito e às experiências extáticas na maioria dos livros proféticos, certamente em profetas anteriores à volta do exílio, em 539 a.C. Isaías sentiu as dores do parto, com a mente vacilante e trêmula (Isaías 21:3). Habacuque estremeceu por dentro, seus lábios tremeram e seus passos vacilaram (Habacuque 3:16). Nenhum desses detalhes projeta uma imagem incontestável do êxtase profético. Emocional? Sim. Em êxtase? Não necessariamente.

Nem mesmo a crítica de Oseias ao menosprezo de Israel em relação aos profetas — "O profeta é considerado um tolo, e o homem inspirado, um louco violento" (Oseias 9:7) — pode referir-se tanto ao conteúdo do ensino de um profeta, que Israel rejeitou como loucura, quanto a sua condição extática. A habilidade de Miqueias em contrastar o espírito do Senhor que havia nele, ao lado do conhecimento, da justiça e do poder, com o esforço fracassado dos falsos profetas para receber revelação por meio de visões oferece um vislumbre do que é o êxtase (Miqueias 5:1-8). No entanto, são falsos profetas, como os profetas de Baal, que dançaram até cansar e se mutilaram em uma competição com Elias (1Reis 18). Os verdadeiros profetas de Israel, Miqueias e Elias, ao contrário de seus iludidos oponentes, não recorreram ao êxtase das visões, da dança ou da autodeficiência. Elias chegou mesmo a zombar da dança deles. "Até quando vocês vão oscilar para um lado e para o outro?", perguntou com flagrante escárnio (1Reis 18:21).[2]

Os anos que antecederam o exílio na Babilônia foram mais férteis, embora apenas na pessoa de Ezequiel, que reivindicou visões inspiradas pelo espírito: "O Espírito elevou-me", diz ele (Ezequiel 3:12,14), e em uma visão "o Espírito do SENHOR veio sobre mim" (11:5). Não há muito aqui e certamente não se trata de uma experiência que tenha caracterizado outros profetas, mas temos uma associação do espírito com um transe de visão. Jeremias, contemporâneo de Ezequiel, apesar da candura de suas confissões, nas quais lamenta sua vocação profética (Jeremias 20), dificilmente daria testemunho de alguma experiência com a aparência de êxtase: seu coração batia descontroladamente (Jeremias 4:19), e ele tinha uma ferida incurável (Jeremias 15:18). O profeta que escreveu Isaías 40—55 oferece ainda menos em suas reivindicações silenciosas acerca do espírito repousando sobre o servo de Deus (Isaías 42:1) e no fato de que "o Soberano, o SENHOR, me enviou, com seu Espírito" (48:16).[3]

Embora os profetas de Israel tenham deixado apenas alguns fragmentos que possam ser conceitualmente interpretados como êxtase — e eu acho que isso é forçar as evidências —, os narradores da história de Israel nos legaram um pouco mais. O texto diz que Balaão "viu Israel acampado, tribo por tribo; e o Espírito de Deus veio sobre ele, e ele pronunciou este oráculo [...]" (Números 24:2-3). Trata-se do relato lacônico de uma inspiração, embora dificilmente seja uma descrição de êxtase, e as palavras iniciais de Balaão (24:3-4) não esclarecem a natureza de sua experiência, em parte devido às dificuldades do texto hebraico.

A história de Saul contém uma imagem mais clara das profecias extáticas. Em experiências que funcionam como suportes para seu reinado, Saul, vencido pelo espírito, entra no que parece ser um estado de êxtase, que o

---

[2] A palavra traduzida como "oscilar" também poderia ser "dançar", possível indicação de um estado de êxtase ou da tentativa de induzir um estado de êxtase.

[3] Os principais estudos sobre o êxtase na literatura israelita são Johannes Lindblom, *Prophecy in Ancient Israel* (Philadelphia: Fortress, 1962); Robert R. Wilson, *Prophecy and Society in Ancient Israel* (Philadelphia: Fortress, 1980). Admito a ocorrência de muitas visões na Bíblia judaica, porém a mecânica da experiência visionária é deixada sem explicação, e muitas vezes os sonhos, que acontecem enquanto alguém está dormindo, são o modo pelo qual Deus introduz a revelação. Nenhuma das intrincadas discussões sobre adivinhação, que caracterizam a literatura greco-romana, é encontrada na literatura israelita.

narrador descreve com o verbo "profetizar". Samuel prepara Saul para seu encontro inicial: "Ao chegar à cidade, você encontrará um grupo de profetas que virão descendo do altar do monte tocando liras, tamborins, flautas e harpas; e eles estarão profetizando. O Espírito do Senhor se apossará de você, e com eles você profetizará e será um novo homem" (1Samuel 10:5-6). Saul faz exatamente isso: "Um grupo veio em sua direção; o espírito de Deus se apossou dele, e ele profetizou no meio deles. Quando os que já o conheciam viram-no profetizando com os profetas, perguntaram uns aos outros: 'O que aconteceu ao filho de Quis? Saul também está entre os profetas?'" (10:10-11). O que aconteceu com Saul não está muito claro, embora boa parte dos tradutores interprete o verbo *profetizar* como "caiu em transe profético". Parece certo, com música e instrumentos, especialmente quando, na ocorrência seguinte, nove capítulos adiante e o que parece ser uma vida inteira, Saul, mais uma vez, profetiza dominado pelo espírito de Deus, embora não antes de seus mensageiros, a quem ele enviara para capturar Davi, sucumbirem a uma imobilização profética coletiva: "Quando viram um grupo de profetas *profetizando*, dirigidos por Samuel, o espírito de Deus apoderou-se dos mensageiros de Saul, e eles também entraram em transe" (19:20). Sem surpresa, Saul também sucumbe, embora com um desfecho surpreendente: ele tira as roupas e fica nu por um dia e uma noite, desencadeando outra vez a seguinte pergunta: "Está Saul também entre os profetas?" (19:23-24). Esse é um claro exemplo de êxtase, de estar fora de si e descontrolado, de perder os sentidos — nesse caso, sob a influência de um êxtase coletivo, induzido talvez por instrumentos musicais.

O que dizer da ocasião em que Moisés se queixa de que o povo é um fardo muito pesado para ele carregar? Deus reage ordenando a Moisés que reúna setenta dos anciãos registrados na Tenda do Encontro, onde, então, Deus promete: "Eu descerei e falarei com você; e tirarei do Espírito que está sobre você e *o porei sobre* eles. Eles o ajudarão na árdua responsabilidade de conduzir o povo, de modo que você não tenha que assumir tudo sozinho" (Números 11:17). No devido tempo, Moisés "reuniu setenta autoridades dentre eles e as dispôs ao redor da Tenda. O Senhor desceu na nuvem e lhe falou e tirou do espírito que estava sobre Moisés e o pôs sobre as setenta autoridades. Quando o espírito veio sobre elas, profetizaram, mas depois nunca mais tornaram a fazê-lo" (11:24-25). Dois outros anciãos, Eldade e Medade, não conseguiram juntar-se aos setenta na Tenda do Encontro. Contudo, "o Espírito também veio sobre eles, e profetizaram no acampamento" (11:26).

Depois de ouvir esse relato, Josué ficou surpreso e pediu a Moisés que os fizesse parar. Moisés respondeu com absoluta magnanimidade: "Você está com ciúmes por mim? Quem dera todo o povo do SENHOR fosse profeta e que o SENHOR pusesse o seu Espírito sobre eles!" (11:29).

A natureza da profecia nessa passagem é identificada, em geral, como uma forma de êxtase que envolveu os anciãos — não de um modo diferente daquele que acometeu Saul. A recorrência do verbo "profetizar" nos casos dos anciãos (Números 11) e de Saul (1Samuel 10, 19) é a principal evidência para se argumentar que o profetizar no caso de Moisés também é extático. A presença do profetizar extático conduz a uma grande dificuldade para a interpretação de Números 11.[4] Como 72 anciãos apanhados em pleno êxtase, talvez por um contágio coletivo de descontrole, resolveriam o problema de Moisés ao assumirem parte de sua carga administrativa? Se tomarmos Saul como modelo, o cenário é risível: seria como pensar que um grupo de distintos anciãos, todos deitados nus por várias horas — se era isso que profetizar implicava —, pudesse, de alguma forma, ajudar Moisés a liderar o povo pelo deserto. Esse cenário não faz sentido.

À luz da experiência de Saul, como um êxtase fora de controle, essa interpretação do verbo "profetizar" também ignora dois outros verbos no episódio de Moisés e dos anciãos. Por um lado, a promessa de Deus em tomar ou "tirar" parte do espírito de Moisés (Números 11:17) está relacionada ao termo empregado para os setenta anciãos que acompanhavam Moisés no monte Sinai. Os anciãos no monte Sinai são "aqueles que se retiram" para receber uma visão comum que confirmava sua autoridade ao lado de Moisés (Êxodo 24:11).[5] Essa recorrência da raiz hebraica dificilmente seria mera coincidência, pois reúne os casos de Moisés e dos anciãos no Sinai com o de Moisés e dos anciãos no deserto. A experiência visionária autenticou os anciãos no monte Sinai e agora, ao que parece, uma experiência visionária semelhante os autentica mais uma vez. No episódio seguinte, Deus fala diretamente a Miriã e Arão, irmã e irmão de Moisés, respectivamente, e diz: "Quando entre vocês há um profeta do SENHOR, a ele me revelo em visões, em sonhos falo com ele" (Números 12:6).

---

[4] Para uma análise detalhada de Números 11, particularmente a necessidade de distinguir a profecia dos anciãos (Números 11) da experiência de Saul (1Samuel 10; 19), veja meu artigo "Prophecy in Ancient Israel: The Case of the Ecstatic Elders", *Catholic Biblical Quarterly*, n. 65 (2003), p. 503-21.

[5] "Prophecy in Ancient Israel", p. 514-6.

Por outro lado, a frase "repousou sobre" (Números 11:25-26, ARC) reflete a vinda do espírito de sabedoria e de entendimento, de conselho e de poder, de conhecimento e de temor do Senhor sobre o governante messiânico ungido da visão de Isaías (Isaías 11:2). Esses verbos concomitantes, *tirar* e *repousar*, fazem com que a ambiguidade do verbo *profetizar* evapore: não Saul, mas o governante messiânico ungido, fornece a chave de interpretação para a experiência dos anciãos que ajudaram Moisés. Eles não mergulharam num êxtase desenfreado, mas em uma visão comum, de claro conteúdo, embora não revelado, semelhante à experiência anterior no Sinai. Essa segunda visão reforçou a autoridade deles e lhes emprestou qualidades associadas à liderança, as quais eles podiam outra vez compartilhar com Moisés.

Para uma última possível erupção extática na Bíblia Hebraica, temos de esperar até as experiências apocalípticas descritas no livro de Daniel. O espírito de Daniel estava perturbado e apavorado (Daniel 7:15). Daniel caiu prostrado ao chão (8:17-18) e ficou exausto e doente (8:27), sem forças (10:8-9), mudo e esgotado (10:15-17). Entretanto, há um problema com todas essas alegadas experiências de êxtase. Como veremos logo a seguir, no mundo greco-romano, ao qual pertence o livro de Daniel como produto da era macabeia, essas experiências devem ter lugar *antes* de uma visão; no livro de Daniel, elas ocorrem *depois* das visões. Portanto, nesses poucos supostos casos de êxtase nas Escrituras judaicas, as experiências que normalmente abririam uma perspectiva de êxtase visionário são, em vez disso, meramente o abalo posterior de tremores visionários.

O êxtase no mundo do Novo Testamento

O livro de Daniel, com indícios de êxtase que não se materializam, é um aviso de que o êxtase ocupa lugar modesto ou bem reduzido na literatura de Israel. A helenização e a cultura romana, pelo contrário, trouxeram na sequência o fascínio do êxtase para o centro do palco. De acordo com Platão, já no século 5 a.C., Sócrates acreditava que "a maior das bênçãos vem a nós por meio da loucura, enviada como um presente dos deuses. Pois a profetisa de Delfos e as sacerdotisas de Dodona, quando enlouqueciam, conferiam muitos benefícios esplêndidos à Grécia, em assuntos tanto particulares como públicos, mas poucos benefícios ou nenhum benefício quando estavam em sã consciência".[6]

---

[6] Platão, *Fedro*, 244A-B.

Esse tipo de inspiração também tomava conta do poeta e do profeta. O poeta, afirmava Sócrates, "só pode compor quando está inspirado e fora de si, quando sua mente não está mais nele".[7] A composição de odes, músicas de dança e versos vem "não pela arte, [...] mas por influência divina". Portanto, "Deus retira a mente deles e os usa como seus ministros, assim como faz com os adivinhos e videntes piedosos, para que nós, que os ouvimos, saibamos que não são eles que proferem essas palavras de grande valor, mas que é o próprio Deus quem fala conosco e nos dirige por meio deles".[8]

A mais ilustre figura inspirada manteve a Grécia fascinada por suas palavras e incendiou a imaginação grega com seus oráculos. Os inquiridores do templo de Delfos pagavam a taxa de consulta, ofereciam sacrifícios e, se o animal reagisse como deveria ao ser borrifado com água, entravam no templo, ofereciam outro sacrifício e depois entravam, provavelmente com os intérpretes orais, no *adytum*, um espaço no qual a sacerdotisa (pitonisa, pítia) não era visível. Ela, por sua vez, como preparação, purificava-se na fonte de Castela e queimava folhas de louro e farinha de cevada no altar, que ficava no interior do templo. Coroada de louro, ela assumia seu lugar numa trípode, era possuída pelo deus, sacudia um galho de louro e profetizava. Os intérpretes, de uma forma ainda não muito clara, configuravam o oráculo para o inquiridor.[9]

A experiência da pitonisa de Delfos estava envolta em mistério, e pode ter havido pouca realidade histórica nessa concepção de inspiração délfica. No entanto, a misteriosa figura da pitonisa délfica chamou a atenção de outros escritores gregos e romanos, que, à sombra de Delfos, costumavam associar o enchimento do espírito, qualquer que fosse sua exata natureza, ao êxtase profético descontrolado porém legítimo. Estrabão (nascido c. 63 a.C.) refere-se a um espírito entusiasta (*pneuma enthousiastikon*), responsável por fazer a pitonisa falar enquanto está sentada na trípode.[10] Plínio, o Velho, contemporâneo dos primeiros seguidores de Jesus (c. 23-79 d.C.), atribui os oráculos a uma exalação inebriante (*exhalatione temulenti*) da terra em locais como Delfos.[11] Jâmblico (c. 245-325 d.C.) refere-se a um *pneuma* de

---

[7] Platão, *Íon*, 534B.
[8] Platão, *Íon*, 534C-D.
[9] Sarah Iles Johnston, *Ancient Greek Divination* (Malden, MA; Oxford: Wiley-Blackwell, 2008); Sarah Iles Johnston e Peter T. Struck (eds.), *Mantikê: Studies in Ancient Divination*, Religions in the Graeco-Roman World 155 (Leiden: Brill, 2005).
[10] Estrabão, 9.3.5.
[11] *História natural*, 2.95.208.

fogo que surge da terra para envolvê-la.[12] O escritor cristão João Crisóstomo (c. 347-407 d.C.) ridiculariza a pitonisa, argumentando que um *pneuma* maligno entrava na genitália dela quando ela se sentava na trípode.[13]

Plutarco (c. 46-120 d.C.) tinha grande interesse pela mecânica da inspiração délfica.[14] Seus diálogos têm valor real, não apenas porque ele servira como sacerdote em Delfos, mas também porque, no espírito da nova academia, estava menos preocupado em defender uma resposta única e definitiva que em apresentar pontos de vista alternativos. Consequentemente, ele reuniu várias características pitorescas em torno de um enigma de sua época: o fato de haver em Delfos menos atividade oracular que em épocas anteriores. Num diálogo importante, *Sobre a obsolescência dos oráculos*, ele oferece várias respostas à questão de Delfos não estar mais no apogeu em seus dias.

Lamprias, figura-chave em *Sobre a obsolescência dos oráculos*, resume a explicação de certo Cleômbroto da seguinte forma: "Quando os semideuses se retiram e abandonam os oráculos, estes ficam ociosos e inarticulados como instrumentos musicais".[15] Lamprias também resume e critica a resposta de certo Amônio: o deus, como um ventríloquo que manipula um manequim, "entra no corpo de seus profetas e provoca os enunciados deles, usando suas bocas e vozes como instrumentos".[16] A diminuição dos oráculos de Delfos ao longo do primeiro século, de acordo com os resumos de Lamprias sobre as posições defendidas por Cleômbroto e Amônio, deve-se a uma menor tendência entre os deuses de possuir profetas e sacerdotisas.[17]

Esse é o tipo de inspiração que Fílon, o destacado filósofo judeu de Alexandria do primeiro século, adota para explicar a inspiração dos profetas de

---

[12] *Sobre os mistérios*, 3.11.
[13] *Homilia sobre 1Coríntios*, 29:1.
[14] Os tratados citados estão incluídos na *Moralia*, de Plutarco, que consiste em diálogos e ensaios sobre assuntos éticos, literários e históricos e até mesmo tópicos práticos como "Conselhos aos casais".
[15] Pensa-se que a opinião de Cleômbroto sobre os espíritos guardiões representa a própria explicação de Plutarco sobre a diminuição dos oráculos. Veja R. Flacelière (ed.), *Sur la Disparition des Oracles* (Paris: Belles Lettres, 1947), p. 48; E. de Faye, *Origène, sa vie, son œuvre, sa pensée* (Paris: E. Leroux, 1927), v. 2, p. 110.
[16] *Sobre a obsolescência dos oráculos*, 414E.
[17] De acordo com Lamprias (*Sobre a obsolescência dos oráculos*, 414E), trata-se de uma teoria risível, pois não consegue estabelecer uma distância adequada entre os mundos divino e humano: "Pois se ele [um deus] se permite enredar nas necessidades do povo, ele é pródigo com sua majestade e não observa a dignidade e a grandeza de sua preeminência".

Israel. Sua interpretação da palavra *ekstasis* em Gênesis 15:12 (Septuaginta) levou-o a descrever a experiência que "regularmente sobrevém à associação dos profetas. A mente é desalojada na vinda do Espírito divino [*tou theiou pneumatos*], mas, quando ele se afasta, a mente retorna ao seu espaço. Mortais e imortais podem não compartilhar a mesma habitação. Portanto, o cenário da razão e da escuridão que a rodeia produz êxtase e frenesi inspirado".[18] Quando o profeta é inspirado, "ele é cheio de inspiração [*enthousia*], na medida em que razão se retira e entrega a cidadela da alma a um novo visitante e inquilino, o Espírito divino, que atua sobre o organismo vocal e dita palavras que expressam claramente sua mensagem profética".[19]

Num sinal da ampla influência do ponto de vista greco-romano, segundo o qual o enchimento produz êxtase, Josefo e Fílon adotam-no de forma independente, porém em impressionante consonância, para resolver o problema surgido em Números 22—24, quando Balaão, falso profeta por excelência, entrega uma bênção oracular sobre Israel.[20] De acordo com Fílon, Balaão proferiu seu primeiro oráculo quando "foi possuído e caiu sobre ele o espírito verdadeiramente profético, que baniu totalmente de sua alma a arte da feitiçaria".[21] Mais tarde, "ele foi repentinamente possuído e, sem entender nada, como se a razão estivesse vagando, proferiu as palavras proféticas colocadas em sua boca".[22] Josefo, ao escrever em outra costa mediterrânea e quase um século depois, oferece explicação semelhante para a capacidade de Balaão proferir um oráculo verdadeiro: "Tal foi a expressão inspirada de alguém que não era mais seu próprio mestre, mas foi dominado pelo espírito divino para entregá-lo".[23] O próprio Balaão confronta Balaque: "Você acha que cabe a nós ficar em silêncio ou falar sobre temas desse tipo, quando estamos possuídos pelo espírito de Deus? Pois esse espírito dá expressão a tal linguagem e palavras como bem entende, palavras das quais todos nós estamos inconscientes".[24]

---

[18] Fílon, o Judeu, *Quem é o herdeiro das coisas divinas?*, p. 264-5.
[19] Fílon, o Judeu, *Sobre as leis especiais*, 4.49.
[20] Análises detalhadas estão disponíveis em meus artigos: "The Debut of the Divine Spirit in Josephus' Antiquities", *Harvard Theological Review*, n. 87 (1994), p. 123-38; "The Prophetic Spirit as an Angel according to Philo", *Harvard Theological Review*, n. 88 (1995), p. 189-207.
[21] Fílon, o Judeu, *Vida de Moisés*, 1.277.
[22] Fílon, o Judeu, *Vida de Moisés*, 1.283.
[23] Josefo, *Antiguidades judaicas*, 4.118.
[24] Josefo, *Antiguidades judaicas*, 4.119.

Compare essa violenta investida de êxtase com os profetas israelitas, exceto talvez Ezequiel, cujos escritos oferecem os mais básicos esboços de sua experiência. Se existe um indício de êxtase nesse grande *corpus* literário, ele está mergulhado abaixo da superfície da compreensibilidade. Ainda assim, Fílon e, até certo ponto, Josefo investigam a mecânica da inspiração profética. Eles descobrem nas ricas veias do discurso greco-romano uma concepção de inspiração que, embora se mostre estranha à literatura israelita, permite a plena exposição da inspiração profética: o espírito divino apodera-se do profeta e produz, por meio de suas cordas vocais, palavras e sons de escolha divina. O profeta, nesse processo, é pouco mais que um veículo, como um instrumento musical por meio do qual sopra um ser divino. É uma medida do valor do êxtase que tanto Fílon de Alexandria, no início do primeiro século, como Josefo de Roma, no final desse mesmo século, tenham incorporado opiniões notavelmente semelhantes às sustentadas por Amônio para explicar a forma como um vidente mesopotâmico desprezível entregou uma bênção magnífica a Israel.

Como os primeiros autores judeus que escreveram durante a era greco-romana não puderam escavar recursos suficientes em seus textos sagrados para explicar a mecânica da inspiração, pelo menos alguns deles, como Fílon e Josefo, optaram por importar o êxtase inspirado, compreendido em termos greco-romanos, em seus perfis de inspiração. É notável que essa tendência seja evidente no *Liber antiquitatum biblicarum* [Livros das antiguidades bíblicas], uma reinvenção palestina das narrativas bíblicas de Adão e Eva a Samuel.

Tomemos, por exemplo, um embelezamento da história de Quenaz, figura bíblica obscura, pai do juiz Otoniel (na verdade, o autor funde o primeiro juiz, Otoniel, com seu pai, Quenaz). O autor do *Liber antiquitatum biblicarum*, normalmente referido como *Pseudo-Fílon*, porque o manuscrito foi falsamente atribuído a Fílon, dedica espaço exagerado a Quenaz. Quase extraindo informações do nada, ele conta a história de uma visão notável de Quenaz. Embora exista apenas uma tradução em latim do *Liber antiquitatum biblicarum*, o que cria todo tipo de dificuldade, as linhas essenciais do que induz essa visão são discerníveis logo no início: "Quando eles [os profetas israelitas e anciãos de Israel] se sentaram, [um][25] espírito

---

[25] Daniel Harrington (*The Old Testament Pseudepigrapha*, 2 v., editado por James H. Charlesworth [Garden City, NY: Doubleday, 1983, 1985], v. 2, p. 374) traduz *spiritus* com o artigo indefinido "um".

santo desceu sobre Quenaz, habitou nele, elevou sua mente [colocou-o em êxtase] e ele começou a profetizar, dizendo...".[26] Esse breve fragmento oferece, como fonte inesperada, uma perfeita expressão da associação entre o enchimento por *pneuma* e a perda extática de controle.

A visão termina com uma indicação semelhante de êxtase: "Quando Quenaz disse essas palavras, despertou e seus sentidos lhe voltaram. *Mas ele não sabia o que tinha dito ou o que tinha visto*".[27] Quenaz, ao ter a visão, perdeu os sentidos, os quais, então, tiveram de lhe ser devolvidos. Em seguida, ele também perdeu a capacidade de lembrar o que havia experimentado sob êxtase (embora descreva em detalhes o que viu). Esse elemento da história deve sua origem à *Apologia*, 22C, e a *Mênon*, 99C, de Platão, nos quais este afirma que os poetas inspirados não sabem o que estão dizendo. Essa visão, à qual retornaremos mais adiante, gerou interpretações de que a incapacidade de lembrar o que fora dito durante um surto de êxtase autenticava a condição de profeta.[28]

A partir da simples menção a um nome em Juízes 3 e a algumas palavras estereotipadas: "O Espírito do SENHOR veio sobre ele" (Juízes 3:10), Pseudo-Fílon criou um episódio de inspiração que é um espelho do mundo greco-romano. A visão de Quenaz tem início quando o espírito salta sobre ele, habita nele e faz com que sua mente se eleve ou se aliene por completo.[29] Termina quando os sentidos de Quenaz são restaurados, embora o impacto do êxtase permaneça, pois ele não consegue se lembrar do que viu ou do que disse. Os autores greco-romanos identificam esse tipo de êxtase como "entusiasmo".[30] Corresponde ao que, na opinião de Fílon, "ocorre regularmente na associação dos profetas. A mente é

M. R. James (*The Biblical Antiquities of Philo* [New York: Ktav, 1968], p. 235) traduz "o espírito"; e C. Dietzfelbinger (*Pseudo-Philo: Antiquitates Biblicae*, Jüdische Schriften aus hellenistisch-römischer Zeit 2.2 [Gütersloh: Gerd Mohn, 1975], p. 257) traduz "der heilige Geist" ("o espírito santo"). Sobre *Liber antiquitatum biblicarum* em geral, veja Howard Jacobson, *A Commentary on Pseudo-Philo*, 2 v., Arbeiten zur Geschichte des Antiken Judentums und des Urchristentums 31 (Leiden: Brill, 1996).

[26] *Liber antiquitatum biblicarum*, 28.6. Em latim: *Et dum sederent, insiluit spiritus sanctus habitans em Cenez, et extulit sensum eius, et cepit prophetare dicens...* A associação entre a habilidade profética de Quenaz e a possessão do espírito tem raízes bíblicas, particularmente de 1Samuel 10:5-6,10-13; 19:20-24.

[27] *Liber antiquitatum biblicarum*, 28.10.

[28] Para mais detalhes, veja meu livro *Filled with the Spirit* (Grand Rapids: Eerdmans, 2009), p. 164-8.

[29] Em latim, *extulit sensum eius*, *Liber antiquitatum biblicarum*, 28.6.

[30] Veja Plutarco, *Amatório*, 758E.

desalojada na chegada do Espírito divino, mas, quando ele parte, a mente retorna à sua possessão".[31]

Não nos demoraremos mais no mundo greco-romano, porém espero que os poucos exemplos de êxtase que identifiquei demonstrem a respectiva influência sobre a imaginação de gregos e romanos, inclusive de autores judeus do Egito, de Roma e da Palestina. Esse interesse, que, para alguns autores, beirava a obsessão, contrasta fortemente com a Bíblia judaica, com seus leves traços de êxtase, os quais, na minha opinião, seja como for, são como o ouro dos tolos. Os gregos e romanos, em contraposição, estavam ansiosos para atribuir o êxtase aos seus profetas, sacerdotes, poetas e pitonisas. Essas figuras, especialmente a sacerdotisa virgem de Delfos, eram como sereias, das quais muitos escritores greco-romanos não conseguiam desviar o olhar, como também, ao que parece, os escritores judeus da era greco-romana. Fílon descreve toda a classe de profetas israelitas como extáticos, pessoas cuja mente é desalojada quando o espírito divino delas toma posse. Ele e Josefo até conseguiram resolver um enigma fundamental ao importar a visão greco-romana de que Deus — no caso de Balaão, o espírito divino — entra no profeta e assume suas cordas vocais. Isso explica como Balaão, um falso adivinho, foi capaz de abençoar Israel. Até mesmo um autor palestino poderia, do início ao fim, colorir o primeiro juiz de Israel nos tons do êxtase greco-romano.

O êxtase no Novo Testamento

No pano de fundo de seu contexto greco-romano, o êxtase inspirado diminui de forma significativa na igreja primitiva. A palavra *ekstasis* e o verbo cognato *existēmi* quase sempre comunicam espanto, como o espanto das multidões com o ensino e a cura de Jesus.[32] Raramente conotam a perda de controle mental. No Evangelho de Marcos, os parentes de Jesus afirmam que ele perdeu o juízo, e os escribas o declaram endemoninhado.[33] Obviamente, esse não é o êxtase inspirado que Platão, Plutarco e Fílon tanto elogiam. Paulo afirma: "Se enlouquecemos [*exestēmen*], é por amor a Deus; se

---
[31] Fílon, o Judeu, *Quem é o herdeiro das coisas divinas?*, p. 264-5.
[32] Mateus 12:23; Marcos 2:12; 5:42; 6:51; 16:8; Lucas 2:47; 5:26; 8:56; 24:22; Atos 2:7,12; 3:10; 8:9-13; 9:21; 10:45; 12:16.
[33] Marcos 3:21-22.

conservamos o juízo, é por amor a vocês". Ele provavelmente está se referindo não tanto ao êxtase quanto ao ministério. Suas ações, loucas ou sãs, são constrangidas pelo amor a Cristo.[34] Em suma, ele é um tolo por Cristo.

Apenas nas visões a palavra *ekstasis* e o verbo relacionado *existēmi* possivelmente se referem a êxtase.[35] Contudo, a palavra *ekstasis* não precisa estar presente para descrever uma experiência extática. Antes de examinarmos algumas dessas experiências, é necessário estabelecer duas distinções: uma antiga e outra atual. Abordemos, em primeiro lugar, a distinção moderna. Os antropólogos sociais (por exemplo, I. M. Lewis) fazem distinção entre contextos de êxtase centrais e periféricos.[36] O êxtase nos contextos centrais dá suporte divino ao *status quo*. Esse tipo de comportamento extático ocorre em uma ordem social bem definida, que inclui uma hierarquia estrita de figuras extáticas. Os integrantes da tribo Korekore Shona, por exemplo, representam "um culto de moralidade claramente definido, em que os espíritos que zelam pela conduta dos homens e controlam seus interesses tornam conhecidos seus desejos por meio de um grupo de agentes escolhidos e organizados em uma hierarquia xamanística claramente estruturada. A inspiração aqui é praticamente monopólio masculino".[37] Em contraposição, o êxtase em contextos periféricos acaba por aumentar o *status* periférico do extático. Essa pessoa é capaz de desafiar o *status quo* a partir da periferia e com a aprovação divina. Em Números 11, quando os setenta e dois anciãos entram em transe visionário, que autentica sua capacidade de ficar ao lado de Moisés, estão experimentando o êxtase no que os antropólogos sociais podem identificar como um contexto central: sua experiência apoia o *status quo* e inclui uma hierarquia masculina (embora as experiências de Eldade e Medade causem uma reviravolta nos trabalhos). Na igreja primitiva, o êxtase ocorre exclusivamente em contextos periféricos. Por exemplo, as profetisas de Corinto — mulheres que, segundo Paulo, têm algum tipo de "autoridade" ou controle sobre a própria cabeça — parecem experimentar o êxtase em contextos socialmente periféricos. Isso aumenta o *status* delas e lhes permite falar com *imprimatur* divino fora do canal normal da autoridade de seus maridos (1Coríntios 11:4,10).

---

[34] 2Coríntios 5:13-14.
[35] Atos 10:10; 11:5; 22:17.
[36] I. M. Lewis, *Ecstatic Religion: A Study of Shamanism and Spirit Possession*, 2. ed. (London/New York: Routledge, 1989), p. 59-113, especialmente p. 62-4, 90-113.
[37] Lewis, *Ecstatic Religion*, p. 124; veja também p. 115-33.

Falemos agora da distinção antiga. Os escritores greco-romanos faziam distinção entre adivinhação artificial e natural. A adivinhação artificial, como, por exemplo, buscar presságios examinando os órgãos de animais mortos, as formações de pássaros no céu ou os padrões na fumaça dos sacrifícios, não desempenhou papel algum nas experiências de êxtase na igreja primitiva. Por outro lado, a adivinhação natural acarretava frenesi ou êxtase, bem como sonhos e visões pré-morte, quando a alma podia mais facilmente se retirar do corpo. Já notamos que Plutarco descreveu a adivinhação natural em detalhes. Lamprias, por exemplo, acreditava que impulsos externos, entre eles a brisa no bosque e o *pneuma* transportado pelo ar, provocavam essas experiências.[38]

No Novo Testamento, os dados mais valiosos para se determinar o caráter da adivinhação natural ocorrem no livro de Atos, que contém uma tríade de visões. Essas visões desempenham papel central em Atos, embora a mecânica das visões e, portanto, a natureza do êxtase não sejam muito claras. A primeira das três, a visão que Estêvão teve de Jesus, ocorre antes de sua morte (Atos 7:55-56). Isso se encaixa nos debates greco-romanos sobre adivinhação natural, em que a alma — o espírito ou a mente — está mais livre do corpo e, por conseguinte, mais aberta a visões durante o sono ou antes da morte. Cícero, em *Sobre a adivinhação*, explica que o "poder [da alma] de adivinhar aumenta grandemente com a aproximação da morte".[39] Não podemos dizer com certeza se a visão de Estêvão é apresentada como visão extática, embora pareça um transe de visão extática.

A segunda visão da tríade, que Pedro teve de alimentos impuros, ocorre quando o *ekstasis* vem sobre ele — na verdade, Lucas adota a palavra —, embora possa significar qualquer coisa, desde um cochilo à tarde até um transe extático (Atos 10:10). Por um lado, o fato de Pedro ser capaz de recontar a visão sugere ausência de êxtase, já que muitas vezes um indicador-chave era a incapacidade de a pessoa lembrar as experiências ocorridas no estado de êxtase. No segundo século, Élio Aristides, destacado orador público e homem de letras, afirmou que as sacerdotisas de Zeus não tinham ideia dos oráculos que estavam prestes a receber, "nem depois elas ficam

---

[38] Plutarco, *Sobre a obsolescência dos oráculos*, 432C-D.
[39] Cícero, *Sobre a adivinhação* 1.63.

sabendo o que disseram, mas todos os inquiridores entendem tudo melhor que elas".[40] Pseudo-Justino, autor cristão do século 2 ou 3, comparou a sibila, uma profetisa, com os poetas, que podiam dedicar tempo ao polimento da escrita. A sibila não tinha essa oportunidade, porque, "assim que a inspiração cessava, cessava também a lembrança de tudo que ela havia dito".[41] Em contraposição, o fato de Pedro lembrar o conteúdo de sua visão pode sugerir que ele não estava em estado de êxtase. Por outro lado, a descrição subsequente de Pedro dá a entender que a visão pode ter sido extática. Ele lembra: "Eu estava na cidade de Jope, orando; caindo *em êxtase*, tive uma *visão*" (Atos 11:5). Claro que isso pode significar que ele adormeceu, embora possa ter outro significado, acima de tudo porque tanto Pedro como Estêvão antes dele (7:55) "veem" (*atenizein*) durante suas visões — indicações, talvez, de um estado alterado de consciência.

Em um episódio posterior, Paulo lembra uma visão, à semelhança de Pedro, pois, enquanto estava orando no templo de Jerusalém, aconteceu o seguinte: "Caí em êxtase e vi o Senhor, que me dizia..." (Atos 22:17-18). Essas três visões criam uma possível teia de experiências extáticas no livro de Atos: Estêvão e Pedro *veem* e têm uma *visão*; Pedro e Paulo *oram*, caem *em êxtase* (ou, de forma menos dramática, caem no sono) e têm uma *visão*; Estêvão e Paulo veem Jesus ressuscitado.

E as cartas de Paulo? A afirmação de Paulo sobre ter tido visões e revelações, de ter sido "arrebatado ao terceiro céu. Se foi no corpo ou fora do corpo, não sei", pode refletir experiências de êxtase semelhantes em um contexto social periférico (2Coríntios 12:1-10). Certamente, ele menciona a "grandeza dessas revelações" para elevar seu *status* aos olhos dos coríntios, enquanto a incapacidade de lembrar se suas experiências foram físicas ou não pode apontar para o êxtase. As visões que teve do Jesus ressuscitado também podem ter ocorrido enquanto ele se achava em estado de êxtase (1Coríntios 9:1; 15:8), embora Paulo dê poucos detalhes, para que cheguemos a uma conclusão correta.

Nas quatro visões do Apocalipse, cada qual caracterizada pela expressão "em espírito" (Apocalipse 1:10; 4:2; 17:3; 21:10, ARC), o êxtase é, mais uma

---

[40] Élio Aristides, *Em defesa da oratória*, p. 43.
[41] Pseudo-Justino, *Cohortatio ad Graecos*, 37.2; em 37.3, ele escreve: "A profetisa, não tendo lembrança do que ela havia dito...". Para conhecer outros textos e uma discussão mais completa sobre a incapacidade de lembrar o conteúdo de uma experiência extática, veja *Filled with the Spirit*, p. 164-8.

vez, ambíguo.⁴² O autor do Apocalipse lembra-se de tudo com absoluta clareza, sinalizando talvez para a ausência de êxtase. A expressão "em espírito" pode funcionar principalmente como artifício literário, mas também como sinal de estado psicológico, uma vez que evoca um precursor literário proeminente para o Apocalipse: o livro profético de Ezequiel.⁴³ No entanto, as visões levam João para fora do corpo, como, por exemplo, para a corte celestial. Talvez isso capte a essência do êxtase, da forma como Cícero descreve: "Aqueles cuja alma, desprezando seu corpo, toma asas e voa para fora, inflamados e despertados por uma espécie de paixão, estes, digo, certamente veem as coisas que predizem em suas profecias". Lembremos a esse respeito a explicação de Cícero: "Quando a alma é retirada pelo sono do contato com os laços sensuais, então recorda o passado, compreende o presente e prevê o futuro".⁴⁴ O livro de Apocalipse faz as três coisas: absorve o passado, transformando as visões de Daniel e Ezequiel; louva e condena as igrejas da época do autor (Apocalipse 2—3); e oferece uma crítica incisiva contra Roma. O livro também prevê "o que em breve há de acontecer" (Apocalipse 1:1).

Para onde essas observações nos levam? No período da literatura neotestamentária, muito pouco pode ser identificado sem questionamento como indicação de êxtase. Para todas as suas reivindicações ao espírito, aos milagres (Gálatas 3:1-5), aos dons carismáticos (1Coríntios 12—14), aos profetas e às profecias (por exemplo, Atos 11:27-30; 1João 4:1-6), vem à tona uma ocorrência desproporcionalmente baixa de fenômenos de êxtase.⁴⁵ Três visões em Atos, as próprias visões de Paulo e as visões no livro de Apocalipse são provavelmente a totalidade de possíveis referências ao êxtase no Novo Testamento. É essencial lembrar que não há êxtase onde não há visões. No entanto, mesmo onde há visões, elas apresentam conteúdo claro e capacidade de lembrar, fato que pode pôr em questão a aceitação do êxtase — o Jesus ressuscitado (Estêvão e Paulo em Atos e talvez as próprias cartas de Paulo), o lençol com alimentos proibidos (Pedro), palavras no paraíso não divulgadas (Paulo) e quatro visões contadas em ousados detalhes no livro

---

⁴² Essas observações estão baseadas na excelente discussão de David Aune sobre a expressão "em espírito", o que torna essa ambiguidade evidente. Veja David E. Aune, *Revelation*, Word Biblical Commentary 52A (Dallas: Word, 1997, 3 v.), p. 82-3. Aune não entende que espírito seja o espírito divino; a frase é antes "uma expressão idiomática que se refere ao fato de que as experiências reveladoras de João ocorreram não 'no corpo', mas, sim, 'no espírito', ou seja, em um transe de visão".
⁴³ Por exemplo, Ezequiel 3:14; 11: 5.
⁴⁴ Cícero, *Sobre a adivinhação*, 1.63.
⁴⁵ Sobre a profecia, veja também *Didaquê*, 11:12-13.

do Apocalipse. Visões, e apenas visões, podem ser o único efeito do êxtase na igreja primitiva, e o produto dessas visões é, sem exceção, um conteúdo memorável, compreensível e comunicável.[46]

FALAR EM LÍNGUAS

Hermann Gunkel, há mais de um século, e os pentecostais, desde então, afirmam que o dom carismático da *glossolalia*, ou falar em línguas, é a condição *sine qua non* da experiência cristã.[47] A experiência de falar em línguas vem à tona explicitamente uma vez nas cartas do apóstolo Paulo e três vezes no livro de Atos.[48] O que encontramos nos textos relevantes pode surpreender-nos. Falar em línguas, entendido sob a perspectiva da resposta de Paulo aos crentes coríntios e no livro de Atos, em vez das práticas errôneas de *glossolalia* na igreja de Corinto, é algo que está invariavelmente associado a discurso inteligente. Afinal, êxtase e entendimento não são companheiros tão improváveis no Novo Testamento.

Carta de Paulo aos Coríntios

A resposta do apóstolo Paulo à pergunta dos coríntios sobre os dons espirituais é um modelo de liderança pastoral. Embora responda a erros flagrantes

---

[46] Em Atos 16:16-19, uma jovem escrava tem um espírito pitônico (*pythona*). Isso é êxtase essencial — reconhecidamente, uma forma maligna de êxtase —, em que tal espírito age como ventríloquo, ou seja, controlando as cordas vocais da moça. A escrava ilustra a ambiguidade do êxtase do Novo Testamento. Ela ocupa um contexto social periférico, pronuncia-se em êxtase sob o controle de um espírito suspeito e, mesmo assim, diz a verdade: "Estes homens são servos do Deus Altíssimo e anunciam o caminho da salvação" (16:17). Para uma discussão detalhada sobre esse texto com relação à história do Pentecostes, veja *Filled with the Spirit*, p. 317-25. Para críticas à minha interpretação, veja Blaine Charette, "'And Now for Something Completely Different': A 'Pythonic' Reading of Pentecost?", *Pneuma*, n. 33 (2011), p. 59-62; James B. Shelton, "Delphi and Jerusalem: Two Spirits or Holy Spirit? A Review of John R. Levison's Filled with the Spirit", *Pneuma* n. 33 (2011), p. 51-3.

[47] Veja Hermann Gunkel, *The Influence of the Holy Spirit: The Popular View of the Apostolic Age and the Teaching of the Apostle Paul*, 3. ed. (Philadelphia: Fortress, 1979; edição em brochura, 2008), p. 88. Para uma análise completa do legado de Gunkel, com a bibliografia que a acompanha, veja *Filled with the Spirit*, p. xiv-xxvii, 3-13, 109-17, 225-35, 428-9; para uma declaração coerente e simples, veja meu artigo "Assessing the Origins of Modern Pneumatology: The Life and Legacy of Hermann Gunkel", in: Clare K. Rothschild e Trevor W. Thompson (eds.), *Christian Body, Christian Self: Concepts of Early Christian Personhood*, Wissenschaftliche Untersuchungen zum Neuen Testament 284 (Tübingen: Mohr Siebeck, 2011), p. 313-31.

[48] A intercessão do espírito com "gemidos inexprimíveis" (Romanos 8:26) pode referir-se a uma forma de *glossolalia*, mas Paulo não descreve a experiência como tal, como em 1Coríntios 12—14. Para uma discussão detalhada, veja Gordon Fee, *God's Empowering Presence: The Holy Spirit in the Letters of Paul* (Peabody, MA: Hendrickson, 1994), p. 575-86.

dos coríntios, ele ainda consegue confirmá-los enquanto os corrige. Seu feito é notável, pois ele redireciona a paródia de um dom espiritual principal, a *glossolalia*, sem descartar o dom por completo. Além disso, ele está se engajando em uma triagem espiritual de longe: por carta, não pessoalmente, ele tenta estancar a sangria de uma igreja fragmentada e desgastada em Corinto.[49]

Apesar dos problemas que isso claramente desencadeou entre os coríntios — no mínimo, de ordem espiritual —, Paulo aceita de coração o êxtase do falar em línguas. Em sua carta aos coríntios, Paulo não zomba da experiência do falar em línguas, embora exclua a atividade da mente. É uma forma de oração em que, observa Paulo, "meu espírito ora, mas a minha mente fica infrutífera" (1Coríntios 14:14). É a essência do êxtase, de estar fora de si. Sua descrição do falar em línguas é paralela à descrição por Fílon dos profetas de Israel, em que um profeta "está cheio de inspiração, na medida em que a razão se retira e entrega a cidadela da alma a um novo visitante e inquilino, o Espírito divino, que atua no organismo vocal e dita palavras que expressam claramente sua mensagem profética".[50]

Essa inconsciência, Paulo reconhece, pode descambar para a falta de sentido. Falar em línguas, na pior das hipóteses, consiste em uma tagarelice irracional que não beneficia ninguém, a não ser aquele que fala: "De fato, ninguém o entende; em espírito fala mistérios" (1Coríntios 14:2). Como um clarim militar que emite o comando de guerra com um som indistinto, as línguas são "palavras [não] compreensíveis com a língua" e estão "falando ao ar" (14:8-9), um ato em que o falante é estranho ao ouvinte, e o ouvinte, estranho ao falante (14:11). O falar em línguas não pode evocar sequer a resposta "Amém", porque ninguém entende as palavras (14:16). Na verdade, os incrédulos que participam de uma igreja em que todos praticam o falar em línguas serão afastados da fé e concluirão: "Vocês estão loucos" (14:23).

Não importa quão distorcido o falar em línguas se torne nas mãos desajeitadas dos coríntios, Paulo não está disposto a descartar essa experiência. Contudo, oferece vários corretivos em pontos sensíveis, no esforço de afastar os coríntios de sua obsessão pelo êxtase e levá-los a uma apreciação do poder do entendimento. A primeira dessas correções sutis ocorre

---

[49] Veja também meu verbete "Tongues, Gift of" [Línguas, dom de], in: Katharine Doob Sakenfeld (ed.), *The New Interpreter's Dictionary of the Bible* (Nashville: Abingdon, 2007), v. 5, p. 625-6; *Filled with the Spirit*, p. 336-40; e, em uma versão mais popular, *Fresh Air: The Holy Spirit for an Inspired Life* (Brewster, MA: Paraclete, 2012), p. 178-84.

[50] Fílon, o Judeu, *Sobre as leis especiais*, 4.49.

em uma lista de dons espirituais, segundo a qual Paulo se refere primeiro à sabedoria e ao conhecimento e, por último, ao falar em línguas e à sua interpretação (1Coríntios 12:4-11). Esse posicionamento do falar em línguas no fim da lista corrige a suposição de que a comunicação por meio de uma mente inativa é importante. Essa ordem implica que o falar em línguas não é a principal fonte de sabedoria e de conhecimento inspirados. Em outra lista, Paulo, mais uma vez, põe o falar em línguas e sua interpretação em posições secundárias, talvez para deixar claro que nenhuma experiência de adoração, nem mesmo o falar em línguas, é poderosa o bastante para reverter a ordem apropriada da igreja: "Primeiramente apóstolos; em segundo lugar, profetas; em terceiro lugar, mestres; depois os que realizam milagres, os que têm dons de curar, os que têm dom de prestar ajuda, os que têm dons de administração e os que falam diversas línguas" (12:27-28). Apóstolos, profetas e mestres, que proporcionam uma liderança capaz e compreensível, são como âncoras dos "melhores dons" (12:31). Em outras listas, em Romanos 12:3-8 e Efésios 4:11-12, não há menção ao falar em línguas.

Mais adiante em sua carta, Paulo também faz, de forma sutil, ruir a prioridade dos coríntios, aconselhando-os a buscar profecias, em vez de línguas, para a edificação da comunidade: "Pois quem fala em uma língua não fala aos homens, mas a Deus. De fato, ninguém o entende; em espírito fala mistérios. Mas quem profetiza o faz para edificação, encorajamento e consolação dos homens. Quem fala em língua a si mesmo se edifica, mas quem profetiza edifica a igreja" (1Coríntios 14:2-4).

Embora Paulo pareça optar pela contenção, em vez do êxtase, e pela linguagem lúcida, em vez da *glossolalia*, desse ponto em diante de sua carta, por todo o capítulo 14, ele abraça a interação entre ambos, entre êxtase e entendimento, conforme muda do falar em línguas para a *interpretação* do falar em línguas. Agora ele está menos preocupado em falar em línguas que em falar em línguas sem intérprete. Aparentemente, Paulo dá preferência à profecia: "Gostaria que todos vocês falassem em línguas, mas prefiro que profetizem". No entanto, ele admite que profetizar é mais que falar em línguas, "a não ser que [alguém] as interprete, para que a igreja seja edificada" (1Coríntios 14:5). Aquele que fala em línguas, aconselha Paulo, deve orar em busca de poder *para interpretá-las*, a fim de que as pessoas possam dizer "Amém" em concordância e sejam edificadas e instruídas (14:13-19).

Nesse ponto, Paulo faz uma pergunta aos coríntios, revelando seu desejo de que eles busquem uma experiência extática e compreensível. Não uma coisa ou outra, mas *ambas*: "Então, que farei? Orarei com o espírito, mas também orarei com o entendimento; cantarei com o espírito, mas também cantarei com o entendimento". E por quê? Para que os outros possam ouvir, concordar, dizer "Amém" e ser edificados (1Coríntios 14:15-16).

Mais adiante, ainda na mesma carta, a fim de esclarecer os coríntios de que a prioridade é fazer tudo "para a edificação" da comunidade (1Coríntios 14:26), Paulo passa a dar conselhos extremamente práticos: no culto de adoração, os dons devem ser exercidos um de cada vez, ou seja, de forma ordeira. Ele até sugere que a interpretação e o falar em línguas sejam atos controláveis, quando aconselha os que falam em línguas a guardar para si e para Deus o que estão falando se não houver intérprete presente (14:27-28). Existe um elemento indispensável de controle no exercício dos dons espirituais. Seja falando em línguas, seja profetizando, seja cantando hinos, seja oferecendo revelações, tudo deve acontecer na devida ordem, enquanto os demais permanecem em silêncio (14:26-33).

Por fim, com base em sua experiência, Paulo sugere que a arena mais adequada para o exercício do falar em línguas é a oração particular e pessoal. Em uma ostentação velada, Paulo agradece a Deus por falar em línguas mais que todos os coríntios. Apesar do vigor de sua vida pessoal de oração, Paulo prefere falar cinco palavras em público com a mente intacta "para instruir os outros" (1Coríntios 14:18-20).

Quando Paulo se vê forçado a confrontar a ordem fragilizada dos coríntios, em parte com base em uma hierarquia equivocada dos dons espirituais, seu conselho é magnânimo. Em vez de se livrar inteiramente do êxtase problemático, de dispensar as línguas, Paulo modera a potencial desintegração do falar em línguas, emitindo sinais sutis de que o falar em línguas, se tiver valor para a edificação da igreja, deve ser inseparável da linguagem inteligível. Ao apresentar essa ideia, passo a passo e com detalhes, Paulo demonstra que o êxtase irrestrito constitui uma ameaça à vida da igreja e que a ordem sem êxtase é impensável, pois a fala extática e a fala inteligível são companheiras inseparáveis. Elas foram feitas uma para a outra.

O Pentecostes e muito mais no livro de Atos

Em três momentos importantes no livro de Atos, a saber, o início da igreja (Atos 2:4), a inclusão dos gentios (10:44-46) e a conclusão da promessa joanina do batismo do espírito santo (19:6), há uma nítida associação entre o falar em línguas e a linguagem inteligível. Em cada um desses momentos críticos do livro de Atos, Lucas oferece muito mais que um exemplo do falar em línguas ininteligível. Ele defende um modelo de inspiração que une o êxtase ao entendimento.

O êxtase e o entendimento fundem-se na experiência de fogo do Pentecostes. Pela maneira como Lucas conta a história, o cosmos se agitou no Pentecostes:

> Chegando o dia de Pentecoste, estavam todos reunidos num só lugar. De repente veio do céu um som, como de um vento muito forte, e encheu toda a casa na qual estavam assentados. E viram o que parecia línguas de fogo, que se separaram e pousaram sobre cada um deles. Todos ficaram cheios do Espírito Santo e começaram a falar noutras línguas, conforme o Espírito os capacitava. (Atos 2:1-4)

O ADVENTO DO ÊXTASE

À primeira vista, a experiência dos seguidores de Jesus apresenta as características do êxtase greco-romano: fogo, enchimento e aparência de embriaguez. Teria sido difícil, se não impossível, para um leitor greco-romano (inclusive para os judeus) ouvir falar de línguas como de fogo, enchimento de (do) espírito e acusação de embriaguez sem discernir neles a presença de êxtase.[51]

O *pneuma* era a fonte primária de inspiração, de acordo com muitos escritores greco-romanos. Em particular, o entusiasmo — um estado de perda extática de controle — era atribuído ao *pneuma* inspirador. Voltemos, por um instante, a *Sobre a obsolescência dos oráculos*, de Plutarco, em que Lamprias, um dos que mantinham diálogo acalorado com Cleômbroto e Amônio, atribui a diminuição da atividade oracular em Delfos ao desaparecimento de um vapor que no passado subia do solo para inspirar a pitonisa délfica; esse vapor cessou devido às mudanças no sol e na terra.[52] Sob tais influências físicas, que antes eram abundantes, explica Lamprias, "a faculdade de raciocínio e pensamento das almas é relaxada e liberada de seu

---

[51] Para uma análise detalhada desse ponto, veja *Filled with the Spirit*, p. 325-35.
[52] Plutarco, *Sobre a obsolescência dos oráculos*, 431E-434C. Sobre a teoria dos vapores, veja J. Fontenrose, *The Delphic Oracle: Its Responses and Operations* (Berkeley: University of California Press, 1978); H. W. Parke e D. E. W. Wormell, *The Delphic Oracle* (Oxford: Blackwell, 1956), v. 1, p. 19-26.

presente estado, visto que vagueia entre os reinos irracionais e imaginativos do futuro".[53] O principal catalisador para essa inspiração é o *pneuma*, uma entidade física que entra no corpo e produz uma condição livre de restrição mental — o entusiasmo. Lamprias esclarece:

> Frequentemente, só o corpo atinge essa disposição. Além disso, a terra envia para as pessoas correntes de muitas outras potências, algumas delas produzindo distúrbios, doenças ou mortes; outras correntes úteis, benignas e benéficas, como fica claro pela experiência de pessoas que deparam com elas. Mas a corrente ou inspiração [*pneuma*] profética é extremamente divina e sagrada, quer flua sozinha pelo ar, quer venha na companhia de águas correntes; pois, quando é instilada no corpo, cria nas almas um temperamento incomum e insólito, cuja peculiaridade é difícil de descrever com exatidão.[54]

Não há necessidade de repetir o argumento de que gregos e romanos muitas vezes atribuíam a inspiração ao *pneuma*. Os autores israelitas também faziam isso, muito antes de os gregos entrarem em cena. No entanto, a presença do fogo ao lado do *pneuma* é menos comum na literatura de Israel que nas discussões greco-romanas sobre inspiração. De acordo com certa descrição poética do primeiro século, a pitonisa délfica "ferve com fogo feroz", enquanto Apolo pode "lançar chamas nos órgãos vitais delas".[55] Essa versão altamente sexualizada de inspiração está muito longe da história do Pentecostes, contada por Lucas, mas a imagem do fogo, não. Cícero também associa o fogo à inspiração e ao *pneuma* de Delfos quando escreve: "Aqueles, então, cuja alma, desprezando o corpo, toma asas e voa para fora — inflamados e despertados por uma espécie de paixão —, contavam com certos vapores subterrâneos que tinham o efeito de inspirar as pessoas a proferirem oráculos".[56]

Claro que existe a acusação de embriaguez da parte de alguns na multidão contra os seguidores de Jesus. Trata-se, evidentemente, de uma acusação falsa, explica Pedro, mas nem por isso deixa de ser incrível, pelo menos na presença de uma multidão que viera dos lugares remotos do Império Romano. A multidão estava familiarizada com o ritual báquico. Beber vinho novo em

---
[53] Plutarco, *Sobre a obsolescência dos oráculos*, 432C.
[54] Plutarco, *Sobre a obsolescência dos oráculos*, 432D.
[55] Lucano, *Sobre a guerra civil*, 5.118, 120.
[56] Cícero, *Sobre a adivinhação*, 1.114.

homenagem a Baco fazia parte do festival de Antestéria, que acontecia em fins de fevereiro e princípios de março, e que se tornara muito popular na Grécia, principalmente em Atenas. A acusação contra os seguidores de Jesus, de que estavam bêbados pela manhã com vinho novo, pode, desse ponto de vista, significar apenas uma acusação velada de que estavam agindo como devotos de Baco, que entravam em estado de êxtase por beberem em excesso.[57] Compreendida sob essa perspectiva, a acusação no Pentecostes pode ter sido menos uma negação da inspiração deles que a acusação de estarem mesmo inspirados, mas por causa do vinho novo bebido em honra de outro deus popular, o que era inaceitável para os judeus reunidos no Pentecostes.[58]

Plutarco também investigou a natureza da inspiração, comparando-a aos efeitos inebriantes do vinho, especialmente o vinho bebido no frenesi báquico. "É provável que, por meio de calor e difusão, ele [*pneuma*] abra certas passagens pelas quais se transmitem as impressões do futuro, assim como o vinho, quando seu vapor sobe à cabeça, revela muitos movimentos inusitados e também palavras guardadas e despercebidas. 'Pois a confusão báquica/E a mente frenética contêm muitas profecias', de acordo com Eurípedes, quando a alma se torna quente e flamejante, e deixa de lado a cautela que a inteligência humana lhe impõe e, assim, muitas vezes desvia e extingue a inspiração".

A história do Pentecostes narrada por Lucas contém três elementos de êxtase conhecidos pelos leitores greco-romanos — e todos os seus leitores eram greco-romanos —, visto que liam a história em grego: fogo, enchimento do *pneuma* e embriaguez aparente. À primeira vista, parece que os seguidores de Jesus sucumbiram ao impulso extático. Tal leitura, porém, é apenas superficial. Na verdade, Lucas define esses elementos em uma extraordinária história de entendimento milagroso.

A INEVITABILIDADE DO ENTENDIMENTO

O entendimento é evidente, em primeiro lugar, no que Lucas realmente escreve: os primeiros seguidores de Jesus não "falaram em línguas", mas

---

[57] Para uma infinidade de paralelos, veja Pieter van der Horst, "Hellenistic Parallels to the Acts of the Apostles (2.1-47)", *Journal for the Study of the New Testament*, n. 25 (1985): p. 54-5.
[58] Para uma discussão detalhada, veja H. Lewy, *Sobria Ebrietas: Untersuchungen zur Geschichte der antiken Mystik*, Beihefte zur Zeitschrift für die neutestamentliche Wissenschaft und die Kunde der älteren Kirche 9 (Giessen: Töpelmann [hoje Walter de Gruyter], 1929), p. 42-72; veja também Raniero Cantalamessa, *Sober Intoxication of the Spirit: Filled with the Fullness of God* (Cincinnati: St. Anthony Messenger Press, 2005), p. 1-10.

"falaram em *outras* línguas". O elemento subjacente ao êxtase inerente à expressão "falar em línguas" é quebrado pelo pronome "outras", que aponta para dialetos inteligíveis. A capacidade inspirada de falar em outras línguas levou os ouvintes, que estavam perplexos, "pois cada um os ouvia falar em sua própria língua", a perguntar: "Então, como os ouvimos, cada um de nós, em nossa própria língua materna?" (Atos 2:6-8). O entendimento, que Michael Welker chama de "milagre da ultracompreensibilidade", dominou o dia de Pentecostes, e é o que Lucas afirma tanto na narrativa em terceira pessoa (2:4) como no discurso direto (2:7-8). É difícil não perceber o impacto inteligível do espírito santo.[59]

O entendimento é evidente, em segundo lugar, quando Lucas revela o conteúdo do falar em outras línguas: "atos dignos de louvor".[60] "Atos dignos de louvor" é uma referência abreviada aos atos poderosos de Deus na história de Israel.[61] Esses atos começam com a criação, atravessam a experiência histórica do êxodo e continuam durante os reinados de monarcas fiéis.

O entendimento é evidente, em terceiro lugar, no verbo que Lucas adota para descrever a fala dos discípulos: a palavra *apophthengesthai*, traduzida inadequadamente no final de Atos 2:4 como "os capacitava" (NVI) ou "os habilitava" (NVT) ou "lhes concedia que falassem" (ARC). No livro de Atos, porém, essa palavra significa muito mais. Apenas algumas linhas adiante, Pedro se levantará e proferirá um sermão inspirado que levará milhares de pessoas ao arrependimento. Esse grande discurso é introduzido pela palavra *apophthengesthai* (2:14). Pedro "profere" sua explicação do Pentecostes costurando alusões e citações bíblicas. Todos esses textos dão a certeza de que "este Jesus, a quem vocês crucificaram, Deus o fez Senhor e Cristo" (2:36). Lucas retoma o verbo pela terceira vez quando descreve Paulo em apuros, abandonado para definhar na prisão e ansioso por comparecer perante o governador romano. No decorrer de seu julgamento, Paulo é acusado: "Você está louco, Paulo! As muitas letras o estão levando à loucura!". Paulo, então, responde: "Não estou louco, excelentíssimo Festo. O que estou dizendo é verdadeiro e de bom senso" (26:24-25). O verbo que Paulo adota para

---

[59] Michael Welker (*God the Spirit* [Minneapolis: Fortress, 1994], p. 233) mostra a ultracompreensibilidade do Pentecostes [Edição brasileira: *O Espírito de Deus: teologia do Espírito* (São Lourenço, RS: Sinodal, 2010).]

[60] Tradução minha, em vez de "maravilhas de Deus". Quanto ao grego *megaleia*, veja Salmos 70:19 na Septuaginta.

[61] Veja, por exemplo, Deuteronômio 11:2-5 e Salmos 105:1-2.

enfatizar a veracidade absoluta de suas afirmações é *apophthengesthai*. De todas as palavras que Lucas poderia ter escolhido para expressar a sanidade de Paulo, de todas as maneiras pelas quais poderia ter contrastado a loucura com a compostura mental, ele opta por contrastar, nos termos mais claros, duas expressões: "Não estou louco" e "o que estou *dizendo* [*apophthengesthai*] é verdadeiro e de bom senso". O verbo anteriormente usado para os crentes pentecostais (2:4) e para Pedro, o Pregador (2:14), ocorre aqui para comunicar sanidade completa e absoluta (26:25).

Se há um verbo em Atos que expressa acuidade intelectual, trata-se de *apophthengesthai*. A escolha desse verbo no contexto da história do Pentecostes reduz o aspecto incisivo do êxtase, ao mesmo tempo que mantém a influência retórica que a dimensão extática transmitia nos confins do mundo greco-romano. Em um mundo deslumbrante de desordem, transbordante de ventos violentos, de enchimento do espírito, de línguas como de fogo e de aparência de embriaguez, ocorre uma declaração confiável da Escritura. Esses crentes, como Paulo diante de Agripa e Festo, em um episódio posterior, não estão loucos nem bêbados. Sua proclamação, como a de Pedro logo depois e a de Paulo mais tarde, contém uma nova — Lucas diria inspirada — interpretação da Escritura — uma interpretação que é, por completo, a essência da sobriedade e da verdade.

A SIMBIOSE DO ÊXTASE E DO ENTENDIMENTO

No entanto, esse não é o fim da história. A experiência do falar em línguas ocorre mais duas vezes na narrativa contínua da igreja primitiva. No segundo caso, muitas vezes chamado "Pentecostes gentio", o espírito santo desce sobre Cornélio e seus amigos gentios, e Pedro e seus companheiros os ouvem "falar em outras línguas e louvar a Deus" (NVT). A associação entre o falar em línguas e o louvor volta a nos remeter ao falar em outras línguas de Atos 2, porque o verbo *louvar* (*megalunein*), em Atos 10:46, está relacionado aos inteligíveis *atos dignos de louvor* (*megaleia*) do Pentecostes (Atos 2:11). O Pentecostes gentio, como seu predecessor pentecostal, combina louvor inteligível com o êxtase do falar em línguas.

No terceiro caso que envolve o falar em línguas, Paulo encontra um grupo de "discípulos" que não tinham ouvido falar do espírito santo (Atos 19:1-7). Quando ele lhes impôs as mãos, "veio sobre eles o Espírito Santo, e começaram a falar em línguas e a profetizar". Em Atos, tanto o profetizar como o louvar são inteligíveis. Os profetas pontuam a história da igreja primitiva com uma clareza ocasional, porém acertada, sobre o futuro. Por exemplo, o profeta Ágabo prediz corretamente a fome (11:27-28). Judas e Silas, eles mesmos profetas, são enviados a Antioquia com uma carta para comunicar a decisão do Concílio de Jerusalém (15:22,27,32). Em Atos 19, o falar em línguas é combinado com a linguagem profética inteligível, quando Paulo impõe as mãos sobre discípulos que, até então, não tinham consciência do espírito santo.

Lucas compôs uma notável tríade sobre o falar em línguas, que leva à aceitação simultânea do êxtase e do entendimento. Quando os primeiros crentes foram cheios do espírito santo, eles começaram a falar do atos dignos de louvor de Deus em línguas estrangeiras inteligíveis. Quando os gentios falaram em línguas, eles participaram ativamente do louvor, como os seguidores de Jesus durante o Pentecostes. Quando um grupo de discípulos falou em línguas, eles profetizaram — atividade prática e inteligível em Atos. Lucas reúne três vezes em um momento único uma forma de inspiração — falar em (outras) línguas — que chega ao limite do êxtase, enquanto proclama de maneira clara e inteligível palavras de louvor e de profecia.

O falar em línguas retratado por Lucas junta-se ao discurso enigmático e inteligente — a verdade sóbria — de uma forma que aceita o amor pelo aprendizado que os ancestrais da igreja — pessoas como Daniel e Bezalel — nutriram antes deles. Os atos dignos de louvor, em particular, reconduzem ao cerne das Escrituras de Israel. O salmista pergunta: "Tu, que tens feito coisas grandiosas [*atos dignos de louvor*]. Quem se compara a ti, ó Deus?" (Salmos 71:19). Lucas deixa claro que o sinal do espírito não é a perda de controle, uma experiência ardente como a embriaguez. O espírito está presente em uma experiência inexplicável e extraordinária demais para ser considerada êxtase.

Entretanto, seria enganoso enfatizar a inteligibilidade à custa do êxtase. Apesar do entendimento ampliado que constitui uma fachada impressionante para a história do Pentecostes, borbulham sob a superfície os acessórios do êxtase. Qualquer um desses elementos — enchimento, fogo, embriaguez e línguas — é suficiente para sugerir que algo de extático ou incontrolável pode estar em jogo.

É uma pena que os intérpretes tendam a se alinhar de um lado do debate ou do outro, conforme entendam o falar em línguas — como fala em dialetos estrangeiros inteligíveis *ou* como fala não inteligível.[62] A postura de Lucas é mais sutil que a opção pela fala em línguas extáticas *ou* por línguas estrangeiras inteligíveis. Na avaliação de Lucas, o poder do Pentecostes pode estar não na falta de inteligibilidade ou na apreensão, mas na capacidade de os crentes primitivos transitarem entre os dois mundos. O espírito santo combina ambos na alquimia da inspiração para criar uma experiência magnífica.

O ESPÍRITO SANTO E O PODER DA REFLEXÃO

Se o Pentecostes oferece uma notável ilustração de como alcançar equilíbrio entre êxtase e entendimento, outras narrativas do livro de Atos abraçam essa simbiose de diferentes maneiras. Para colocar o êxtase em seu devido lugar, será proveitoso explorar algumas dessas narrativas em uma boa medida de detalhes: a visão que Paulo teve do Jesus ressuscitado e sua posterior narrativa do incidente na presença do rei Agripa (Atos 9; 26);[63] a visão que Pedro teve dos alimentos ilícitos e a respectiva interpretação (Atos 10—11, 15); a base que levou a uma palavra inspirada na igreja de Antioquia e à interpretação dessa palavra (Atos 13); o motivo da decisão no Concílio de Jerusalém, que, segundo uma carta de Tiago, "pareceu bem ao Espírito Santo e a nós" (Atos 15). Esses registros têm o poder de iluminar a obra do espírito santo em relação ao êxtase inspirado e além de seus limites.

Paulo, Ananias e uma missão pela frente

O texto que Pedro escolheu para explicar o milagre do Pentecostes foi extraído do livro profético de Joel, no qual o profeta vê um dia em que "os seus filhos e as suas filhas profetizarão, os jovens terão visões, os velhos terão sonhos. Sobre os meus servos e as minhas servas derramarei do meu Espírito naqueles dias, e eles profetizarão" (Atos 2:17-18; Joel 2:28-29). Sonhos. Visões. Oráculos proféticos. Esses elementos eram a evidência palpável do êxtase na era greco-romana.

---

[62] Joseph Fitzmyer (*The Acts of the Apostles*, Anchor Bible 31 [Garden City, NY: Doubleday, 1998], p. 239) oferece uma extensa lista de estudiosos que entendem esse fenômeno como experiência extática de falar em línguas *ou* como xenolalia, o falar em línguas estrangeiras.

[63] Nesse ponto da história de Atos, Paulo ainda é conhecido como Saulo. Opto pelo nome Paulo apenas por ser menos confuso.

Pouquíssimo disso realmente ocorre no livro de Atos. As únicas filhas que profetizam são as de Filipe, embora não tenhamos nenhuma pista do que elas disseram (Atos 21:9). A única serva ou escrava que profetiza é uma menina inspirada, não pelo espírito santo, mas por um espírito pitônico, um espírito estranho que Paulo manda sair, porque se irrita com os gritos constantes da menina (Atos 16:16-18).Os únicos sonhos e visões significativos no livro de Atos não pertencem aos jovens, mas aos já estabelecidos, como Paulo, Pedro e Cornélio. O que aprendemos com essas visões — as únicas experiências que Lucas descreve com a palavra *ekstasis* — é que o êxtase tem seu lugar se estiver presente nas experiências visionárias, e esse lugar está ao lado de pensamentos e reflexões de pessoas que são *compos mentis*.

Para começar, um breve exame sobre a história da visão que Paulo teve na estrada de Damasco, que ele relata duas vezes, ajudará a esclarecer esse ponto. A experiência de Paulo, da forma como registrada por Lucas, consiste em uma visão, em uma luz repentina do céu que derrubou Paulo ao chão. Os que acompanhavam Paulo ouviram a voz do Jesus ressuscitado, mas não viram nada. Somente Paulo teve a visão, e a cena do encontro o deixou cego (Atos 9:3-9). O conteúdo da visão é claro e objetivo. Jesus disse: "Saulo, Saulo, por que você me persegue?". Paulo pergunta: "Quem és tu, Senhor?". A resposta vem: "Eu sou Jesus, a quem você persegue. Levante-se, entre na cidade; alguém dirá o que você deve fazer" (9:4-6). Essencialmente, a visão consiste em uma pergunta, em uma resposta na qual Jesus se identifica com aqueles a quem Paulo persegue e em instruções práticas.

O propósito da visão de Paulo não surge tanto de sua experiência, mas de uma visão em conjunto, segundo a qual o Senhor dá instruções a Ananias. Dois detalhes emergem da visão de Ananias e estão ausentes na visão de Paulo. Em primeiro lugar, o Senhor diz a Ananias, mas aparentemente não a Paulo, que este, "numa visão, viu um homem chamado Ananias chegar e impor-lhe as mãos para que voltasse a ver" (Atos 9:12). Em segundo lugar, Ananias, mas aparentemente não Paulo, descobre qual será a vocação de Paulo. Deus diz a Ananias: "Vá! Este homem é meu instrumento escolhido para levar o meu nome perante os gentios e seus reis, e perante o povo de Israel. Mostrarei a ele quanto deve sofrer pelo meu nome" (9:15-16). Essa segunda informação é explosiva em parte, pois Lucas relata algo que, nesse ponto da história, nem mesmo Paulo está sabendo.

Essa informação também é explosiva porque, desde o início, leva o leitor ao cerne da vocação de Paulo. A missão aos gentios e a Israel, acompanhada de sofrimento, dirige nosso olhar para o servo de Isaías 40—55, aquele que sofrerá para levar ensinamentos às terras litorâneas. Essa missão, como é explicada a Ananias, remete-nos também à revelação de Simeão, segundo a qual Jesus será "luz para revelação aos gentios e para a glória de Israel, teu povo", embora o tempo todo Jesus seja um sinal que provoca oposição (Lucas 2:28-35). A missão de Paulo também o conecta aos crentes antes dele, como Estêvão, cujo sofrimento surgiu em parte de sua crença de que a fé poderia estar desconectada do Templo e da terra de Israel. Com essa teologia, Estêvão abriu caminho para os gentios crerem e para o próprio martírio. Paulo havia defendido o martírio de Estêvão. Agora, Paulo se juntaria a Estêvão na sombra do martírio. Em suma, a vocação de Paulo seguiria o exemplo do servo sofredor de Isaías, do messias sofredor e da comunidade sofredora de crentes que o seguiu.

Até onde sabemos, nada disso foi comunicado a Paulo enquanto ele estava deitado no chão, em estado visionário. Nada. Ananias ficou sabendo da vocação de Paulo em uma visão completamente à parte daquela.

Contudo, mais adiante no livro de Atos, em sua defesa perante o rei Agripa, Paulo relata a história de sua visão de maneira diferente. Essa versão posterior reflete elementos da visão de Ananias que podem não ter sido parte da sua. Paulo conta a Agripa que Jesus lhe disse: "Sou Jesus, a quem você está perseguindo. Agora, levante-se, fique em pé. Eu apareci para constituí-lo servo e testemunha do que você viu a meu respeito e do que lhe mostrarei. Eu o livrarei do seu próprio povo e dos gentios, aos quais eu o envio para abrir-lhes os olhos e convertê-los das trevas para a luz, e do poder de Satanás para Deus, a fim de que recebam o perdão dos pecados e herança entre os que são santificados pela fé em mim" (Atos 26:15-18).[64] Há muito mais aqui que na visão original de Paulo. Há muito mais que na visão original de Ananias. O que devemos fazer com essa diferença?[65]

---

[64] Embora muito tenha sido escrito sobre a chamada conversão de Saulo, um bom lugar para começar uma análise é Seyoon Kim, *The Origin of Paul's Gospel* (Grand Rapids: Eerdmans, 1981; edição de bolso, Eugene, OR: Wipf & Stock, 2007).

[65] Como regra, Lucas não retém elementos de visões. O relato de Cornélio sobre sua visão (Atos 10:30-32), por exemplo, é semelhante ao de Lucas (10:3-5). O anjo torna-se um homem com roupas deslumbrantes; fora isso, os detalhes, embora em paráfrase, permanecem os mesmos.

Uma das possibilidades seria deduzir que Lucas omitiu essas informações em sua história inicial da visão. É possível, embora seja difícil determinar por quê. Uma sugestão muito melhor seria: em seguida, Paulo refletiu sobre sua experiência possivelmente extática. Sobre o que ele refletiu? Sobre a Escritura. Pelo menos sua versão da experiência em Atos 26:14-18 aponta para a Bíblia judaica (ou para sua tradução grega). As palavras "levante-se, fique em pé" podem refletir a influência de Ezequiel 2:1. A promessa de libertação pode refletir a influência de Jeremias 1:7-8. A associação de "seu próprio povo" com os "gentios" tem raízes em Isaías 42:7, enquanto a frase "convertê-los das trevas para a luz" retoma a linguagem de Isaías 42:16 (que Simeão, por sua vez, assimilou em suas palavras a respeito de Jesus, em Lucas 2:32).

Tantas alusões nessa versão posterior da visão de Paulo, e nenhuma delas aparece na história original de sua visão! Essas alusões sugerem que Paulo havia refletido sobre sua visão original à luz das Escrituras judaicas. Em suma, ele colocou o êxtase em seu devido lugar: no cadinho da Escritura, no contexto das chamadas proféticas.

O que levou Paulo a refletir sobre sua visão à luz das Escrituras? Talvez tenha sido uma tendência natural, algo que ele não conseguia evitar. Educado como fariseu, comprometido com a interpretação das Escrituras, Paulo inevitavelmente se voltava para elas, a fim de entender sua experiência extática. No entanto, podemos dar mais um passo. Lembremo-nos da visão de Ananias, que continha a semente da vocação de Paulo: "Este homem é meu instrumento escolhido para levar o meu nome perante os gentios e seus reis, e perante o povo de Israel" (Atos 9:15). Ananias tornou-se o mentor de Paulo, seu defensor, seu companheiro. É provável, no compasso da história, da forma como relatada por Lucas, que Ananias tenha comunicado a Paulo o conteúdo de sua visão. Em suma, Ananias estabelece uma ligação tácita entre o Saulo de Atos 9 e o Paulo de Atos 26. Ananias pode, logo de início, ter dito a Paulo que seu destino seguiria o do servo, ou seja, de Jesus, e de seus predecessores na igreja. Afinal, Ananias havia acumulado a essência dessa perspectiva sobre a vocação de Paulo a partir da visão que ele mesmo tivera.

Portanto, mais uma vez, o êxtase não é deixado só. Seu lugar é ao lado do poder do estudo e do aprendizado. Por meio do poder de um mentor, do estudo adicional das Escrituras e da posterior experiência de vida de Paulo ao sofrer por amor a Jesus, o êxtase encontra seu propósito: trazer luz para as nações na força da missão.

Colocando o êxtase em seu devido lugar

Pedro, Cornélio e o derramamento que se segue

Outra dupla de visões também provoca um tremor surpreendente nos alicerces da igreja. Cornélio, um centurião devoto, às três horas de certa tarde, "teve uma visão. Viu claramente um anjo de Deus que se aproximava dele" dizendo-lhe que enviasse alguns homens para buscar Pedro em Jope. Acostumado a receber e a dar ordens, Cornélio enviou dois escravos e um soldado devoto — presumivelmente dedicado à prática da fé judaica — para encontrar Pedro em Jope (Atos 10:1-8).

A segunda visão, que ocorreu cerca de vinte e uma horas depois, também foi um trabalho silencioso e privado (Atos 10:9-16). No dia seguinte, na hora do almoço, Pedro, líder da igreja de Jerusalém, estava passando alguns momentos a sós em oração, em um terraço. O detalhe de que *Pedro estava orando* remete a Daniel e Simeão, para quem a disciplina pura proporcionou o contexto de uma experiência espiritual surpreendente e transformadora.

Ao mesmo tempo que Pedro orava, algumas coisas estavam acontecendo. Em primeiro lugar, ele estava com fome e, enquanto esperava a refeição ser preparada, subiu ao terraço para orar e teve uma visão — literalmente, o *ekstasis* veio sobre ele (Atos 10:9-10). Embora a palavra possa indicar, como já vimos, apenas que Pedro adormeceu, é mais provável que signifique que o êxtase caiu sobre ele, pois ele teve uma visão de imediato e, de uma forma notável, não precisou acordar, como se tivesse dormido. Quando já não estava mais sob o poder do êxtase, ele ficou "perplexo sobre qual seria o significado da visão" (10:17, ARA). Em segundo lugar, enquanto Pedro estava perplexo quanto ao significado da visão, os dois escravos e o soldado enviados por Cornélio chegaram à porta e perguntaram por Pedro (10:17-18). Em terceiro lugar, "enquanto Pedro ainda estava pensando na visão, o Espírito lhe disse: 'Simão, três homens estão procurando por você. Portanto, levante-se e desça. Não hesite em ir com eles, pois eu os enviei'" (10:19-20). Não há tempo para meditar. O espírito tinha ordens práticas a entregar, não muito diferentes daquelas que dera a Paulo e Ananias algum tempo antes (9:6,11) e, na véspera, a Cornélio (10:5-6). Foi uma tarde e tanto para Pedro: uma visão, uma visita, uma voz e, aparentemente, nada de almoço — tudo porque ele resolvera fazer uma oração privada.

O resultado da visão de Cornélio e do êxtase de Pedro — a visão de Cornélio talvez também deva ser interpretada como êxtase, dado seu emparelhamento com a de Pedro — foi a obliteração da barreira entre judeus e gentios. Depois de sua visão, Pedro desceu do telhado e acompanhou os homens até Cesareia, onde, então, Cornélio lhe contou a visão que tivera. Pedro agiu de maneira adequada: pregando, embora seu sermão tenha sido interrompido pela obra do Espírito Santo:

> Enquanto Pedro ainda estava falando estas palavras, o Espírito Santo desceu sobre todos os que ouviam a mensagem. Os judeus convertidos que vieram com Pedro ficaram admirados de que o dom do Espírito Santo fosse derramado até sobre os gentios, pois os ouviam falando em línguas e exaltando a Deus.
> A seguir Pedro disse: "Pode alguém negar a água, impedindo que estes sejam batizados? Eles receberam o Espírito Santo como nós!" Então ordenou que fossem batizados em nome de Jesus Cristo. Depois pediram a Pedro que ficasse com eles alguns dias. (Atos 10:44-48)

É um estado de coisas impressionante, e a necessidade de visões simultâneas não deve causar admiração. Em um impulso não natural, mas divinamente ordenado, as fronteiras tradicionais são rompidas: gentios e judeus são postos em contato. Todo o céu se desatara e uma nova comunidade estava se formando.

Quando Pedro voltou para Jerusalém, perguntou aos seguidores judeus de Jesus: "Se [...] Deus lhes deu o mesmo dom que nos tinha dado quando cremos no Senhor Jesus Cristo, quem era eu para pensar em opor-me a Deus?". Aparentemente, aquela audiência perplexa se convenceu, porque, "ouvindo isso, não apresentaram mais objeções e louvaram a Deus, dizendo: 'Então, Deus concedeu arrependimento para a vida até mesmo aos gentios!'" (Atos 11:17-18).

Essa é a camada externa da história, a estrutura de uma mudança sísmica na igreja primitiva. No entanto, outras transformações ocorrem sob a superfície, duas delas particularmente significativas.

O SIGNIFICADO É IMPORTANTE

A primeira transformação subterrânea desdobra-se na resposta de Pedro à visão ocorrida enquanto o *ekstasis* estava sobre ele. O excesso de significado revela-se em três partes estreitamente relacionadas.

Parte um. Pedro está perplexo com a visão, embora a ordem de Deus para ingerir alimentos impuros fosse bastante óbvia. Ainda assim, ele estava

Colocando o êxtase em seu devido lugar

refletindo intensamente quando os emissários de Cornélio apareceram à sua porta. As palavras *estar perplexo* são importantes. Pedro tenta descobrir o significado de uma visão ocorrida sob êxtase ou sono. Ele não está interessado no transporte físico, nem na catarse emocional, nem na exposição ao êxtase: ele quer saber o *significado*.

Pedro não tem tempo de chegar ao significado da visão, porque os emissários de Cornélio interrompem sua perplexidade, e ele viaja com eles até Cesareia, onde, então, uma sequência de acontecimentos prende sua atenção: o espírito é derramado sobre os gentios, que convidam Pedro a ficar com eles por vários dias — talvez comendo alimentos impuros (Atos 10:48), após o que ele retorna a Jerusalém para explicar tudo o que aconteceu. Isso dá início à fase dois.

Parte dois. Quando Pedro retorna a Jerusalém, ele conta sua visão e os fatos subsequentes, em resposta às perguntas que lhe fazem relacionadas à crítica: "Você entrou na casa de homens incircuncisos e comeu com eles" (Atos 11:3). Surpreendentemente, Pedro não relaciona o derramamento do espírito sobre os gentios à sua visão. Em vez disso, ele recorre às palavras de Jesus para explicar os acontecimentos em Cesareia: "João batizou com água, mas vocês serão batizados com o Espírito Santo" (11:16). A lógica das ações e da explicação de Pedro é moldada pelas palavras de Jesus, e não por sua visão.

Parte três. Pedro continua: "Se, pois, Deus lhes deu o mesmo dom que nos tinha dado quando cremos no Senhor Jesus Cristo, quem era eu para pensar em opor-me a Deus?" (Atos 11:17). Depois de apelar para as palavras de Jesus, Pedro apela para a experiência de sua comunidade. A estreita correspondência entre as experiências de judeus e gentios valida a obra do espírito santo entre as nações.

Ainda não vemos Pedro chegar ao significado da visão, mas agora temos um modelo para lidar com as consequências das visões extáticas. Em primeiro lugar, Pedro *ficou perplexo* diante do que a visão poderia significar. Em segundo lugar, ele recorreu às *palavras de Jesus*. Em terceiro lugar, comparou os acontecimentos com a experiência de sua comunidade.

Parte quatro. Pedro ainda levou algum tempo para incorporar o *insight* de sua visão. Só depois de Paulo e Barnabé regressarem da viagem à ilha de Chipre e às regiões interioranas ao longo da costa norte do mar Mediterrâneo, onde encontraram um grande número de gentios mais receptivos, que "alegraram-se e bendisseram a palavra do Senhor" (Atos 13:48), foi que Pedro começou a estabelecer associação entre sua visão e a obra de Deus entre os gentios. Na verdade, ele só passou a fazer essa associação depois de Paulo ser duramente pressionado por alguns seguidores de Jesus pertencentes a uma seita de fariseus. Esses crentes diziam: "É necessário circuncidá-los e exigir deles que obedeçam à Lei de Moisés" (15:5). Seguiu-se um acirrado debate, após o qual Pedro se levantou e declarou que Deus o havia designado para ir aos gentios. "Deus", continua ele, "que conhece os corações, demonstrou que os aceitou, dando-lhes o Espírito Santo, como antes nos havia concedido. Ele não fez distinção alguma entre nós e eles, visto que purificou seus corações pela fé. Então, por que agora vocês estão querendo tentar a Deus, pondo sobre os discípulos um jugo que nem nós nem nossos antepassados conseguimos suportar?" (15:8-10). Nesse momento, Pedro passou a entender não só que não há distinção entre judeus e gentios, mas também que nem judeus nem gentios precisam moldar-se segundo os regulamentos da *Torá*. A importância da *Torá* e a oposição de Pedro à sua imposição aos gentios atingem o cerne da visão que ele tivera com alimentos impuros.

O entendimento de Pedro sobre sua visão expandiu-se depois disso. Ele sabia que não o envolvia apenas; a visão era para os outros. Ele sabia que não se tratava dos emissários de Cornélio, que haviam chegado após a sua visão; ela dizia respeito a todos os gentios. Ele sabia que a visão não estava relacionada apenas aos gentios: os judeus também não precisavam ser oprimidos por um jugo pesado. E ele sabia que não estava relacionada apenas ao alimento, mas também aos gentios — pessoas —, que não eram impuros. Essa visão, Pedro entendia agora, estava relacionada à salvação da humanidade, à libertação de judeus e gentios: "Cremos que somos salvos pela graça de nosso Senhor Jesus, assim como eles também" (Atos 15:11). Nós e eles, judeus e gentios, somos salvos exclusivamente pela graça do Senhor Jesus. Não era esse, com certeza, o teor original da visão que de início deixara Pedro perplexo. No entanto, à luz de sua perplexidade, à luz das palavras de Jesus, à luz das semelhanças misteriosas entre a experiência dos seguidores judeus e gentios de Jesus e à luz de seu encontro com Cornélio e do relato de Paulo e Barnabé, Pedro chegou à conclusão — uma conclusão abrangente, que excede em muito o teor e as palavras reais da visão — de que seu escopo é universal, e sua importância, global.

Obviamente, *o significado é importante*. O propósito do êxtase, pelo menos no que diz respeito à visão de Pedro, é cheio de significado, repleto de transformação e rico em rompimento de barreiras. E isso acontece pela reflexão e pela *perplexidade*, pela lembrança das *palavras de Jesus*, pela aceitação de *experiências inesperadas* e pela *imersão em um mundo estranho*.

Palavra velha, significado novo

Outra transformação ocorreu após a visão de Pedro. Lucas sinaliza essa transformação pela recorrência de uma simples palavra grega. No início de tudo, o espírito ordenou a Pedro: "Não hesite em ir com eles" (Atos 10:20). *Não hesite*. Algo novo estava acontecendo — na verdade, a personificação da visão de Joel, embora Pedro ainda não soubesse disso —, e Pedro não deveria entrar nisso com um pé atrás.

O verbo traduzido como "hesite" (*diakrinomenos*) em Atos 10:20, logo depois que Pedro tem a visão dos alimentos impuros, também pode significar "discrimine", e foi assim que Pedro entendeu a palavra do espírito depois de seguir suas instruções e viajar para Cesareia, onde, inesperadamente, viu o espírito santo ser derramado sobre os gentios, sobre não judeus, que passaram a falar em línguas e a louvar a Deus, assim como os seguidores judeus de Jesus haviam experimentado o espírito santo no dia de Pentecostes. Quando voltou para Jerusalém, Pedro relatou o fato aos seguidores judeus de Jesus: "O espírito me disse para ir com eles *sem discriminar* entre eles e nós" (11:12).[66] Note-se que Pedro adotou o mesmo verbo (*diakrinein*) que o espírito usara quando os emissários de Cornélio entraram em cena, mas com um significado diferente. Agora Pedro entendia que o espírito não lhe dissera para se levantar e ir *sem hesitar*, mas para se levantar e ir *sem discriminar* judeus e não judeus, crentes de Jerusalém e crentes de Cesareia.

Mais tarde ainda, quando a comunidade de Jerusalém se reuniu para decidir quais obrigações da *Torá* deveriam ser impostas aos seguidores gentios de Jesus, Pedro utilizou esse verbo mais uma vez: "Deus, que conhece os corações, demonstrou que os aceitou, dando-lhes o Espírito Santo, como antes nos tinha concedido. Ele [Deus] não fez distinção [discriminação, *diakrinen*] alguma entre nós e eles, visto que purificou os seus corações pela fé" (Atos 15:8-9).

Trata-se de uma interpretação poderosa das palavras do espírito a Pedro. O apóstolo não fez uma abordagem minimalista da revelação. Não ficou sentado esperando receber instruções do espírito. Não cumpriu timidamente a ordem de ir sem hesitar (Atos 10:20). Mais tarde, ele viria a perceber que o espírito estava lhe ordenando que fosse *sem discriminar* entre eles e nós — entre judeus como ele e os escravos e soldados de Cornélio (11:12). No entanto, esse ainda não foi o fim da escavação de Pedro na palavra

---
[66] Tradução minha.

recebida do espírito. Na terceira ocorrência do verbo *diakrinein*, Pedro transformou a palavra falada apenas a ele em circunstâncias históricas particulares — o aparecimento à sua porta do trio enviado por Cornélio — em uma agenda teológica: "Deus, que conhece os corações, demonstrou que os aceitou, dando-lhes o Espírito Santo, como antes nos tinha concedido. Ele [Deus] não fez distinção [discriminação] alguma entre nós e eles, visto que purificou os seus corações pela fé" (15:8-9). O que começou como uma declaração do espírito do tipo "levante-se e vá sem questionar" tornou-se, pela experiência de Pedro com os gentios crentes, uma agenda para toda a igreja de todas as eras.

A igreja de Antioquia e a fronteira da missão

Nossa incursão na obra do espírito levou-nos a dois conjuntos coordenados de visões. Nas visões de Ananias e Cornélio, o espírito santo dirige o fluxo com clareza e concretude: Ananias é informado exatamente sobre como encontrar Paulo, enquanto Cornélio é informado exatamente sobre como encontrar Pedro. As visões de Paulo e Pedro são mais abertas e propícias à interpretação, e ambos os videntes produzem uma quantidade considerável de interpretações. Aos poucos, Paulo entende que seu encontro na estrada de Damasco com o Jesus ressuscitado foi um chamado profético que lhe custaria muito caro. Essa interpretação torna-se explícita por vários meios: sua relação com Ananias, a quem o espírito comunicou o cerne da mensagem; o estudo das Escrituras, especialmente os textos proféticos de Israel; sua experiência ao trabalhar entre os gentios. Pedro também chega aos poucos a uma ampla interpretação de sua visão. Inicialmente perplexo com o que a visão pode significar, ele, então, a define no contexto da promessa do espírito santo feita por Jesus e em sua experiência com o impacto do espírito santo sobre os gentios. Essa combinação de estudo, lembrança e experiências leva Pedro a reconhecer que a visão era sobre a *Torá* ou, mais precisamente, sobre a "não *Torá*" para judeus e gentios.

Pedro também recebe uma palavra do espírito, visto que não está mais em estado de êxtase. O espírito lhe diz para não hesitar em ir com os emissários de Cornélio. Contudo, Pedro expande (como fizera com a própria visão) o significado do verbo *diakrinesthai* ("hesitar"). Ele usa a palavra de forma diferente, como se entendesse que o espírito estava lhe dizendo para não *discriminar* entre ele e o povo de Cornélio. Mas nem isso é suficiente, e Pedro chega à compreensão mais plena de que a discriminação se opõe à vontade de Deus para toda a raça humana, o grande desígnio de Deus para a salvação de toda a humanidade.

A INDISPENSABILIDADE DA PREPARAÇÃO

À exceção de alguns detalhes — Pedro orou, ao passo que Cornélio orou e deu esmolas —, sabemos muito pouco sobre a preparação para experiências potencialmente extáticas. Paulo estava totalmente despreparado; ele foi pego pela visão. Sobre Ananias, sabemos apenas que ele era discípulo (Atos 9:10). No entanto, Lucas não se cala sobre a preparação para o recebimento, senão de uma experiência extática, pelo menos de uma palavra reveladora do espírito. Em um episódio ocorrido após as visões de Paulo, Ananias, Pedro e Cornélio — na verdade, logo após Pedro haver informado a comunidade de Jerusalém sobre o Pentecostes gentio —, temos o relato de uma igreja que se mostrou particularmente receptiva a uma palavra profética. Lucas escreve:

> Naqueles dias alguns profetas desceram de Jerusalém para Antioquia. Um deles, Ágabo, levantou-se e pelo Espírito predisse que uma grande fome sobreviria a todo o mundo romano, o que aconteceu durante o reinado de Cláudio. Os discípulos, cada um segundo as suas possibilidades, decidiram providenciar ajuda para os irmãos que viviam na Judeia. E o fizeram, enviando suas ofertas aos presbíteros pelas mãos de Barnabé e Saulo. (Atos 11:27-30)

A igreja de Antioquia respondeu com atos concretos à profecia de alguém que eles nem sequer conheciam. Ágabo não era um deles, pois viera de Jerusalém, uma cidade distante.

Contudo, essa resposta é apenas a ponta do *iceberg*. Uma enxurrada de atividades ocorreu antes mesmo de Ágabo chegar a Antioquia. Os crentes espalhados pela perseguição em Jerusalém visitaram Antioquia, e o número de novos crentes aumentou (Atos 11:21). A igreja de Jerusalém enviou Barnabé, que encontrou Paulo e o levou para Antioquia. "Assim, durante um ano inteiro Barnabé e Saulo se reuniram com a igreja e ensinaram a muitos" (11:26). A igreja era o local de aprendizado tanto para sua gente como para grandes multidões.

O que preparou a igreja de Antioquia para receber uma palavra profética não foi uma enxurrada de palavras proféticas nem um período de experiências extáticas ou ainda uma irrupção do espírito com sintomas físicos incontroláveis. O que preparou a igreja de Antioquia para receber uma palavra profética foi o aprendizado. Não o aprendizado superficial, alguns versículos esparsos e memorizados aqui ou ali, um interesse aleatório pelas palavras de Jesus ou o sermão semanal de algum pregador. Durante um ano inteiro, Paulo e Barnabé dedicaram-se a ensinar à igreja e a uma grande multidão que se reunia com ela. Em suma, o *aprendizado intensivo* preparou a igreja de Antioquia para responder a uma palavra profética.

E eles responderam com *extrema generosidade* à previsão de Ágabo sobre uma grande fome: "Os discípulos, cada um segundo as suas possibilidades, decidiram providenciar ajuda para os irmãos que viviam na Judeia. E o fizeram, enviando suas ofertas aos presbíteros pelas mãos de Barnabé e Saulo" (Atos 11:29-30). Essa declaração simples diz muito sobre a qualidade dessa generosidade. Observemos, em primeiro lugar, que a igreja de Antioquia não esperou que a fome chegasse para reagir, nem se deteve para avaliar as necessidades dos crentes de Jerusalém. Em vez disso, fizeram suas doações antes que sobreviesse a fome. Em segundo lugar, eles não contribuíram com o que era necessário, mas, sim, com base no que tinham para doar. Ou seja, sua generosidade vinha de seu senso de bem-estar, de ter o suficiente ou mais que o suficiente. A frase grega traduzida como "segundo as suas possibilidades" para descrever quanto eles doaram também pode ser traduzida como "segundo o bastante que qualquer um possuísse". "Bastante" é um termo relativo. Aparentemente, os cristãos de Antioquia achavam que tinham não apenas o suficiente, mas também o bastante, então enviaram ajuda aos seguidores de Jesus na Judeia. E, em terceiro lugar, eles doaram por vontade própria. Ágabo nada mais fizera que anunciar a fome; aparentemente, ele não lhes ordenou que fizessem doações nem determinou quem deveria dar ou quanto. Os crentes de Antioquia decidiram contribuir, todos que tivessem o bastante, com base na notícia de que uma grande fome havia atingido Jerusalém. Era uma igreja generosa.

Outra qualidade da igreja de Antioquia os preparou para atender a necessidades distantes. Convém lembrar que todo o cenário começou porque os crentes dispersos pela perseguição em Jerusalém rumaram para o norte. A maioria falava apenas aos judeus, mas "alguns deles, [...] cipriotas e cireneus, foram a Antioquia e começaram a falar também aos gregos, contando-lhes as boas-novas a respeito do Senhor Jesus. A mão do Senhor estava com eles, e muitos creram e se converteram ao Senhor" (Atos 11:20-21).

Esses homens não limitaram sua pregação aos judeus: falaram também aos gregos, e com grande sucesso. Portanto, Antioquia foi uma igreja que absorveu gente de cidades e ilhas estrangeiras. A chegada de Ágabo, vindo de Jerusalém, não era novidade. Muitos haviam chegado antes dele, e a igreja de Antioquia já era um amálgama de judeus e gregos, habitantes das ilhas e do interior, falantes de hebraico e grego. Eles estavam prontos para reagir a um profeta de uma cidade remota com a notícia de um desastre distante.

Uma coisa é receber uma palavra profética do espírito; outra bem diferente é reagir a essa palavra da maneira correta. Antioquia sabia como reagir à previsão de Ágabo, pois tinha virtudes particulares. Eles haviam recebido instrução contínua durante um ano, um intenso aprendizado aos pés de Barnabé e Paulo. Era uma igreja generosa, que entendia o significado de ter o bastante e sabia que "bastante" é "bastante" quando outras pessoas, mesmo distantes, estão — ou em breve estarão — em necessidade extrema. A igreja de Antioquia também era uma igreja multicultural, capaz de acolher um profeta vindo de longe.

Virtude comunal e receptividade à revelação

As qualidades de aprendizado, generosidade e abertura cultural ajudam muito a explicar por que, em relatos posteriores do livro de Atos, Antioquia se tornou a plataforma de lançamento de uma missão vibrante. De forma aparentemente resumida, Lucas relata:

> Na igreja de Antioquia havia profetas e mestres: Barnabé, Simeão, chamado Níger, Lúcio de Cirene, Manaém, que fora criado com Herodes, o tetrarca, e Saulo. Enquanto adoravam o Senhor e jejuavam, disse o Espírito Santo: "Separem-me Barnabé e Saulo para a obra a que os tenho chamado". Assim, depois de jejuar e orar, impuseram-lhes as mãos e os enviaram.
>
> Enviados pelo Espírito Santo, desceram a Selêucia e dali navegaram para Chipre. Chegando em Salamina, proclamaram a palavra de Deus nas sinagogas judaicas. João estava com eles como auxiliar. (Atos 13:1-5)

A economia de palavras de Lucas camufla o significado explosivo desse fragmento, pois a igreja de Antioquia foi o ponto de partida para uma missão madura da igreja aos gentios.

Existe uma correlação direta entre a preparação da igreja e a palavra inspirada que ela recebe. Em primeiro lugar, os líderes da igreja eram mestres e profetas. Os mestres tomam a frente no processo de aprendizado, algo que vimos claramente no período de ensino de um ano de Barnabé e Paulo em Antioquia. Os profetas tomam a frente na transformação do ensino em orientações práticas. É provável que o espírito santo tenha falado por meio de profetas nesse cenário com uma palavra concreta: separar Paulo e Barnabé para a obra a que o espírito santo os chamou.[67]

A segunda qualidade que preparou a igreja de Antioquia para receber a palavra do espírito santo foi sua generosidade, a qual já haviam exercido ao enviar provisões a Jerusalém antes da fome. Agora eles voltavam a exercitar essa generosidade. Paulo e Barnabé foram imediatamente para a cidade vizinha de Selêucia e dali navegaram para Chipre. Lucas não faz menção a provisões ou passagens, mas alguém na igreja deve tê-las fornecido. Assim, quando a missão foi concluída, a dupla retornou para Antioquia, "onde tinham sido recomendados à graça de Deus" (Atos 14:26), e permaneceram em Antioquia com os discípulos por "muito tempo" (14:28). Mais uma vez, Paulo e Barnabé desfrutaram a hospitalidade da igreja em cuja companhia haviam passado um ano inteiro.

A terceira qualidade que fez de Antioquia o ponto de partida perfeito para uma missão divinamente dirigida foi seu caráter multicultural. Percebemos que a Antioquia foi a sementeira de uma igreja multicultural. Agora vemos que a equipe de liderança refletiu essa composição, pois era étnica e economicamente diversa. Barnabé não era mais dono do que antes possuía, já que vendera sua propriedade e depositara o dinheiro aos pés dos apóstolos em Jerusalém (Atos 4:36-37). Simeão, "o negro", provavelmente era do norte da África. Lúcio era de Cirene, na costa norte da África. Manaém era ou já fora rico e amigo de Herodes Antipas desde a juventude. Paulo, nascido em Tarso, cidade costeira da Ásia Menor, afirmava ser fariseu.[68] Essa igreja não era uma unidade homogênea mantida por uma uniformidade étnica, social ou econômica. A Antioquia era liderada por uma equipe multicultural. Seus profetas e

---

[67] O livro de Atos não nos dá certeza quanto a isso, mas podemos entender a relação entre profetas e mestres em Antioquia. Os mestres comunicavam toda a tessitura textual das Escrituras, inclusive a extensa visão de que Deus designaria servos, como o servo de Isaías, como luz para as nações. Os profetas, no contexto da adoração e do jejum, projetaram essas visões no futuro — nesse caso, no chamado de Saulo e Barnabé para assumirem a missão de se tornar a luz de Isaías para as nações. A igreja, então, voltou a jejuar e orar para discernir a verdade da profecia e determinar um roteiro de ação, como enviar Saulo e Barnabé a Chipre — algo que o espírito não disse. Dessa forma, os profetas e mestres trabalharam em conjunto uns com os outros e com a igreja.

[68] Veja Atos 22:3; 23:6; Filipenses 3:5.

mestres vinham de diferentes partes do mundo mediterrâneo. Seus líderes representavam diferentes estratos econômicos. Essa era a base ideal para uma missão que romperia as barreiras culturais.

Aprendizado, generosidade e uma composição multicultural não exaurem as qualidades que prepararam Antioquia para responder com eficácia a uma palavra do espírito santo. Essas qualidades eram combinadas a outras mais. A palavra do espírito veio à igreja de Antioquia enquanto eles estavam adorando (a palavra grega também pode significar "servindo", como servir aos pobres, embora "adorando" seja mais provável nesse contexto) e jejuando: *"Enquanto adoravam o Senhor e jejuavam, disse o Espírito Santo..."*. Em suma, a igreja praticava a disciplina comunitária.

Essa disciplina fez mais que preparar a igreja para receber essa palavra; ela forneceu o cadinho para discernir as implicações dessa palavra. Esses adoradores não enviaram Paulo e Barnabé imediatamente para o trabalho. Os cristãos de Antioquia retomaram a prática do jejum, agora com o acréscimo da oração, antes de impor as mãos sobre Barnabé e Paulo e enviá-los.[69] Os cristãos de Antioquia tiveram de orar mais, porque o espírito santo não lhes dera instruções claras. O espírito disse apenas que a dupla deveria ser separada para a obra para a qual Deus os chamara. O chamado era claro, mas a igreja de Antioquia precisava descobrir seu teor, e isso eles fizeram, pelo menos em parte, por meio de mais jejuns e orações, bem como da imposição de mãos.

Todas essas qualidades — o compromisso com o aprendizado, a generosidade, uma igreja multicultural e uma equipe de liderança, bem como as práticas comunitárias de adoração, jejum e oração — são maiores do que a soma de suas partes. Juntas, essas qualidades transformaram Antioquia em uma fonte de favor e graça. Quando esteve pela primeira vez em Antioquia, Barnabé "chegou e viu a graça de Deus" (Atos 11:23, ARC). Com a missão cumprida, Paulo e Barnabé "navegaram de volta a Antioquia, onde tinham sido recomendados à graça de Deus para a missão que agora haviam completado" (14:26). A generosidade da igreja não era compulsória. Sua oração não era simbólica. Sua adoração não era obrigatória. Seu jejum não era ostentoso. Essa igreja era um canal da graça de Deus, uma fonte de hospitalidade, um

---

[69] Onde há profecia, deve haver um processo de discernimento para entender a palavra profética completamente. Paulo, em suas cartas, insiste na necessidade de discernimento. Em uma de suas cartas a Corinto, ele dá instruções explícitas sobre como exercer o dom de profecia (1Coríntios 14), e a outra igreja grega escreve: "Não tratem com desprezo as profecias, mas ponham à prova todas as coisas" (1Tessalonicenses 5:20).

lugar para onde Paulo e Barnabé voltariam naturalmente depois que seu trabalho estivesse concluído e, como diz Lucas, ficariam ali por muito tempo.

Não foi por acaso que o espírito santo dirigiu a palavra a uma igreja que estava reunida para adoração em Antioquia. Essa igreja em particular estabeleceu a base para tão profunda palavra. O espírito falou a uma igreja que estava preparada pelo conhecimento, pela generosidade, por seu perfil multicultural e pela prática da disciplina comunitária. No entanto, apesar da clareza da palavra, era uma igreja incompleta, ou pelo menos incipiente. Por isso, a igreja passou a se dedicar às disciplinas, adicionando a oração, e discerniu as direções que o trabalho deveria tomar e que causariam impacto inevitável sobre a igreja, para muito além dos limites dessa cidade costeira.

Espírito, resolução de conflitos e virtude coletiva: o Concílio de Jerusalém (resumo)

Os autores bíblicos, ao contrário de muitos de seus contemporâneos greco-romanos, inclusive autores judeus como Fílon, não dissecaram as experiências de êxtase em nenhuma extensão apreciável. Por conseguinte, os contornos do êxtase não estão claros. Hoje, tantos anos depois, quando tentamos sondar a mecânica do êxtase, somos como o cego dos evangelhos a quem Jesus cura duas vezes (Marcos 8:22-26). Na primeira cura, o homem vê as pessoas, porém elas parecem árvores caminhando. Somos como aquele homem nesse estágio de cura: conseguimos ver os contornos do êxtase, mas sem precisão cirúrgica.

A experiência da igreja de Antioquia foi semelhante. Embora tenha vindo para uma igreja engajada na adoração e no jejum — possivelmente como prolegômenos de profecia — e embora os profetas tenham comunicado a palavra, a palavra que veio a Antioquia não foi necessariamente por meio de — ou dirigidas a — pessoas em estado de êxtase. Nem podemos presumir que a presença do espírito implique êxtase no episódio seguinte, que iremos explorar: o chamado Concílio de Jerusalém (Atos 15). Ainda assim, o líder da igreja de Jerusalém atribui a decisão à qual chegou o concílio a uma combinação de esforço divino e humano: "Pareceu bem ao Espírito Santo e a nós" (Atos 15:28). Essa combinação de cooperação divina e humana oferece um caso excelente para continuarmos nosso estudo da relação entre êxtase, virtude, aprendizado e o espírito santo.

Colocando o êxtase em seu devido lugar

A história tem início quando um grupo ligado aos fariseus expõe seu caso: "É necessário circuncidá-los [os gentios] e exigir deles que obedeçam à Lei de Moisés" (Atos 15:5). Pedro assume posição oposta e argumenta: "Deus, que conhece os corações, demonstrou que os aceitou [os gentios], dando-lhes o Espírito Santo, como antes nos tinha concedido. Ele não fez distinção alguma entre nós e eles, visto que purificou os seus corações pela fé. Então, por que agora vocês estão querendo tentar a Deus, pondo sobre os discípulos um jugo que nem nós nem nossos antepassados conseguimos suportar? De modo nenhum! Cremos que somos salvos pela graça de nosso Senhor Jesus, assim como eles também" (15:8-11). Tiago assume uma posição mediadora, embora se incline para a posição de Pedro: "Simão nos expôs como Deus, no princípio, voltou-se para os gentios a fim de reunir dentre as nações um povo para o seu nome" (15:14). Tiago conclui: "Portanto, julgo que não devemos pôr dificuldades aos gentios que estão se convertendo a Deus", exceto pela abstinência "de comida contaminada pelos ídolos, da imoralidade sexual, da carne de animais estrangulados e do sangue" (15:19-20).

Isso é muito bom: um acordo claro e razoavelmente mediado por um líder da igreja primitiva. No entanto, essa não é a história toda. O que surge posteriormente é a crença de que foi um momento inspirado e inspirador na vida da igreja. Em uma carta, Tiago escreve à igreja de Antioquia, onde o problema se enraizara: "*Pareceu bem ao Espírito Santo e a nós* não impor a vocês nada além das seguintes exigências necessárias: Que se abstenham de comida sacrificada aos ídolos, do sangue, da carne de animais estrangulados e da imoralidade sexual. Vocês farão bem em evitar essas coisas" (Atos 15:28-29). Era uma mudança marcante. O que antes fora descrito como uma decisão razoável ("*julgo*") é atribuído, na carta, ao espírito santo ("*ao Espírito Santo*"). O que foi anteriormente descrito como uma decisão individual de Tiago ("[*eu*] julgo") é retratado na carta como um acontecimento comunitário ("ao Espírito Santo e *a nós*"). A força retórica é evidente: trata-se de uma decisão coletiva e inspirada da igreja de Jerusalém, e não do capricho de um líder, por mais respeitado que fosse. A importância da decisão comunitária é reforçada pelos portadores da carta: não apenas Paulo e Barnabé, mas também Judas e Silas, profetas da comunidade de Jerusalém, a fim de — garante Tiago — "confirmarem verbalmente o que estamos escrevendo" (15:27).

Tiago não atribui a decisão ao espírito santo, como se tivesse vindo por revelação, como um raio. Ele também não afirma haver decidido por conta própria. Ele diz que a decisão "pareceu bem ao Espírito Santo *e* a nós". Sua declaração, embora muito breve, resume a cooperação entre a inspiração do espírito santo e o trabalho árduo e corajoso da resolução de conflitos. Sob a superfície da história, podemos discernir como a inspiração para essa decisão estava combinada com experiência, Escritura e deliberação difícil.

Experiência

Uma lição do Concílio de Jerusalém é que a inspiração incorpora experiência. Diversas experiências acabam se chocando nesse processo de tomada de decisão.

Alguns dos crentes fariseus estão simplesmente exigindo: "É necessário" impor a circuncisão e a adesão à *Torá*. Aqui não há nenhuma das argumentações típicas que encontramos nos escritos de seus descendentes: os rabinos. Nenhuma citação ampla das Escrituras. Nenhuma ligação entre um detalhe de um texto da Escritura para outro. Nenhuma lógica rabínica: se o maior ocorreu, então é claro que o menor também ocorrerá. Nenhum apelo à tradição de outros rabinos, algo como: "O rabino Hilel diz isso, mas o rabino Shamai diz aquilo". Os crentes farisaicos apenas afirmam: "É necessário". Eles estão apelando para o que sabem, para o que experimentam: os crentes, judeus ou gentios, seguem a *Torá* (Atos 15:5).

Pedro responde apelando para sua experiência. Deus o chamou para ser o mensageiro aos gentios. Essa afirmação se refere à visão dele no terraço durante a hora do almoço (Atos 15:7; 10:9-23). Embora a visão fosse ostensivamente sobre alimentos, Pedro entendeu que, na verdade, dizia respeito a pessoas. Pedro continua com sua experiência do derramamento do espírito sobre os gentios em Cesareia: "Deus [...] demonstrou que os aceitou, dando-lhes o Espírito Santo, como antes nos tinha concedido" (15:8; 10:44-48).

A reunião continua com o relato das experiências de Paulo e Barnabé, que falaram "de todos os sinais e maravilhas que, por meio deles, Deus fizera entre os gentios" (Atos 15:12). Esse é também um apelo explícito à experiência.

Quando Tiago afirma: "Pareceu bem ao Espírito Santo e a nós", incorpora as variadas experiências dos crentes de Jerusalém que o haviam levado a uma decisão. A forma como essas experiências dissonantes levaram a essa conclusão não foi obra de um único momento inspirado ou pacífico.

Discussão acalorada

Quando Tiago escreve: "Pareceu bem ao Espírito Santo e a nós", ele põe a inspiração ("ao Espírito Santo") lado a lado com a deliberação ("a nós"), em vez de levantar uma barreira entre a revelação e o esforço humano. A deliberação começou de fato em Antioquia. Lucas observa: "Isso levou Paulo e Barnabé a uma grande contenda e discussão com eles [os crentes fariseus]. Assim, Paulo e Barnabé foram designados, com outros, para ir a Jerusalém tratar dessa questão com os apóstolos e com os presbíteros" (Atos 15:2). Em outras passagens de Atos, a palavra "contenda" (*stasis*) está associada ao verbo "perturbar" em Éfeso (19:40) ou ao acirrado debate em torno da crença na ressurreição, que dividiu fariseus e saduceus. Essa "discussão" tornou-se violenta (23:7,10). Embora Lucas não diga se a contenda em Antioquia chegou a se tornar violenta, sabemos que foi "grande", a ponto de levar a igreja a enviar uma delegação a Jerusalém. Não foi uma discussão civilizada. Foi acalorada, tão acalorada que não pôde ser resolvida em Antioquia.

O que se segue em Jerusalém é "muita discussão" (Atos 15:7). A "discussão" [*zētēsis*] iniciada em Antioquia (15:2) prossegue em Jerusalém. A palavra "discussão" pode sugerir um processo de investigação, mais que debate ou contenda. Mais tarde em Atos, por exemplo, Festo consulta o rei Agripa sobre a situação de Paulo. Ele lhe diz: "Fiquei sem saber como *investigar* [*zētēsis*] tais assuntos; por isso perguntei-lhe se ele [Paulo] estaria disposto a ir a Jerusalém e ser julgado ali acerca dessas acusações" (25:20). Sob essa ótica, o que ocorreu em Antioquia — e agora em Jerusalém — não foram argumentações aleatórias e indisciplinadas, nem desacordos desprovidos de fundamento, mas, sim, intensa investigação de uma questão particular: as obrigações dos crentes gentios quanto à observação da *Torá*. As igrejas de Antioquia e Jerusalém estavam envolvidas em uma intensa investigação do assunto.

Mais uma vez, percebemos por trás de palavras simples uma grande e torturante interação: "Pareceu bem ao Espírito Santo e a nós...". Diferentes experiências dos crentes de Antioquia levaram a uma discussão que, aparentemente, tornou-se violenta. Afinal, muita coisa estava em risco. A busca por uma solução exigia um exame concentrado da questão em pauta. De acordo com a história do Concílio de Jerusalém, o espírito santo inspira comunidades por meio dos rigores da mente, e não à parte deles, com o exame bem fundamentado e escrupuloso de uma questão importante que expressa — e determina — o caráter da igreja.

Escritura

Para tomar sua decisão, Tiago apela, antes de tudo, para a *experiência*. Ele fica do lado de Pedro ao concordar que Deus voltou-se favoravelmente para os gentios (Atos 15:14). No entanto, recorre às Escrituras para apoiar essa decisão, citando Amós 9:11-12 — em uma versão que concorda com a tradução grega, não com a hebraica — e algumas palavras de Isaías 45:21.[70] O que ele quer dizer, com base nas Escrituras, é que as nações, os gentios, são parte da reconstrução de Deus.

| Resumo

Esse episódio divide o livro de Atos. É, rigorosamente, seu centro, o que se comprova pela simples contagem de palavras. Também é importante porque é o registro das últimas palavras de Pedro no livro de Atos. A contribuição dos apóstolos de Jerusalém agora irá evaporar, eclipsada por Paulo e seus companheiros de viagem. Nesse momento decisivo, nessa transição crítica, Tiago associa a obra do espírito santo à experiência dos crentes, à discussão e à deliberação intensa, bem como à Escritura. A decisão de incluir os gentios com uma adesão mínima à *Torá* não é tomada apenas com base nas Escrituras, por mais confiáveis que fossem, nem pela razão somente, por mais bem exercida que fosse, tampouco unicamente pela experiência, por mais persuasiva que se mostrasse, ou exclusivamente por inspiração, por mais avassalador que seja o espírito santo. A decisão crucial da igreja exigiu análise rigorosa e rancorosa — poderíamos dizer violenta — e divergência. A decisão envolveu uma base bíblica na tradição profética de Israel. E surgiu de claras reivindicações de experiência, tanto pessoal como comunitária. Essa tríade — experiência, deliberação e Escritura — culminou na decisão mais significativa na igreja primitiva.

O que une as pontas dessa tríade é uma crença firme no espírito santo: "Pareceu bem ao Espírito Santo e a nós...". A experiência de Pedro está fundamentada no derramamento do espírito sobre os gentios. A Escritura citada por Tiago é um texto inspirado.[71] Até mesmo a deliberação rigorosa está

---

[70] No hebraico de Amós, o "remanescente de Edom" era entendido na Septuaginta como "todas as nações", porque a palavra hebraica *edom* se assemelha a *adam*, que obviamente significa "humanidade".

[71] Ao longo do livro de Atos, as Escrituras de Israel são um produto de inspiração. No início do livro, Pedro diz: "Irmãos, era necessário que se cumprisse a Escritura que o Espírito Santo predisse

repleta de inspiração, com fundamento no ensino inspirado, com o objetivo de avaliar conjuntamente a experiência guiada pela *Torá* dos crentes fariseus e a experiência guiada pelo espírito de Pedro e Paulo. O núcleo e o conteúdo dessa tríade são o espírito santo, cuja presença permeia a experiência que o precede, a Escritura que o apoia e a deliberação necessária para tomar a melhor decisão nessas circunstâncias peculiares e sem precedentes.

Acaso esse seria um acordo comunitário inspirado? Sim, porque divisões profundas não levam a igreja à vitória, mas a unidade faz despontar uma comunidade nova e diversa.

Acaso seria um aprendizado? Sim, porque a discussão violenta, a investigação meticulosa do assunto e o conhecimento das Escrituras são indispensáveis para essa tomada de decisão.

Acaso seria inspiração? Sim, porque, no âmago do imbróglio, Tiago percebe a obra do espírito. Não sem ponderar, mas no contundente processo de tomada de decisão, o espírito santo faz uma de suas maiores obras e, sem dúvida, uma das mais inclusivas na história da igreja.

A IMPORTÂNCIA DE COLOCAR O ÊXTASE EM SEU DEVIDO LUGAR

O lema deste capítulo é: *ênfase no êxtase sem ênfase no entendimento é uma distorção da experiência da igreja primitiva*. Como vimos, o êxtase dificilmente encontra um ponto de apoio na literatura israelita ou no Novo Testamento. Uma ênfase muito maior no êxtase é encontrada na literatura do período greco-romano *fora do Novo Testamento*. Desse modo, os coríntios parecem ter-se inspirado em sua cultura, e não no ensino e na prática apostólicos.

Podemos inverter a ideia: *a ênfase no entendimento sem igual ênfase no êxtase é uma distorção da experiência da igreja primitiva*. A literatura do Novo Testamento deixa bem claro que o espírito de Deus deu orientações por meio de visões, desde o batismo de Jesus até o chamado de Paulo na estrada de Damasco e as visões do Apocalipse, ou seja, desde as primeiras

---

por boca de Davi, a respeito de Judas" (1:16). Perto do final do livro, Paulo diz: "Bem que o Espírito Santo falou aos seus antepassados, por meio do profeta Isaías..." (28:25). Portanto, ao citar as Escrituras, Tiago afirma citar as palavras do espírito santo.

páginas do Novo Testamento até o final o espírito revela a obra de Deus no mundo (e depois disso, no caso do Apocalipse) por meio de experiências que transcendem apenas o intelecto, experiências que podem ser extáticas ou não, ou que talvez, preferencialmente, devam ser chamadas "semiextáticas". (Os visionários cristãos primitivos relembraram o que viram e ouviram em suas visões, por exemplo, diferentemente dos profetas extáticos dos mundos greco-romano e greco-judaico.) Com a resposta de Paulo aos coríntios, aprendemos também que o êxtase não é um problema quando se faz acompanhar de interpretação. Paulo recusa-se a pôr tudo a perder. Ele claramente prefere permitir o êxtase, quando este é balanceado pela inteligibilidade.

Esse equilíbrio é essencial para o retrato da igreja primitiva no Novo Testamento. O êxtase sem o intelecto é inadmissível. O intelecto sem o êxtase — ou, mais precisamente, experiências semiextáticas ou apenas inspiração — é inconcebível. Inspiração e disciplina extrema podem ser parceiras estranhas, mas, mesmo assim, são parceiras. Essa percepção tem sérias implicações em vários aspectos da fé cristã: 1) como as fronteiras são cruzadas; 2) como os cristãos se preparam para a obra do espírito santo; 3) como os crentes respondem à obra do espírito santo; 4) como as igrejas chegam a acordos inspirados.

Como as fronteiras são cruzadas

Quando o espírito santo age, quando o êxtase ou algo semelhante ao êxtase, como, por exemplo, a visão, entra em jogo, os crentes cruzam as fronteiras. Essa é a ideia principal que podemos extrair de cada um dos cinco casos que identificamos no livro de Atos. No dia de Pentecostes, o espírito santo encheu os galileus, que proclamavam com absoluta clareza (*apophthengesthai*) os atos de Deus dignos de louvor nos variados dialetos dos judeus da Diáspora, cuja presença em Jerusalém representa a reunião de peregrinos de cantos muito distantes do mundo habitado.

Mais tarde, depois que Paulo encontrou Jesus ressuscitado na estrada de Damasco, Ananias foi visitá-lo. Ele soubera por visão que Paulo era um instrumento escolhido para levar o nome de Deus aos gentios, aos reis e, apenas por último, ao seu povo, Israel. Em suma, Paulo assumiria o papel do servo de Isaías 42, a fim de se tornar luz para as nações.

A visão de Pedro cruza as fronteiras desde o início. Haviam ensinado Pedro a não comer alimentos impuros, e ele logo viajou com dois escravos e um soldado para a casa de Cornélio, onde presenciou a maravilha de outro Pentecostes, quando, então, o espírito foi derramado sobre os gentios.

A comunidade de Antioquia recebeu uma palavra do espírito santo que autorizava a primeira missão completa na história da igreja. Essa missão levaria Paulo e Barnabé a judeus e gentios no centro do mundo gentio.

A história do Concílio de Jerusalém assinala, sela e entrega toda essa quebra de limites: uma decisão que pareceu boa para o espírito santo e a igreja de Jerusalém garantiu que os gentios precisariam apenas observar minimamente os regulamentos da *Torá* e, por certo, não a circuncisão.

Nenhuma dessas fronteiras foi cruzada apenas por esforço intelectual, por arrazoamento em torno do plano divino ou pela análise do desígnio de Deus. Como venho tentando demonstrar, o esforço intelectual e o empenho humano estão presentes nessas passagens limítrofes. No entanto, a habilidade e o pensamento humanos não constituem a totalidade do movimento radical da igreja além de suas fronteiras. Em cada caso, uma parte essencial desse movimento é a obra do espírito santo e as visões que levam a igreja para além de onde ela naturalmente permaneceria e ficaria estagnada.

Talvez seja útil aqui apelar para três experiências em rápida sucessão que impeliram a igreja de Jerusalém para Roma. Pensemos em Filipe, a quem o espírito dirigiu ao encontro com um eunuco etíope — um africano excluído da adoração no Templo por sua condição sexual (Atos 8:29). Pensemos em Paulo, confrontado por Jesus na estrada para Damasco e enviado aos gentios, nos confins da terra, para sofrer em nome de Jesus. Pensemos em Pedro e em uma visão na hora do almoço que quebraria as fronteiras tão amadas e os hábitos alimentares da infância, levando-o a um mundo estranho, para além da cultura conhecida, na qual ele se sentia confortável. Em três capítulos consecutivos (Atos 8—10), a igreja é transformada, e as fronteiras inapropriadas desmoronam depois que os crentes são direcionados — não apenas pelo intelecto — a pessoas improváveis e antes não toleradas.

Como os cristãos se preparam para a obra do Espírito Santo

Uma experiência com o espírito santo pode ocorrer espontaneamente, mas não é esse o padrão do Novo Testamento. Mesmo Paulo, quando começa a abordar os aspectos práticos da adoração, pergunta: "Que diremos, irmãos?". Sua resposta é simples: "Quando vocês se reúnem, cada um de vocês tem um salmo, ou uma palavra de instrução, uma revelação, uma palavra em uma língua ou uma interpretação. Tudo seja feito para a edificação da igreja" (1Coríntios 14:26). Presume-se que cada crente conheça sua responsabilidade: vindo adorar com algo a oferecer. Eles devem vir *preparados* para a adoração.

O livro de Atos oferece um cenário semelhante. O Pentecostes pode ser uma erupção — ou irrupção — do espírito santo, mas não ocorre sem uma séria preparação. Depois que Jesus partiu, os discípulos voltaram para Jerusalém, e "todos eles se reuniam sempre em oração, com as mulheres, inclusive Maria, a mãe de Jesus, e com os irmãos dele" (Atos 1:14). Embora o faça apenas de passagem, Lucas menciona que havia um total de cento e vinte crentes (1:15). Por maior que fosse, o grupo se dedicou "em absoluta unidade".[72] Concórdia e oração marcaram a comunidade que recebeu o espírito santo e em outras línguas proclamou os atos de Deus dignos de louvor.

A visão de Cornélio é o resultado de uma diligência persistente. Lucas descreve Cornélio como homem "piedoso e temente a Deus, com toda a sua casa", o que significa que ele adorava com judeus, tanto quanto possível, apesar de não ter nascido judeu. Sua devoção se concretizava nas esmolas generosas e na oração constante (Atos 10:2, ARC). Em resposta a essa devoção consistente, o anjo da visão diz: "Suas orações e esmolas subiram como oferta memorial diante de Deus" (10:4). Em suma, a visão é uma resposta direta à devoção praticada por Cornélio. No dia seguinte, ocorreu a visão de Pedro durante o horário de almoço, enquanto ele estava no terraço orando (10:9). Com senso de humor, Lucas explica que o êxtase caiu sobre Pedro enquanto ele estava com fome — naturalmente, ele teve uma visão de comida. As visões de Cornélio e de Pedro ocorreram porque ambos se encontravam ativos em oração e, por conseguinte, em condições de receber uma visão que ultrapassava as fronteiras tradicionais.

A igreja de Antioquia estava comprometida com disciplinas semelhantes, embora em um esforço comunitário. Além de extrema generosidade, abertura à profecia e um ano inteiro de intenso aprendizado — virtudes que aprendemos em um episódio anterior sobre Antioquia —, a igreja também estava comprometida com a adoração e o jejum, em cujo contexto ouviu uma palavra do espírito santo. Mais uma vez, as disciplinas tornaram-se o cadinho da inspiração, a devoção praticada no contexto da revelação.

---

[72] Prefiro essa tradução a "sempre" (Atos 1:14).

Como os crentes respondem à obra do Espírito Santo

Depois que a visão termina ou uma palavra inspirada silencia, ainda há muito trabalho a ser feito. É o que vemos outra vez na carta de Paulo aos coríntios. O falar em línguas deve ser seguido de interpretação; caso contrário, "se não houver intérprete, fique calado na igreja, falando consigo mesmo e com Deus" (1Coríntios 14:28). Da mesma forma, depois de uma palavra profética, deve haver discernimento: "Os outros julguem cuidadosamente o que foi dito" (14:29). Quem ouve a profecia tem a responsabilidade de ouvir e aprender, "pois vocês todos podem profetizar, cada um por sua vez, de forma que todos sejam instruídos e encorajados" (14:31).

No Pentecostes, o trabalho tem início com o recebimento do espírito santo. A clareza de expressão deve triunfar, com a proclamação dos atos de Deus dignos de louvor. O sermão de Pedro é um bom exemplo dessa proclamação e contém vários textos bíblicos costurados para demonstrar que a morte, a ressurreição e a ascensão de Jesus, bem como o derramamento do espírito no Pentecostes, formam o núcleo do desígnio de Deus para Israel. Na comunidade que surge de uma resposta esmagadora aos eventos do Pentecostes e do sermão de Pedro, as disciplinas reinam supremas: os crentes "se dedicavam ao ensino dos apóstolos e à comunhão, ao partir do pão e às orações" (Atos 2:42). A igreja também se envolveu na distribuição equitativa de riqueza para sustentar os peregrinos que agora seguiam Jesus: "Os que criam mantinham-se unidos e tinham tudo em comum. Vendendo suas propriedades e bens, distribuíam a cada um conforme a sua necessidade" (2:44-45). Eram ideais elevados, de fato, mas que culminavam em corações alegres e sinceros, quando os crentes passavam um tempo juntos no Templo, compartilhavam as refeições e louvavam a Deus (2:46-47).

Se a concórdia e a oração abriram caminho para os acontecimentos maravilhosos do Pentecostes, o resultado foi uma teia de disciplina comunitária — nos aspectos educacional, espiritual e econômico —, a qual manteve viva a experiência inicial do espírito. Alguns capítulos adiante, a igreja está mais uma vez firme na oração por ousadia no falar e acompanhada de sinais e maravilhas realizados em nome de Jesus. "Depois de orarem, tremeu o lugar em que estavam reunidos; todos ficaram cheios do Espírito Santo e anunciavam corajosamente a palavra de Deus" (Atos 4:31). Sua oração teve resposta com uma continuação do Pentecostes, que incluía até mesmo a distribuição de riquezas, que Lucas menciona no versículo seguinte (4:32).

Para Paulo e Pedro, uma obra diferente tem início com uma visão. Paulo, como vimos, recebeu muito pouca orientação sobre o que fazer na estrada de Damasco. Em uma visão conjunta, Ananias, não Paulo, foi informado do propósito da visão de Paulo: incorporar a vocação do servo descrita por Isaías 42. Qual seria, então, a obra de Paulo? Aparentemente, ele deve ter sido orientado por Ananias sobre o propósito da visão na estrada de Damasco. É o que sabemos que ele fez, porque, bem mais tarde, Paulo deixou claro que seu chamado aos gentios tinha raiz em Isaías 42. No entanto, o que Paulo declarou vai muito além do que foi dito a Ananias. Paulo dedicou-se a uma reflexão séria sobre sua experiência de sofrimento com relação à literatura profética de Israel, inclusive Isaías 42. Portanto, a visão na estrada de Damasco foi apenas o começo. Paulo deveria ter plena ciência de seu significado com Ananias, experimentá-lo em primeira mão, refletir sobre essa experiência e compreender seu encontro com o Jesus ressurreto à luz do estudo contínuo da literatura sagrada de Israel.

O trabalho de Pedro era mais simples, porém não menos difícil. Vemos a transformação em Pedro por meio da recorrência do verbo *diakrinein*. A princípio, ele presume que essa palavra, dita pelo espírito, está lhe ordenando que não *hesite*. No entanto, sua experiência com a comitiva de Cornélio e os gentios, sobre os quais o espírito foi derramado, exige uma alteração do significado da palavra que reflita uma mudança em Pedro. Consequentemente, na segunda ocasião, ele entende que o espírito estava lhe dizendo para não *discriminar* entre judeus e gentios. E, na terceira ocasião, a palavra vem a integrar o grande plano salvífico de Deus para os gentios: ninguém deve *discriminar* entre eles e os judeus, porque Deus salva todos pela graça. Portanto, Pedro, como Paulo, deve refletir sobre o significado da visão. Ele reflete — e essa reflexão o conduz a uma mudança nos alicerces da igreja primitiva, que expandiu suas fronteiras de um modo tal que Pedro, sozinho, nunca poderia ter imaginado.

A reflexão também ocorre no nível comunitário, quando a igreja de Antioquia recebe uma palavra do espírito. Eles não separam Barnabé e Paulo simplesmente, como lhes fora dito, mas se dedicam a jejuar e orar antes de impor as mãos sobre eles e enviá-los. Sem dúvida, parte disso é a tarefa simples de discernir a verdade da palavra profética. Outra parte é a necessidade de explorar as implicações práticas da palavra. Qual seria a obra? Para que exatamente Paulo e Barnabé foram chamados? Acontece que a obra conduz a um porto próximo, à ilha de Chipre e à primeira missão junto a judeus e gentios fora do continente. Em Antioquia, a prática das disciplinas comunitárias produz uma palavra do espírito, que conduz à prática de mais disciplina comunitária ainda, produzindo, assim, um resultado tangível: uma missão pioneira.

Outra resposta ao espírito santo ocorre após o Concílio de Jerusalém. Uma onda de atividades segue-se à obra do espírito santo. Tiago, em primeiro lugar, escreve uma carta às igrejas de Antioquia, Síria e Cilícia, que a recebem como uma palavra de encorajamento e como motivo de alegria (Atos 15:31). Em sua carta, Tiago promete que irão dois profetas, Judas e Silas, "para confirmar verbalmente o que estamos escrevendo" (15:27). Eles fazem muito mais. Na verdade, "encorajaram e fortaleceram os irmãos com muitas palavras" (15:32). Mesmo depois da partida de Silas e Judas, Paulo e Barnabé permanecem em Antioquia, e lá, com muitos outros, ensinam e proclamam "a palavra do Senhor" (15:35).

Proclamação. Oração. Distribuição de riqueza. Refeições comunitárias. Absorção do ensino dos apóstolos. Reflexão sobre a experiência. Associação da experiência com as Escrituras. Discernimento. Oração e jejum. Cartas. Encorajamento. Fortalecimento. Ensino e mais proclamação. A lição é clara: *disciplinas individuais e comunitárias abrem o caminho para uma experiência do espírito santo, e a obra duradoura do espírito santo tem início quando a intensidade dessa experiência diminui.*

Como as igrejas podem chegar a acordos inspirados

A associação do espírito santo com o esforço humano é fortalecida em uma história central que simboliza as qualidades inclusivas da igreja primitiva: o Concílio de Jerusalém. A igreja reúne-se para resolver uma questão. A cena, embora aparentemente clara, é confusa. As palavras que Lucas escolhe para descrever o processo que leva Tiago a vincular o esforço humano à inspiração — "Pareceu bem ao Espírito Santo e a nós..." — sugerem uma discussão acalorada e até mesmo violenta. Experiências conflitantes geram discussões amargas, contendas (*stasis*) exasperadas, acompanhadas de meticulosa investigação (*zētēsis*). É essencial lembrarmos que a investigação ocorre em Jerusalém ao lado da dissensão; a discussão não acarreta uma onda de opiniões inconsistentes e não confrontadas umas com as outras. Quando Tiago surge com um apelo às Escrituras, ele completa um triângulo que teve início com experiências facciosas e argumentos amargos mas inteligentes. Ele reúne os farrapos do potencial cisma, da ruptura, e forma uma simples bolsa de inspiração. O que aconteceu, Tiago está ciente, não foi sem o espírito nem ao longo de um caminho paralelo à inspiração. Tiago sabe que o espírito santo é palpável em uma estranha variedade de experiências humanas, debates acalorados e análises minuciosas.

Tiago, conforme retratado por Lucas, é um destacado modelo de liderança — pacifista, conciliador, mas não ingênuo. Acima de tudo, é alguém disposto a reconhecer a presença do espírito no trabalho sujo da igreja. Sua breve declaração, "Pareceu bem ao Espírito Santo e a nós...", resume bem a combinação de inspiração e força de vontade intelectual. A experiência humana, a dissensão em conjunto com a investigação completa e a Escritura são os ingredientes do acordo inspirado.

Nesse episódio, o espírito leva os crentes à lona, onde eles lutam até que a competição termine, até chegarem a um acordo comunitário, até que levem as experiências uns dos outros a sério, até que os argumentos sejam expostos com fúria, até que as Escrituras sejam cuidadosamente consideradas. Machucada e espancada, mas não derrotada pelo cisma, a igreja segue em frente e estabelece um acordo que, no final, parece bom para o espírito santo e para eles, porque, por mais difícil que tenha sido chegar a esse acordo, ele amplia as fronteiras da igreja.

CAPÍTULO TRÊS

O ESPÍRITO E A INTERPRETAÇÃO DAS ESCRITURAS

Em 24 de janeiro de 1885, a primeira página do *The New York Times* trouxe a história improvável de uma evangelista pouco conhecida que dominava uma cidadezinha relativamente desconhecida, situada em uma grande fazenda com um celeiro vermelho, praticamente no meio do caminho entre Indianápolis e Fort Wayne, Indiana. Nascida em 1844, como a quarta filha de uma família de oito filhos na zona rural de Ohio, Maria Woodworth-Etter ingressou na dinâmica do evangelismo aos 35 anos.[1] O que atraía multidões e repórteres a Hartford City, Indiana, era o mistério e a magia dos transes. Com o passar dos anos, o número de pessoas em suas reuniões evangelísticas aumentou e até mesmo passou a superlotar sua grande tenda, que acomodava uma multidão impressionante de oito mil pessoas.[2]

---

[1] Para uma excelente introdução a Maria Woodworth-Etter, inclusive extensos trechos de sua autobiografia, veja Priscilla Pope-Levison, *Turn the Pulpit Loose: Two Centuries of American Women Evangelists* (New York: Palgrave Macmillan, 2004), p. 96-109. Para mais detalhes, veja Wayne E. Warner, *The Woman Evangelist: The Life and Times of Charismatic Evangelist Maria B. Woodworth-Etter*, Studies in Evangelicalism 8 (Metuchen, NJ: Scarecrow, 1986).

[2] Em 1912, Woodworth-Etter entrou nos círculos pentecostais, quando F. F. Bosworth, destacado evangelista pentecostal, a convidou para realizar reuniões evangelísticas por seis meses em sua igreja, em Dallas. A partir de então, ela se tornou uma evangelista que se apresentava regularmente nos púlpitos pentecostais por todo o país. Veja Pope-Levison, *Turn the Pulpit Loose*, p. 103-4.

Woodworth-Etter recusava-se a preparar seus sermões com antecedência. Ela costumava "pegar um texto e confiar que Deus me conduz à sua maneira".[3] Às vezes, ela se levantava para pregar sem nem mesmo ter um texto bíblico em mente, mas na hora certa, conta ela, Deus lhe revelava uma passagem, bem como onde encontrá-la na Bíblia. "Eu iniciava a reunião e repetia o texto. Quando eu fazia isso, vinha o poder e parecia que tudo que eu precisava fazer era abrir a boca."[4] Certa ocasião, ela pregou dessa maneira por setenta e cinco minutos.

Sem dúvida, ao longo dos anos, muitos pregadores se uniriam a Maria Woodworth-Etter no desejo de que o espírito falasse por meio deles durante uma semana de pregação inspirada. Um sermão inspirado sem o fardo da exegese envolvido na batalha das responsabilidades pastorais, por uma semana ou por uma sucessão de domingos, seria bem-vindo, imagino, para homens e mulheres que ocupam o púlpito semana após semana.

Sob o desejo natural de se livrar do árduo trabalho do estudo da Bíblia e da preparação do sermão, jaz uma dicotomia que, pelo menos em parte, caracteriza vastas áreas do cristianismo, inclusive os segmentos do cristianismo americano. A dicotomia assume várias formas: educação *versus* fé, letra *versus* espírito, liturgia *versus* espontaneidade. Fui advertido a não aprender muito na faculdade e na pós-graduação, a fim de preservar minha fé. Aconselharam-me a não estudar muito, para continuar vivendo no espírito. Fui advertido a não sucumbir às orações rotineiras, de modo a manter a vitalidade da adoração. Seja lá como se chame essa dicotomia ou como a rotulemos, consiste no seguinte: *a polarização entre preparação e inspiração*. Maria Woodworth-Etter, a evangelista do transe, como era conhecida, optou pela inspiração sem preparação alguma. Ela passou a acreditar que esse tipo de discurso, de pregação totalmente espontânea, era um sinal do espírito santo tanto quanto o eram os transes, a cura e a capacidade de realizar milagres.

Se você está lendo este livro desde o início, sabe que almejo quebrar dicotomias: a distinção equivocada entre o sopro de Deus e o espírito de Deus; o abismo prejudicial entre êxtase e entendimento; e agora a divisão sem sentido entre preparação e inspiração. Minha principal razão para destruir o muro divisor inerente a essas dicotomias é que elas não são bíblicas.

---

[3] Maria B. Woodworth, *The Life and Experience of Maria B. Woodworth* (Dayton, OH: United Brethren Publishing House, 1885), p. 45.
[4] Woodworth, *Life and Experience*, p. 46.

O espírito e a interpretação das Escrituras

Não creio que as Escrituras judaicas e cristãs apoiem tais dicotomias e acredito que as trazemos para nossas vidas em prejuízo nosso.

Minha segunda razão é profissional. Estou obstinado em meu compromisso de cultivar vida na mente de meus alunos — uma vida que envolve aprendizado intenso. Anos atrás, preguei um sermão na North Park University com base em outro sermão, "A Tough Mind and a Tender Heart" [Uma mente dura e um coração terno], de Martin Luther King Jr.[5] Falei da competência e do cuidado das enfermeiras da unidade de terapia intensiva pediátrica do Chicago North Shore Hospital — elas cuidaram de nossa filha, Chloe, com extraordinária competência durante a primeira semana de sua vida. Poucos de nós desejam uma enfermeira que saiba aplicar uma injeção, mas não tenha compaixão; poucos de nós querem uma enfermeira que seja gentil, mas descuidada ao aplicar uma injeção. Por que, então, distinguir entre conhecimento e piedade, estudo e espírito santo? Mesmo assim, costumamos fazer distinções dessa natureza — alguns de nós o tempo todo ou todos nós algumas vezes. Alguns anos atrás, uma de minhas alunas favoritas, uma jovem com apreciáveis dotes intelectuais, queria também separar as coisas. Ela me consultou sobre a possibilidade de eu ser o patrocinador do corpo docente de uma unidade habitacional independente no *campus*. Pedi mais detalhes, e ela respondeu: "Não me aprofundei muito nisso; quero deixar para o espírito". Normalmente, eu teria entendido isso como admissão de indiferença e até mesmo de displicência. No entanto, ela não era uma estudante indolente. Ela adotava genuinamente uma dicotomia tácita entre preparação e inspiração. E acreditava que muito planejamento impediria a obra do espírito santo.

Há uma terceira razão para este livro, e este capítulo em particular é pessoal. No outono de 1974, um professor entrou na sala de aula, virou-se sem dizer uma palavra sequer e escreveu uma linha em grego no quadro-negro. Ele explicou que essas palavras gregas vêm de Filipenses 4:13, geralmente traduzidas como algo assim: "Posso todas as coisas naquele que me fortalece". Ele sugeriu outra tradução: "Posso enfrentar todas as coisas por meio daquele que me dá poder". Afinal, não podemos "prever" por meio de Cristo, brincou ele, mas podemos (alguns de nós a muito custo) enfrentar as dificuldades por meio de Cristo. Naquele momento, depois que aquele professor universitário de grego expôs uma única linha das Escrituras, senti

---

[5] Martin Luther King Jr., *Strength to Love* (Minneapolis: Fortress, 1981), p. 13-20.

o movimento do espírito santo bem no fundo de meu ser. Minha vida inteira mudou, e meu caso de amor com o aprendizado ganhou asas. Esse impulso me levou ao empenho de uma vida inteira para compreender as raízes do espírito santo no mundo antigo e na igreja primitiva.

As raízes do espírito santo, como pretendo demonstrar neste capítulo, levam-nos a uma simbiose entre o estudo sustentado e a experiência do espírito santo — não a uma divisão entre eles. Aqueles que me aconselharam a não acumular conhecimentos, com receio de que eu perdesse a fé, não precisavam se preocupar. Uma vida de estudo e uma vida no espírito, a meu ver, andam de mãos dadas, pelo menos sob a perspectiva bíblica. Embora não pretenda depreciar pregadores como Maria Woodworth-Etter, quero salientar que a experiência dela não foi *bíblica*.

Para elucidar melhor esse ponto, vamos explorar juntos outra prática que se acreditava promovida pelo espírito santo: a interpretação das Escrituras. Embora pudéssemos encher um livro inteiro com esse assunto, o que demonstra a vasta extensão dos recursos antigos, selecionarei apenas alguns textos-chave. Espero que sejam suficientes para levá-lo a perceber que, mais que qualquer outra experiência do espírito, a interpretação das Escrituras permeia as literaturas israelita, judaica e cristã primitiva. Portanto, um retorno ao estudo sério e embasado das Escrituras como *locus* da inspiração pode reacender a experiência que acionava o motor da igreja primitiva.

Apesar do que promete, esse esforço para localizar a presença do espírito santo na prática do estudo das Escrituras pode parecer decepcionante. Parece algo que extingue o som de um vento impetuoso, as línguas como de fogo, os milagres, o êxtase e a abundância requintada de uma vida cheia do espírito. Pelo contrário. Essas experiências não desapareceram. Não evaporaram. Os dons do espírito continuam a ser essenciais. Os frutos do espírito ainda são indispensáveis. No entanto, a verdade é a seguinte: todos são alimentados, segundo os vários testemunhos reunidos na Bíblia, pelo conhecimento inspirado das Escrituras. A interpretação inspirada das Escrituras não desqualifica nem descarta outras experiências: ela as alimenta.

A INTERPRETAÇÃO INSPIRADA NA LITERATURA ISRAELITA

O compromisso com a interpretação inspirada das Escrituras na igreja primitiva cresceu no rico solo da experiência israelita, especialmente após a

O espírito e a interpretação das Escrituras

volta do exílio na Babilônia, nos anos 530 a.C. Israel precisava reconstruir Jerusalém, restabelecer o Templo como centro de adoração e reacender a lealdade à *Torá*. Esse terceiro compromisso era combinado, na opinião de alguns, com a presença do espírito.

É claro que a interpretação e a nova aplicação de tradições antigas não foram uma criação da era pós-exílica. Quando Amós, no século 8 a.C., ergueu o prumo para um Israel errante, isso consistia nas expectativas da *Torá*. Quando Ezequiel descreveu Deus em um trono de mobilidade impossível, sua visão foi uma reinterpretação de Deus no trono estacionário da visão de Isaías, um século e meio antes.[6] Quando Jeremias afirmou que Deus nunca exigiu sacrifícios, estava se afinando, talvez com certa ironia, com a totalidade da *Torá*, na qual Deus realmente prescreve sacrifícios.[7]

Contudo, foi na era pós-exílica, quando um pequeno grupo de refugiados voltou para a diminuta província da Judeia, que a relação entre a interpretação das Escrituras e o espírito santo veio à tona. Vários exemplos desse relacionamento aparecem nos livros de Neemias e 1 e 2Crônicas. Vamos dar uma olhada em três deles.

Esdras

Na oração de Esdras em Neemias 9, Esdras associa à instrução o espírito que Deus deu aos israelitas no deserto: "Deste o teu bom Espírito para instruí-los. Não retiveste o teu maná que os alimentava, e deste-lhes água para matar a sede" (Neemias 9:20). Esse fragmento da história de Israel em Neemias 9:19-25 espelha Neemias 9:12-15 — porções paralelas separadas por um relato da rebelião israelita (9:16-18). A reiteração dos elementos de Neemias 9:12-15 em Neemias 9:19-25 é impressionante:

Colunas de nuvem e fogo	9:12	&	9:19
Boas leis ou instruções	9:13-14	&	9:20a
Provisão física de maná e água	9:15a	&	9:20b-21
Promessa e posse da terra	9:15b	&	9:22-25

---
[6] Compare Ezequiel 1:4-28 com Isaías 6:1-8.
[7] Veja Jeremias 7:22.

Essa repetição produz correspondência direta entre a entrega da *Torá* no deserto (9:13-14) e a entrega do espírito no deserto (9:20). Neemias 9:13-14 relata a entrega da *Torá* no Sinai: "Tu desceste ao monte Sinai; dos céus lhes falaste. Deste-lhes ordenanças justas, leis verdadeiras, decretos e mandamentos excelentes. Fizeste que conhecessem o teu sábado santo e lhes deste ordens, decretos e leis por meio de Moisés, teu servo". Sua contraparte, Neemias 9:20a, diz: "Deste o teu bom Espírito para instruí-los". Com o dom da *Torá*, veio o dom do bom espírito para interpretar a *Torá*.[8]

| Amasai

As inúmeras linhas de registros genealógicos que compõem a introdução aos livros de 1 e 2Crônicas não prometem um tesouro de vitalidade espiritual, tampouco a maneira pela qual o autor pós-exílico adapta fontes anteriores, particularmente 1 e 2Samuel e 1 e 2Reis. Os livros de 1 e 2Crônicas, por exemplo, não contêm nenhum indício da dramática rendição de Saul aos espíritos, tanto bons como maus (1Samuel 10—19), nem de um Davi polido recebendo o espírito, como vemos em 1Samuel 16:13. É surpreendente que nada menos que quatro vezes o espírito tenha vindo sobre ilustres desconhecidos, pessoas cujas pegadas são insignificantes nas areias da história de Israel. Todos os quatro são exemplos fascinantes de inspiração. Iremos nos deter em dois deles.

O primeiro é "Amasai, chefe do batalhão dos Trinta". Aparentemente, alguns benjamitas e judeus se aproximaram de Davi, mas o rei não estava convencido da lealdade deles. "Se vocês vieram em paz, para me ajudar, estou pronto a recebê-los", diz Davi. "Mas, se querem trair-me e entregar-me aos meus inimigos, sendo que as minhas mãos não cometeram violência, que o Deus de nossos antepassados veja isso e julgue vocês" (1Crônicas 12:17-18; na Bíblia Hebraica, 12:19). Não sabemos quase nada sobre Amasai, exceto que ele liderava os Trinta, um grupo de guerreiros anteriormente liderado por valentes líderes militares.[9] No entanto, sabemos o que esperar: Amasai, revestido com o espírito, deveria lutar. Afinal, o espírito havia revestido Gideão séculos antes, e ele derrotou os midianitas.

---

[8] Para uma discussão detalhada sobre Neemias 9:20, seu contexto e seus antecedentes, veja meu livro *The Spirit in First-Century Judaism* (Leiden: Brill, 1997; edição de bolso, 2002), p. 194-7.

[9] Para alternativas interessantes sobre a identificação de Amasai, veja Gary N. Knoppers (*1 Chronicles 10—29*, Anchor Yale Bible Commentaries 12A [New Haven: Yale University Press, 2004], p. 564-5).

O que realmente transparece é desconcertante. Esse guerreiro dos guerreiros torna-se poeta ao expressar seu apoio a Davi:

> Somos teus, ó Davi!
> Estamos contigo, ó filho de Jessé!
> Paz, paz seja contigo,
> e com os teus aliados,
> pois o teu Deus te ajudará.

Sem hesitar, "Davi os recebeu e os nomeou chefes dos seus grupos de ataque" (1Crônicas 12:16-18).[10] Impressionante. Amasai não só *deixou* de pegar em armas para lutar contra Davi, como também prometeu poeticamente lealdade ao rei. Que cena bizarra! Igualmente bizarro é Davi ter acreditado nele sem um momento sequer de hesitação.

A poesia eficaz de Amasai parece ser produto de espontaneidade inspirada, não muito diferente dos sermões induzidos pelo transe de Maria Woodworth-Etter. Na realidade, é uma política de ponta que ressuscita as tradições de Israel. Por exemplo, o emparelhamento de "Davi" e "filho de Jessé" remete à recusa de Nabal em dar comida aos homens de Davi. Nabal respondeu aos servos de Davi, depois que eles pediram comida: "Quem é Davi? Quem é esse filho de Jessé? Hoje em dia muitos servos estão fugindo de seus senhores" (1Samuel 25:10).[11] Amasai também associa "Davi" a "filho de Jessé", porém sem transparecer nenhum indício de deslealdade, como caracteriza 1Samuel 25:10, pois inicia seu breve discurso com uma promessa de lealdade a Davi, filho de Jessé.

Em seguida, Amasai apossa-se da palavra "paz" da resposta inicial de Davi: "Se vocês vieram em paz...". Três vezes ele pronuncia "paz" sobre Davi e sobre os que o ajudam (1Crônicas 12:18, ARC). A paz é essencial. Amasai continua com entusiasmo: "Pois o teu Deus te ajudará". A escolha da expressão "o teu Deus", em vez da tradicional "o Deus de nossos antepassados", que o próprio

---

[10] Na Bíblia Hebraica, 1Crônicas 12:17-19.

[11] Veja também 2Samuel 20:1, passagem em que um suposto "agitador", Seba, expressa os sentimentos de uma revolta benjamita contra Davi: "Não temos parte alguma com Davi, nenhuma herança com o filho de Jessé! Para casa todos, ó Israel!". Esse sentimento veio à tona após a morte de Salomão, quando o reino se dividiu: "Quando todo o Israel viu que o rei [Roboão, filho de Salomão] se recusava a ouvi-los, responderam ao rei: 'Que temos em comum com Davi? Que temos em comum com o filho de Jessé? Para as suas tendas, ó Israel! Cuide da sua própria casa, ó Davi!' E assim os israelitas foram para as suas casas" (1Reis 12:16 [2Crônicas 10:16]).

Davi acabara de usar, é ao mesmo tempo inspirada e deliberada, um aceno na direção da centralidade de Davi nos planos de Deus (1Crônicas 12:17).[12]

Não se trata de um discurso inspirado e extemporâneo. Amasai oferece a Davi um discurso primorosamente trabalhado, enraizado na tradição e nas exigências de um momento cheio de tensão. Em um ágil poema inspirado, Amasai transforma um sentimento antidavídico em tradição sagrada de Israel, dissipa o suspense causado pela ambivalência de Davi, emite o tom de deferência necessário e reconhece que o Deus de Davi é a fonte da vitória. No final do dia, o poema inspirado conquista o rei.

Jaaziel

O pleno florescimento do discurso inspirado ocorre um pouco mais tarde, quando "todos os homens de Judá, com suas mulheres e seus filhos, até os de colo, estavam ali em pé, diante do SENHOR" (2Crônicas 20:13). O autor, em uma linguagem previsível, observa que "o Espírito do SENHOR veio sobre Jaaziel" (20:14), mas o discurso é tudo, menos previsível.

O discurso de Jaaziel é pura instrução militar: "Escutem, todos os que vivem em Judá e em Jerusalém e o rei Josafá! Assim diz o SENHOR a vocês; 'Não tenham medo nem fiquem desanimados por causa desse exército enorme. Pois a batalha não é de vocês, mas de Deus. Amanhã, desçam contra eles. Eis que virão pela subida de Ziz, e vocês os encontrarão no fim do vale, em frente do deserto de Jeruel. Vocês não precisarão lutar nessa batalha. Tomem suas posições, permaneçam firmes e vejam o livramento que o SENHOR dará, ó Judá, ó Jerusalém. Não tenham medo nem desanimem. Saiam para enfrentá-los amanhã, e o SENHOR estará com vocês'" (2Crônicas 20:15-17). A precisão do discurso é impressionante: inclui até mesmo a localização exata do inimigo: a subida de Ziz. É uma das predições mais claras em toda a literatura israelita, mais precisa ainda que a predição de Micaías ben Inlá, de que o rei Acabe morreria em batalha (1Reis 22:17).

No entanto, esse discurso não consiste principalmente de previsão. A preocupação de Jaaziel é menos com os meandros da batalha que com a entrega de um discurso sacerdotal prescrito antes da batalha. O encorajamento na ordem de não temer, a promessa de vitória, bem como a conscientização de que a batalha não era para Judá lutar, mas, sim, para Deus lutar,

---

[12] Na Bíblia Hebraica, 1Crônicas 12:18.

tudo isso incorpora as preocupações centrais da instrução. Trata-se de instrução sacerdotal. De acordo com Deuteronômio, o sacerdote é orientado a falar às tropas antes da batalha contra exércitos mais poderosos: "Quando chegar a hora da batalha, o sacerdote virá à frente e dirá ao exército: 'Ouça, ó Israel. Hoje vocês vão lutar contra os seus inimigos. Não desanimem nem tenham medo; não fiquem apavorados nem aterrorizados por causa deles, pois o Senhor, o seu Deus, os acompanhará e lutará por vocês contra os seus inimigos, para dar a vitória a vocês'" (Deuteronômio 20:2-4). Quando o espírito veio sobre Jaaziel, ele mencionou a função do sacerdote deuteronômico e reuniu os ingredientes essenciais das instruções sacerdotais que deveriam ser transmitidas antes da batalha. Ele era o guardião inspirado da tradição sacerdotal, e o fez integrando o discurso sacerdotal prescrito para ser proferido antes da batalha ao seu discurso antes da batalha.

O discurso sacerdotal contém também elementos de oráculos tradicionais de salvação, como em Isaías 41:8-13, que se dirige aos ouvintes, e começa com uma fórmula, como "não tenha medo", apresenta razões pelas quais não há razão para temer e conclui com uma reiteração do incentivo a não ter medo. Ou seja, sua forma é patentemente profética. Além disso, há alusões específicas a textos israelitas. A frase "a batalha não é de vocês, mas de Deus" lembra as palavras finais de Davi a Golias antes de matar o gigante: "A batalha é do Senhor" (1Samuel 17:47). A ordem "Não tenham medo [...]. Vocês não precisarão lutar nessa batalha. Tomem suas posições, permaneçam firmes e vejam o livramento que o Senhor lhes dará" lembra as palavras memoráveis de Moisés a Israel na cúspide do mar, com cavalos e carros egípcios em perseguição: "Não tenham medo. Fiquem firmes e vejam o livramento que o Senhor trará hoje, porque vocês nunca mais verão os egípcios que hoje veem" (Êxodo 14:13).

O que torna tão surpreendentes a precisão do discurso e a tradição nele incorporada é que Jaaziel é um dos músicos de Israel, um membro da linhagem levítica, filho de Asafe, pois "Davi, junto com os comandantes do exército, separou alguns dos filhos de Asafe, de Hemã e de Jedutum para o ministério de profetizar ao som de harpas, liras e címbalos" (1Crônicas 25:1). Esses músicos "estavam sob a supervisão de seus pais quando ministravam a música do templo do Senhor, com címbalos, liras e harpas, na casa de Deus. Asafe, Jedutum e Hemã estavam sob a supervisão do rei. Eles e seus parentes, todos capazes e preparados para o ministério do louvor do Senhor, totalizavam 288" (1Crônicas 25:6-7).

Esse cenário apresenta as características que tantas vezes vimos em nosso estudo. Por um lado, profetizar no contexto de uma comunidade de músicos é uma reminiscência da comunidade de profetas, a cujo estado de êxtase Saul e seus emissários sucumbiram. Por outro lado, a precisão militar do discurso de Jaaziel contém algumas das estudadas alusões à literatura de Israel. Duas extremidades do espectro experiencial se aglutinam nesse único episódio, nesse único discurso. Para voltar à linguagem do último capítulo: êxtase e entendimento são inseparáveis.[13]

Resumo

Percorremos um longo caminho desde a inspiração dos juízes, apesar dos indícios verbais, como, por exemplo, revestir-se do espírito. Em Juízes, o espírito inspirou atos surpreendentes de libertação por meio de figuras como Otoniel, Gideão, Jefté e Sansão; em 1 e 2Crônicas, o espírito inspira um profeta a exortar o povo de Judá a não lutar. Em Juízes, o espírito estava associado à ação; em 1 e 2Crônicas, o espírito inspira o discurso, talvez acompanhado de instrumentos musicais. Em Juízes, o espírito apareceu em arenas fora dos corredores do poder; em 1 e 2Crônicas, o espírito fala na arena da política aos reis e àqueles reunidos ao seu redor. Em Juízes, líderes inesperados receberam o espírito — o débil Gideão, o bastardo Jefté, o inconstante Sansão; em 1 e 2 Crônicas, embora relativamente desconhecidos, os que recebem o espírito são pessoas de linhagem — Amasai, chefe do batalhão dos Trinta Guerreiros (1Crônicas 12:18), e Jaaziel, um

---

[13] O rei responde curvando-se com o rosto no chão, como fazem todos os de Judá e os habitantes de Jerusalém, em adoração. Os levitas e outros "levantaram-se e louvaram o Senhor, o Deus de Israel, em alta voz" (2Crônicas 20:18-19). Indubitavelmente, esse louvor ocorre na música, pois, na cena seguinte, Josafá "nomeou alguns homens para cantarem ao Senhor e o louvarem pelo esplendor de sua santidade, indo à frente do exército". Então, "quando começaram a cantar e a entoar louvores, o Senhor preparou emboscadas contra os homens de Amom, de Moabe e dos montes de Seir" (20:20-22). A vitória é conquistada sem batalha e, depois de passar três dias saqueando o despojo, eles voltam para Jerusalém "ao som de liras, harpas e cornetas" (20:24-28). É uma série impressionante de episódios: 1) Um filho de Asafe, quando o espírito de Deus desceu sobre ele, previu o que aconteceria no meio de uma assembleia de homens, mulheres e crianças; 2) Os levitas lideraram o povo em canções de louvor antes da batalha; 3) Preparado para a batalha, o povo cantou e louvou a Deus enquanto assistia à emboscada milagrosa; 4) Os vencedores, que levantaram a voz em vez de um dedo contra o inimigo, voltaram para o Templo carregados com os despojos e as armas de guerra — liras, harpas e cornetas—, "pois o Senhor os enchera de alegria, dando-lhes vitória sobre os seus inimigos" (20:27-28).

descendente de Asafe (2Crônicas 20:14), que combina as prerrogativas de sacerdote e profeta.[14]

Em 1 e 2Crônicas, oradores inspirados fazem discursos ricos em tradição, repletos de citações e alusões, e, no caso de Jaaziel, inseridos no contexto de um mandamento sacerdotal. Embora o autor relute em indicar o que exatamente acontece com esses falantes, quando o espírito os reveste ou vem sobre eles — não há detalhes como os que acompanharam a experiência de Saul com o espírito —, há indicações literárias suficientes para sugerir que o propósito principal da inspiração pelo espírito é levar as tradições de Israel a uma situação contemporânea. Na base dos discursos, está a convicção de Esdras de que Deus dá a *Torá*, mas não apenas a *Torá*; Deus também dá o espírito para instruir Israel na *Torá*. Na verdade, em Crônicas, todo o escopo das Escrituras é incorporado em discursos que são ao mesmo tempo inspirados e instrutivos, dirigidos pelo espírito e caracterizados por uma aplicação matizada pela Escritura e afunilada de acordo com as demandas de alguma situação nova e concreta.

A INTERPRETAÇÃO INSPIRADA DAS ESCRITURAS NO JUDAÍSMO

O impulso pós-exílico de associar o espírito à interpretação das Escrituras ou, mais precisamente, da literatura de valor, visto que ainda não existiam as Escrituras propriamente ditas, ganhou força entre os autores judeus da era greco-romana. Do Egito à Palestina e daí a Roma, podemos rastrear a crença de que o espírito é a fonte de uma interpretação adequada e confiável das Escrituras.

Ben Sirá e o escriba inspirado

Em um período de calmaria antes da tempestade que eclodiu com a ascensão do impiedoso governante sírio Antíoco IV Epifânio, em 175 a.C., cujo reinado de terror provocou a Revolta Macabeia e o grande drama de Hanucá, um estudioso de nome Jesus ben Sirá administrava uma academia de

---

[14] Veja também a história de Azarias, sobre quem "o Espírito de Deus veio". Ele entregou uma "profecia" diretamente ao rei (2Crônicas 15:1-8).

escribas em uma Jerusalém relativamente livre de violência. Em uma longa coleção de suas diversas sentenças, que seu neto traduziu do hebraico para o grego em 132 a.C., há uma descrição memorável do escriba bem-sucedido, descrição que, sem dúvida, contém uma dose de autobiografia:

> Se for da vontade do supremo Senhor,
> Ele [o escriba] será repleto do [de um] espírito de inteligência.
> Ele mesmo fará chover abundantemente
> suas palavras de sabedoria
> e na sua oração dará graças ao Senhor.
> Ele mesmo adquirirá a retidão do julgamento e do conhecimento,
> meditará os seus segredos.
> Ele mesmo manifestará a instrução recebida,
> gloriar-se-á da lei da aliança do Senhor. (Eclesiástico 39:6-8, BJ)

Esse é o escriba inspirado, pura e simplesmente. Cheio do espírito de entendimento, ele jorrará palavras de sabedoria. No entanto, a fonte desse derramamento de sabedoria não é olhar para o próprio umbigo. A fonte da sabedoria do escriba inspirado é a *Torá*, a *Torá* da aliança do Senhor. Na verdade, a maravilha de seu ensino está no conhecimento que ele tem de "segredos", os mistérios da *Torá*. A imagem é de uma sala de aula cheia de aspirantes a escribas que aguardam ansiosamente que o escriba inspirado desvende os mistérios que eles próprios não sabem resolver.

Como esse escriba ficou cheio de (um) espírito de inteligência? A maioria dos intérpretes entende que a frase "repleto do [de um] espírito de inteligência" indica um dom carismático do espírito.[15] Afinal, a fraseologia da inspiração soa muito semelhante ao enchimento do espírito no Novo Testamento. Por exemplo, Pedro, cheio do espírito, prega aos membros do Sinédrio judaico (Atos 4:8-12), que ficam maravilhados com os

---

[15] Por exemplo, Friedrich Büchsel, *Der Geist Gottes im Neuen Testament* (Gütersloh: Bertelsmann, 1926), p. 58-9; H. Stadelmann, *Ben Sira als Schriftgelehrter: Eine Untersuchung zum Berufsbild des vor-makkabäischen Söfēr unter Berücksichtigung seines Verhältnisses zu Priester-, Propheten- und Weisheitslehrertum*, Wissenschaftliche Untersuchungen zum Neuen Testament 2.6 (Tübingen: Mohr Siebeck, 1980), p. 216-46; David Orton, "The Understanding Scribe: Matthew and the Apocalyptic Ideal", *Journal for the Study of the New Testament Supplement Series 25* (Sheffield, UK: Sheffield Academic, 1989), p. 70-1; Cornelis Bennema, *The Saving Power of Wisdom: An Investigation of Spirit and Wisdom in Relation to the Soteriology of the Fourth Gospel*, Wissenschaftliche Untersuchungen zum Neuen Testament 2.148 (Tübingen: Mohr Siebeck, 2002), p. 55-60.

O espírito e a interpretação das Escrituras

ensinamentos de Pedro. Considerado dessa forma, o espírito, em determinado momento, inspira um escriba a entender o verdadeiro significado das Escrituras e a revelar esse significado aos seus alunos.

No entanto, a frase "repleto do [de um] espírito de inteligência" pode levar em uma direção diferente, a saber, ao mundo de José, Bezalel e Daniel — e, nesse caso, Ben Sirá entende que a inspiração não é um dom do espírito em certo momento, mas a presença vitalícia de Deus, que o escriba pode cultivar.[16] Visto dessa forma, Deus não enche o escriba de uma porção temporária, embora rica, do espírito. Em vez disso, Deus, por meio de estudo, oração e experiência, completa o espírito de entendimento que já existe no sábio de Ben Sirá. O escriba inspirado, completamente cheio, então, derrama suas palavras de sabedoria.

Tanto é possível a interpretação da inspiração como a combinação de ambas — uma dotação carismática, o cultivo vitalício de um espírito de entendimento ou o cultivo vitalício desse espírito que culmine em uma experiência extraordinária do espírito. Subjacente a tudo isso, está a firme associação entre o espírito e o rigor exigido para estudar a Escritura. Ben Sirá dá este lúcido conselho aos seus alunos: "Filho, se prestares atenção, aprenderás; se aplicares tua alma [a isso], serás inteligente". Seus alunos deveriam gostar de ouvir, prestar atenção, estar na companhia dos mais velhos, buscar mentores, tomar nota de cada discurso piedoso, não deixar escapar nenhum provérbio sábio, levantar-se cedo para encontrar uma pessoa inteligente e — em uma deliciosa imagem de tenacidade — deixar seus pés gastarem os degraus da porta de seus mestres. O aluno deve meditar nos "preceitos do Senhor e ocupar[-se] continuamente com seus mandamentos". Desde que tudo isso seja feito, e com tenacidade, o Senhor "consolidará o teu coração, e a sabedoria que desejas ser-te-á dada" (Eclesiástico 6:32-37, BJ). Essa promessa mergulha o discernimento divino no rigor de ouvir, estudar e dedicar-se a um mentor, quer haja no final uma

---

[16] Aceito a interpretação de Eclesiástico 39:6-8 como dotação carismática em meu livro *Spirit in First-Century Judaism*, p. 198-9, mas em meu livro *Filled with the Spirit* (Grand Rapids: Eerdmans, 2009), p. 118-25, entendo que o espírito de entendimento é uma dotação vitalícia que enche o escriba maduro a ponto de transbordar. Veja também Jan Liesen, o qual sugere ("Full of Praise: An Exegetical Study of Sir 39, 12-35", Suplementos ao *Journal for the Study of Judaism* 64 [Leiden: Brill, 2000], p. 64) que o entendimento do escriba de Eclesiástico 39:6 não é um *superadditum* milagroso que o distingue dos escribas inferiores e das demais pessoas, mas, sim, "dotações criacionais [sic] que se tornam plena realidade...".

dotação especial de um espírito de entendimento, quer ocorra uma erupção de conhecimento desenvolvida no espírito de compreensão do escriba.[17]

Seja qual for a forma de inspiração, Ben Sirá está certo quanto às práticas que não produzem sabedoria inspirada. Ele rejeita as soluções rápidas da adivinhação. "As esperanças vãs e mentirosas são para o homem insensato", escreve ele, e "os sonhos dão asas aos estultos. Pegar sombras e perseguir o vento, assim é quem atende a sonhos. Adivinhações, augúrios, sonhos são coisas vãs" (Eclesiástico 34:1-2,5a, BJ). Ben Sirá inclui-se, em termos inequívocos, entre o círculo dos instruídos na *Torá*, não nas artes da adivinhação: "Os sonhos extraviaram a muitos, os que neles esperavam caíram. É sem mentira que se cumprirá a Lei [*Torá*], e a sabedoria é perfeita na boca do fiel" (34:7-8, BJ). A fonte da inspiração não é o *pneuma* do profeta extático, a sacerdotisa délfica que se debate sob a inspiração do *pneuma* ou a Cassandra que sente o fogo de Apolo em seu ventre. Para Ben Sirá, o devotado orientador, atalhos como sonhos e visões, bem como a busca de presságios, são formas ilegítimas de inspiração. A fonte do espírito de entendimento está em outro lugar: na *disciplina intensa* e no *estudo das Escrituras*.

Os Hinos de Qumran

Durante as décadas que se seguiram à Revolta Macabeia, o grupo dissidente de judeus que se reunia às margens do mar Morto desenvolveu um Israel alternativo, com regras próprias de ordem ritual, bem como hierarquia sacerdotal e métodos próprios de interpretação. Os iniciados de Qumran eram obrigados a fazer o juramento de seguir a *Torá* conforme interpretada pela revelação em Qumran.[18]

---

[17] O escriba é diferente do empresário, fazendeiro, pintor, ferreiro e oleiro. "Diferente", continua Ben Sirá, "é aquele que aplica a sua alma, o que medita na lei do Altíssimo! Ele busca a sabedoria de todos os antigos e se preocupa com as profecias. Ele investiga a sabedoria de todos os antigos. Conserva as narrações dos homens célebres, penetra as sutilezas das parábolas. Investiga o sentido obscuro dos provérbios" (Eclesiástico 39:1-3, BJ). Ele também "presta serviço no meio dos grandes e é visto diante dos que governam. Percorre países estrangeiros, fez a experiência do bem e do mal entre os homens" (39:4, BJ) e se levanta cedo para orar e pedir perdão por seus pecados (39:5).

[18] Veja *1QS* 5-9. Sobre a interpretação inspirada nos manuscritos do mar Morto, veja Otto Betz, *Offenbarung und Schriftforschung in der Qumransekte*, Wissenschaftliche Untersuchungen zum Neuen Testament 6 (Tübingen: Mohr, 1960); David E. Aune, "Charismatic Exegesis in Early Judaism and Early Christianity", in: James H. Charlesworth e Craig A. Evans (eds.), "The Pseudepigrapha and Early Biblical Interpretation", *Journal for the Study of the Pseudepigrapha Supplement Series 14* (Sheffield, UK: JSOT, 1993), p. 126-50; Orton, *The Understanding Scribe*, p. 121-33.

O espírito e a interpretação das Escrituras

Temos um vislumbre de inspiração, entre outros textos, nos manuscritos, especialmente nos *Hinos de Qumran*. Em sua maior parte, o poeta é pessimista ao refletir sobre Gênesis 2: "E eu, do pó fui reunido [e do barro] fui [for]mado para ser uma fonte de impureza e de sujeira vil, um monte de pó, misturado com [água...], um alojamento de trevas" (*1QH*, 20.24-26). Por mais pó que ele seja, o poeta tem algo a dizer, porque Deus lhe revelou o significado das Escrituras:

> Eu, o Instrutor, te tenho conhecido, meu Deus,
> pelo espírito que deste a [em] mim,
> e tenho ouvido com lealdade teu segredo maravilhoso pelo teu espírito santo.
> Tu abriste dentro de mim
> o conhecimento do mistério da tua sabedoria,
> a fonte do teu poder. (*1QH*, 20.11-12)

Essas breves linhas evocam imagens fortes de conhecimento e sabedoria inspirados.

O compositor dos hinos consolida a associação de inspiração e interpretação inserindo "teu espírito santo" entre as referências ao "teu segredo maravilhoso" e ao "conhecimento do mistério da tua sabedoria". Além disso, no *Comentário de Habacuque*, a palavra "mistério" refere-se aos "mistérios das palavras de teus servos, os profetas", ou seja, aos textos proféticos que o Mestre da Justiça interpreta com auxílio divino.[19]

Para uma comunidade tão imersa na tradição bíblica, a ponto de a verdade não ser concebida sem recorrer às concepções e à fraseologia bíblicas, uma comunidade na qual o espírito santo pode ser um meio de conhecer Deus, os segredos de Deus, os mistérios de Deus (*1QH*, 20.11-12), uma comunidade cujos iniciados são obrigados a seguir uma interpretação particular da *Torá* (*1QS*, 5.9), uma comunidade cuja figura central recebe ajuda divina para interpretar textos proféticos (*1QpHab*, 7.4), a autoridade provém de um *instrutor*, que funciona como Esdras, o escriba antes dele, que instruiu os exilados que voltaram (Neemias 8:8,13), e como Ben Sirá, que se inspirou na séria tarefa de estudar. Se o mestre de Qumran é capaz de instruir seu povo, se possui a chave interpretativa dos segredos e mistérios divinos, ele o faz exclusivamente porque Deus lhe deu o espírito santo, o bom espírito que instruiu Israel.

---

[19] Veja *1QpHab*, 7.5.

Fílon, o Judeu

A associação de inspiração com interpretação floresce nos tons brilhantes dos autorretratos de Fílon. A paleta de Fílon é texturizada, uma mistura estudada de êxtase e interpretação inspirada que produz nada menos que três descrições distintas da interpretação inspirada das Escrituras.

1) Em certo momento de reflexão autobiográfica, Fílon descreve ocasiões de aridez, quando ele é privado de discernimento. Durante esses lapsos momentâneos, ele muitas vezes fica vazio. No entanto, "em outras ocasiões, abordei meu trabalho vazio e de repente fiquei cheio, as ideias caindo em uma chuva de cima e sendo semeadas de forma invisível, de modo que, sob a influência do Divino, fui cheio de um frenesi coribântico e fiquei inconsciente de qualquer coisa, lugar, pessoas presentes, de mim mesmo, das palavras faladas, das linhas escritas. Pois obtive linguagem, ideias, prazer da luz, visão mais aguçada, clareza distintiva dos objetos, como o que pode ser recebido pelos olhos em resultado de uma demonstração mais clara".[20] É autorrevelação significativa, não apenas porque Fílon admite períodos de aridez, mas também porque descreve a si mesmo cheio do movimento dos coribantes, espíritos da natureza que dançam em torno do recém-nascido Zeus[21] ou ao som de flautas nos cultos orgíacos de Dionísio[22] e de Cibele.[23] Fílon refere-se a nada menos que a mais pagã das danças para descrever o que acontecia com ele nas ocasiões em que ficava totalmente perplexo com a interpretação da *Torá*, aqueles momentos em que Deus intervinha para lhe oferecer uma inconsciência extática de tudo, exceto uma visão brilhante.

2) Em outras ocasiões, o espírito divino intensifica os poderes intelectuais de Fílon. Enquanto passa por uma completa interpretação alegórica das Escrituras, Fílon faz uma pausa para descrever sua experiência: "Ouço mais uma vez a voz do espírito invisível, o costumeiro habitante secreto, dizendo: 'Amigo, parece que há um assunto grande e precioso do qual nada sabes, e isso te mostrarei incansavelmente, pois te dei muitas outras lições oportunas'".[24] Nesse trecho autobiográfico, Fílon conta aos seus leitores que pode interpretar Jerusalém alegoricamente como uma "visão de paz",

---

[20] Fílon, o Judeu, *Sobre a migração de Abraão*, p. 35.
[21] Veja Pausânias, 8.37.6.
[22] Veja Estrabão, 10.3.11.
[23] Veja Diodoro Sículo, 5.49.
[24] Fílon, o Judeu, *Sobre os sonhos*, 2.252.

O espírito e a interpretação das Escrituras

porque o espírito se comunica diretamente com sua mente. Fílon sinaliza isso ao descrever o espírito como "costumeiro", exatamente a palavra que Sócrates e seus admiradores usaram para descrever o demônio que o inspirava regularmente.[25] De acordo com uma discussão de fins do primeiro século sobre a inspiração de Sócrates, "o que o atingiu foi não a linguagem falada, mas as palavras não pronunciadas de um demônio fazendo contato sem voz com sua inteligência apenas pelo sentido delas".[26] Ao adotar a palavra "costumeiro" para indicar que ele, como Sócrates, ouve a voz de uma presença demoníaca, Fílon evita, nesse caso, o êxtase. Não com uma profusão louca de frenesi, mas, ao ouvir a voz do espírito invisível, seu costumeiro amigo, quando se dirige ao seu intelecto puro, Fílon é capaz de interpretar as Escrituras de Israel.

Em ocasião semelhante, quando o intrigava a questão de serem dois querubins, em vez de um, obrigados a guardar o paraíso, de acordo com Gênesis 3:24, Fílon teve uma experiência comparável de inspiração, quando recebeu uma "palavra superior", ou seja, uma interpretação alegórica dos dois querubins: "Há um pensamento mais elevado que esses. Vem de uma voz em minha alma, que muitas vezes é possuída por deus e adivinha onde não sabe. Vou registrar esse pensamento em palavras, se puder. A voz me disse que, embora Deus seja realmente um, seus maiores e mais principais poderes são dois, sim, bondade e soberania. [...] Ó então, mente minha, admite a imagem imaculada dos dois Querubins, que, tendo aprendido sua lição clara de soberania e beneficência da Causa, é capaz de colher os frutos

---

[25] Sua escolha da palavra evocativa "costumeiro" para descrever o espírito dificilmente poderia ter sido interpretada sem lembrar aos leitores de Fílon o demônio de Sócrates, a quem, de acordo com Platão, o próprio Sócrates apelou como "a costumeira inspiração profética do demônio" (Platão, *Apologia*, 40A), "o sinal demoníaco e costumeiro" (Platão, *Fedro*, 242B) e "o meu costumeiro sinal demoníaco" (Platão, *Eutidemo*, 272E; veja também Platão, *Eutífron*, 3B). Essa ressonância entre o demônio costumeiro de Sócrates e o espírito divino de Fílon tem implicações retumbantes na compreensão da descrição de Fílon sobre a interpretação inspirada, que também caracteriza a inspiração de Moisés em *Sobre a vida de Moisés*, 2.264-65, de Fílon. Em *Sobre o signo de Sócrates*, de Plutarco, que aborda "o problema da natureza e o modo de operação do chamado signo de Sócrates" (588B), um certo Símias aventura-se: "Sócrates [...] tinha um entendimento de que, sendo puro e livre de paixões e mesclando-se com o corpo apenas um pouco, para fins necessários, era tão sensível e delicado a ponto de responder imediatamente ao que o atingia. O que o atingia, pode-se conjeturar, não era a linguagem falada, mas as palavras não pronunciadas de um demônio fazendo contato sem voz ou inteligência, apenas pelos sentidos delas" (588D-E). Para uma discussão mais aprofundada, veja meu artigo "The Prophetic Spirit as an Angel according Philo", *Harvard Theological Review*, n. 88 (1995), p. 195-206. Para uma análise extensiva dos escritos de Fílon, veja meu artigo "Inspiration and the Divine Spirit in the Writings of Philo Judaeus", *Journal for the Study of Judaism*, n. 26 (1995), p. 271-323.

[26] Plutarco, *Sobre o signo de Sócrates*, 588E.

de uma sorte feliz".[27] A capacidade de Fílon para descobrir que existem dois querubins porque eles representam qualidades divinas duais — a soberania e a beneficência de Deus — deve-se a uma voz interior, uma posse que não elimina seus poderes intelectuais, embora ele esteja em estado inspirado. A voz diz a Fílon — melhor ainda, à mente de Fílon — o significado do mistério. Desse modo, *Sobre o querubim* e *Sobre os sonhos* formam uma mesma peça.[28] De acordo com ambos, ao estudar as Escrituras, Fílon encontra algumas dificuldades na *Torá* que requerem explicação. Ele as pondera e é levado a uma solução quando ouve a voz de outra pessoa dentro de si, que ele identifica em *Sobre os sonhos* como "o costumeiro espírito invisível".[29]

3) O entusiasmo indomável de Fílon sobre a interpretação inspirada da *Torá* impele-o a levar suas experiências em outra direção em *Sobre as leis especiais*, 3.1-6, obra na qual empresta a famosa linguagem da ascensão da alma de *Fedro*, de Platão, para descrever sua habilidade misteriosa de interpretar as Escrituras.[30] Quando ocasionalmente Fílon obtém "um período bom e alguma calmaria das turbulências civis", consegue "abrir os olhos da alma", para que ela seja levada pelos ventos do conhecimento e "irradiada pela luz da sabedoria". Nesses raros momentos de trégua, Fílon se vê "ousado, não só em ler as páginas sagradas de Moisés, mas também em meu amor pelo conhecimento, para espreitar cada uma delas e desdobrar e revelar o que não é conhecido da multidão".

Essa reflexão contém uma correspondência impressionante entre a ascensão da mente do filósofo e o discernimento da mente de um intérprete. Sua experiência como intérprete das Escrituras reflete a experiência do filósofo. A passagem tem início com a ascensão e a possessão filosóficas (*Sobre as leis especiais*, 3.1-2), é interrompida por um mergulho no oceano dos cuidados civis (3.3-4) e termina com uma subida nos ventos do conhecimento para interpretar a *Torá* (3.5-6). Nessa estrutura, a subida inicial

---

[27] Fílon, o Judeu, *Sobre o querubim*, p. 27-9.
[28] Tanto *Sobre os sonhos*, 2.252, como *Sobre o querubim*, p. 27-9, exibem características formais semelhantes: uma introdução que identifica a fonte (alma; espírito) e os meios (estímulo; adivinhação) da inspiração; uma descrição do teor do ensino; e uma exortação autodirigida conclusiva ("Receba a imagem pura..." e "Que, então, assim seja...").
[29] Fílon relata ainda outro encontro com uma dificuldade exegética em *Sobre recompensas e punições*, p. 50. Compare também os ensinamentos de "Consideração", uma das virtudes personificadas de Fílon, em *Sobre a fuga e o encontro*, p. 53-8.
[30] Platão, *Fedro*, 246A-53C. Para uma discussão mais aprofundada, veja meu livro *Spirit in First--Century Judaism*, p. 151-8, 208-9.

para contemplar o ar superior corresponde à subida final para interpretar a *Torá*. Fílon reforça a correlação entre filósofo e intérprete empregando o mesmo verbo, "inclinar-se", com o fim de descrever as experiências de ascensão e interpretação. A frase "então me inclinei [olhei para baixo] desde o ar superior" (3.2) corresponde à seguinte declaração: "Eis-me ousando [...] inclinar-me [perscrutar] em cada uma delas [as mensagens sagradas de Moisés] e desdobrar..." (3.6).[31]

Em *Sobre as leis especiais*, Fílon descreve um arrebatamento extático, uma forma de possessão, uma experiência do espírito muito semelhante à forma como ele entende a inspiração profética — embora não de forma exata. Os profetas falam quando caem sob o poder do êxtase e da possessão divina, "quando a mente é expulsa pela chegada do Espírito divino".[32] Em contraste, sua experiência em *Sobre as leis especiais* é precedida por preparação, conhecimento e contemplação nos momentos em que ele está livre das responsabilidades civis, e sua mente se torna mais alerta, não menos, à medida que sua habilidade de interpretar a *Torá* vai se intensificando, e não diminuindo.

A grande variedade de perfis de inspiração de Fílon é um testemunho de sua convicção de que a interpretação das Escrituras, especialmente no plano alegórico, deve-se à presença do espírito divino. Seja devido à oscilação do êxtase e da dança coribântica, seja por causa do sussurro silencioso do espírito costumeiro, seja ainda por um surto de contemplação, Fílon torna-se, pelo menos para a própria mente, um intérprete excepcional e inspirado dos escritos de Moisés.

Josefo

Josefo oferece seu conjunto de reflexões autobiográficas. Outrora general judeu, ele se uniu aos romanos durante a Guerra Judaica, em 66-73 d.C. Para defender sua guinada traidora, Josefo lembra que, quando

> ouviu as ameaças da multidão hostil, de repente voltaram-lhe à mente os sonhos noturnos, nos quais Deus lhe predissera o destino iminente dos

---

[31] Sobre a relação esclarecedora entre *Sobre as leis especiais*, 3.5-6, *Sobre a plantação*, p. 22-4, e *Sobre os gigantes*, p. 53-4, veja meu artigo "Inspiration and the Divine Spirit", p. 288-98. A correlação entre Fílon como intérprete inspirado e Moisés como mestre inspirado é evidente em *Sobre o querubim*, p. 48, que inclui o que está implícito em *Sobre as leis especiais*, 3.6. Para se inteirar de uma análise mais aprofundada, veja meu livro *Filled with the Spirit*, p. 194, nota 29.

[32] Fílon, o Judeu, *Quem é o herdeiro das coisas divinas?*, p. 265.

judeus e os destinos dos soberanos romanos. Ele era intérprete de sonhos e habilidoso em adivinhar o significado das declarações ambíguas da divindade; sendo sacerdote e pertencente à descendência sacerdotal, não ignorava as profecias dos livros sagrados. Naquele momento, foi inspirado a ler seu significado e, recordando as imagens terríveis de seus sonhos recentes, fez uma oração silenciosa a Deus.[33]

Josefo reúne uma poderosa parceria de habilidades — a interpretação de sonhos e a capacidade de determinar o significado dos textos sagrados — para validar sua decisão de se render aos romanos, em vez de cometer suicídio com seus compatriotas judeus. Obviamente, sua capacidade de interpretar sonhos lembra seu homônimo José, bem como Daniel, a quem Josefo em outro lugar define como "um dos maiores profetas", alguém cuja "memória vive eternamente".[34] Sua capacidade de interpretar textos proféticos, no esforço de persuadir os judeus a concordar com os romanos, chega a lembrar o apelo profético de Jeremias aos israelitas para capitularem diante da Babilônia.[35] Josefo, em resumo, pertence a uma longa linhagem de luminares judeus.

De acordo com seu testemunho, dois modos de revelação o compeliram a se render. Um deles foi uma dieta noturna de sonhos. O outro foi a leitura inspirada das profecias bíblicas. A frase particular que Josefo emprega para descrever sua inspiração, "ficar entusiasmado", é ambígua.[36] Por um lado, a palavra "entusiasmado" pode apontar para o aumento da habilidade inata de Josefo, de acordo com *Antiguidades*, como, por exemplo, quando Vespasiano, "como alguém inspirado", despertou extraordinária coragem e determinação em seus soldados;[37] quando Saul, inspirado, dispensou os cidadãos de Jabes sob a promessa de ir em auxílio deles;[38] ou quando Elias,

---

[33] Josefo, *Guerras dos judeus*, 3.351-53.
[34] Josefo, *Antiguidades judaicas*, 10.266.
[35] Veja Louis H. Feldman, "Prophets and Prophecy in Josephus", *Journal of Theological Studies*, n. 41 (1990), p. 388, 404.
[36] A palavra "entusiasmado" ou "inspirado", empregada adjetivalmente, pode significar confiabilidade, como no caso de um texto profético (não bíblico), que pode ser um dos textos que Josefo interpretou para convencer a si mesmo a se render: "Havia um dito antigo de homens inspirados no sentido de que a cidade seria tomada e o santuário seria queimado por direito de guerra" (Josefo, *Guerras dos judeus*, 4.388).
[37] Josefo, *Guerras dos judeus*, 4.33.
[38] Josefo, *Antiguidades judaicas*, 6.76.

O espírito e a interpretação das Escrituras

inspirado, acompanhou a velocidade do carro de Acabe.[39] Tal palavra, por outro lado, pode evocar a impressão de uma experiência extática, como quando Eliseu, sob a influência de uma harpa, profetizou ordenando a certos reis que cavassem covas em um vale;[40] ou quando Samuel predisse que Saul se inspiraria e profetizaria com uma assembleia de profetas.[41] Quer a expressão "ser entusiasmado" ou "inspirado" envolva um aumento de habilidades interpretativas inatas, quer o início do êxtase, o relato autobiográfico e egoísta de Josefo sobre sua decisão de se render oferece outro exemplo judaico antigo da convicção de que a interpretação correta (pelo menos, para a mente de Josefo) de textos antigos se baseia em uma experiência de inspiração.

| Resumo

Vale a pena analisar esses autores judeus. Um deles liderava uma academia de elite voltada a estudantes escribas em Jerusalém, outro compôs hinos para uma comunidade isolada que fugiu de Jerusalém e se separou de outros judeus. Um deles foi um filósofo egípcio e líder cívico que escreveu muitos comentários sobre a *Torá*; outro foi um general judeu que tentou se redimir escrevendo copiosamente em defesa dos judeus e revisando para o paladar romano toda a Escritura judaica. Em inúmeros aspectos, esses autores têm muito pouco em comum. As datas de suas composições abrangem quase trinta décadas. Suas atitudes com relação à Grécia e a Roma dificilmente poderiam ser mais díspares. Ben Sirá demonstrou tendência nacionalista sem difamar os senhores gregos e sírios. O povo dos Manuscritos expressou repulsa pelas nações estrangeiras. Fílon de Alexandria incluiu volumes de ideias gregas em seus escritos e até fez uma visita oficial ao imperador romano Gaio. Os patronos de Josefo pertenciam a uma rica família romana: os flavianos.

Essas diferenças servem para destacar o que esses autores judeus têm em comum: a convicção de que o espírito inspira a interpretação das Escrituras. Ben Sirá diz a seus alunos que, "se o Senhor Todo-poderoso desejar,

---

[39] Josefo, *Antiguidades judaicas*, 8.346.
[40] Josefo, *Antiguidades judaicas*, 9.35-36.
[41] Josefo, *Antiguidades* judaicas, 6.56. Josefo também emprega o advérbio "entusiasticamente" para descrever o amor incontrolável de Herodes pela Rainha Mariana (*Antiguidades judaicas*, 15.240).

ele [o escriba] será cheio de (um) espírito de entendimento; ele derramará suas palavras de sabedoria e, pela oração, dará graças ao Senhor". O escritor dos *Hinos de Qumran* afirma: "Tenho ouvido lealmente seu segredo maravilhoso por meio do seu espírito santo". Fílon ouve uma "voz" interior, o "amigo costumeiro", e, em estado de possessão extasiada, flutua nas brisas do conhecimento e examina cada página dos escritos de Moisés. Josefo tornou-se traidor com base em uma dieta diária de sonhos e no entusiasmo que revela o significado oculto dos antigos oráculos proféticos. Apesar de suas diferenças — e eram diferenças consideráveis, sob os aspectos geográfico, cronológico e ideológico —, esses autores, juntos, atestam a convicção judaica de que o espírito dado no nascimento, ou concedido mais tarde na vida, ou ambos os casos, inspira a interpretação das Escrituras.

A INTERPRETAÇÃO INSPIRADA DAS ESCRITURAS NO NOVO TESTAMENTO

Nós os chamamos "cristãos primitivos" ou "primeiros cristãos", mas os seguidores de Jesus escolheram não abandonar suas raízes judaicas. Nas páginas a seguir, podemos detectar em que medida a igreja primitiva valorizava a literatura israelita, tanto que criam que o espírito era ardente e ativo no processo de sua interpretação. Começaremos com o cântico de Simeão, um ancião praticamente desconhecido, cuja poesia permeia a liturgia da igreja; prosseguiremos com o Evangelho de João, o livro de Atos, Hebreus e as cartas paulinas. E, ao elaborar essa lista de textos do Novo Testamento, reprimo o desejo de me desculpar por tudo que não estamos estudando — textos como, por exemplo, o livro do Apocalipse. Optei por manter o estudo bastante breve, quase anedótico, mas suficientemente longo, acredito, para revelar uma dimensão da pneumatologia que se distingue por ter sido deixada a definhar até hoje nos corredores da erudição bíblica.

O cântico de Simeão

Nosso estudo da interpretação inspirada das Escrituras começa em um lugar improvável de Jerusalém, onde pais camponeses da Galileia, tão pobres que não tinham como pagar a oferta de ovelhas para a purificação pós-nascimento, trazem duas rolas como oferta por seu filho (Levítico 12:1-8; Lucas 2:22-24). Os fariseus não vieram comemorar a ocasião. Nem os sacerdotes quiseram sair na foto. Os saduceus, apesar do grande interesse pelo Templo, não estenderam o tapete vermelho. O casal recebeu pouquíssimos cortesãos: uma anciã viúva e esperançosa, a profetisa Ana (2:36-38), e um homem solitário, sobre o qual muito pouco sabemos, exceto o fato de que era disciplinado na devoção, esperançoso, versado nas Escrituras e receptivo ao espírito santo: "Havia em Jerusalém um homem chamado Simeão, que era justo e piedoso, e que esperava a consolação de Israel; e o Espírito Santo estava sobre ele. Fora-lhe revelado pelo Espírito Santo que ele não morreria antes de ver o Cristo do Senhor. Movido pelo Espírito, ele foi ao templo" (Lucas 2:25-27). Esse ancião, embora invisível para as autoridades judaicas e romanas, estava inspirado. O espírito repousou "sobre ele". Ele recebeu uma revelação "pelo Espírito Santo" e foi ao Templo guiado "pelo Espírito". Três referências ao espírito estão agrupadas em torno desse homem, um homem que, de outra forma, seria indistinto e indistinguível.[42]

Quando Simeão viu o filho do casal de camponeses, embalou o bebê nos braços e louvou a Deus: "Ó Soberano, como prometeste, agora podes despedir em paz o teu servo. Pois os meus olhos já viram a tua salvação, que preparaste à vista de todos os povos: luz para revelação aos gentios e para a glória de Israel, teu povo" (Lucas 2:28-32). Embora pareça extemporânea, essa oração está, na verdade, embebida da linguagem de Isaías 40—55.[43] A previsão da "consolação de Israel", de consolo para seu povo, associa Simeão às palavras que abrem a cortina da esperança aos israelitas que, durante muito tempo, eram castigados pelo exílio na Babilônia: "Consolem, consolem o meu povo, diz o Deus de vocês. Encorajem Jerusalém e anunciem que ela já cumpriu o trabalho que lhe foi imposto, pagou por sua iniquidade e recebeu da mão do Senhor em dobro por todos os seus pecados" (Isaías 40:1-2). Simeão entendia que a vinda do bebê era a inauguração da libertação que o profeta do exílio havia anunciado. A "salvação, que [Deus preparou] à vista de todos os povos [nações]", que Simeão vê diante de si, está enraizada em Isaías 52:10, na concepção de que "o Senhor desnudará seu santo braço à

---

[42] Para uma discussão mais aprofundada, veja meu artigo "The Spirit, Simeon, and the Songs of the Servant", in: I. H. Marshall, V. Rabens e C. Bennema (eds.), *The Spirit and Christ in the New Testament and Christian Theology: Essays in Honor of Max Turner* (Grand Rapids: Eerdmans, 2012), p. 18-34.

[43] Esses dezesseis capítulos de poemas proféticos provavelmente foram escritos durante os terríveis dias do exílio na Babilônia, quando Israel estava exausto até os ossos, atolado em desespero. Na escuridão da derrota nacional, um profeta sem nome mostrou o brilho da expectativa de que o povo de Deus estava à beira da libertação.

vista de todas as nações, e todos os confins da terra verão a salvação de nosso Deus". Entretanto, as raízes do cântico de Simeão espalham-se mais amplamente, pois sua crença de que essa salvação será "luz para revelação aos gentios" está embutida em Isaías 42:6: "Farei de você [...] uma luz para os gentios", assim como em Isaías 49:6: "Para você é coisa pequena demais ser meu servo para restaurar as tribos de Jacó e trazer de volta aqueles de Israel que eu guardei. Também farei de você uma luz para os gentios, para que você leve a minha salvação até os confins da terra". Mesmo a crença de Simeão de que essa salvação também é "para a glória de Israel, teu povo", está enraizada em Isaías 46:13: "Faço chegar a minha justiça, e não estará ao longe, e a minha salvação não tardará; mas estabelecerei em Sião a salvação e em Israel, a minha glória" (ARC).

Essa oração não é apenas um punhado de alusões às Escrituras judaicas; ela também oferece uma visão clara da vocação de Jesus. O segundo discurso de Simeão, proferido em particular à jovem mãe do bebê, também revela que ele tem em mente toda a passagem de Isaías 40—55. A Maria, e somente a Maria, ele diz: "Este menino está destinado a causar a queda e o soerguimento de muitos em Israel, e a ser um sinal de contradição". A "contradição", ou oposição, será a marca do destino do bebê. Em suma, ele se tornará o servo, o servo sofredor, cuja expansão inflexível do reinado de Deus a todas as nações, não apenas em Israel, levará à rejeição (Isaías 53:3), a uma angústia pessoal indizível (42:2-3), ao tormento de ter a barba arrancada (50:6) e as costas espancadas (53:4-5,7), bem como a uma morte precoce, ignominiosa e silenciosa (53:7-12). Simeão, em poucas palavras, captou a majestade do ministério de Jesus — ele será luz para as nações — e a miséria de sua morte, como o servo muito antes dele.

A história de Simeão resume a simbiose entre o espírito e a Escritura pelo menos de três maneiras. Em primeiro lugar, Simeão é disciplinado. As duas primeiras palavras que Lucas adota para descrever Simeão nos dizem isso. Ele era "justo" e "piedoso". Ambas as palavras apontam para a adesão disciplinada de Simeão a um modo de vida segundo Deus. Ele é como Isabel e Zacarias, a quem Lucas descreve, na primeira ocorrência da palavra, como "justos" (*dikaios*). Eles são justos porque vivem "obedecendo de modo irrepreensível a todos os mandamentos e preceitos do Senhor" (Lucas 1:6). Simeão, com Isabel e Zacarias antes dele, é um seguidor da *Torá*. Em segundo lugar, Simeão conhece as Escrituras. Quase todas as linhas de sua oração pública e palavras particulares a Maria estão impregnadas com as Escrituras. Quando finalmente fala, após alguns anos de espera, ele se expressa segundo a linguagem da visão de Isaías, não apenas em sentido geral, mas com palavras reais, com alusões claras que vão ao cerne da questão: o bebê acabará sendo o servo sofredor da visão de Isaías. Em terceiro lugar, Simeão é receptivo ao espírito santo. O espírito está sobre ele, o espírito lhe revela conhecimento e ele entra no Templo guiado pelo espírito.

Simeão combinava a disciplina de guardar a *Torá*, o estudo das Escrituras e a inspiração do espírito santo. Ele esperou, obedeceu e estudou. Ele mergulhou nos textos antigos, memorizou as Escrituras com vistas àquele momento único e significativo em sua vida, quando tudo que ele estudou teria significado. E chegou o momento em que, sob a inspiração do espírito santo, ele reconheceu a salvação generosa, expansiva e perigosa de Deus no bebê levado ao Templo por um casal de camponeses.

O paráclito prometido

Uma rica teia de imagens compartilhadas entre a Sabedoria e Jesus permeia o Quarto Evangelho.[44] As primeiras linhas, nas quais o *logos* está com Deus no princípio, dão o tom ao evocar a Sabedoria personificada, que desde o princípio existia com Deus, mesmo antes da criação da terra.[45] Tanto a Sabedoria como Jesus desceram do céu para viver entre os seres humanos.[46] Ambos ocupam-se do ensinamento.[47] Tanto na literatura sapiencial como no Quarto Evangelho, o ensino é descrito vividamente como um alimento que dá vida.[48]

Nessa atmosfera de aprendizado, Jesus promete a presença do espírito da verdade, outro paráclito cuja vocação será a própria vocação de Jesus por todo o Quarto Evangelho, a saber, ensinar: "O Conselheiro [paráclito], o Espírito Santo, que o Pai enviará em meu nome, ensinará a vocês todas as

---

[44] Para um levantamento conciso dessas correspondências, veja Raymond E. Brown, *The Gospel according to John I—XII*, 2. ed., Anchor Bible 29 (Garden City, NY: Doubleday, 1982), p. cxxii-cxxv.
[45] Veja João 1:1; 17:5; Provérbios 8:22-23; Eclesiástico 24:9; *Sabedoria de Salomão* 6:22.
[46] Veja João 1:14; 3:31; 6:38; 16:28; Provérbios 8:31; Eclesiástico 24:8; Baruque 3:37; *Sabedoria de Salomão* 9:10. Compare João 3:13 com Baruque 3:29 e *Sabedoria de Salomão* 9:16-17.
[47] Cor Bennema (*The Power of Saving Wisdom: An Investigation of Spirit and Wisdom in Relation to the Soteriology of the Fourth Gospel*, Wissenschaftliche Untersuchungen zum Neuen Testament 2.148 [Tübingen: Mohr Siebeck, 2002], p. 228-34) contém um boa discussão sobre a vocação de ensino do paráclito, inclusive estudos de verbos-chave. Veja também Max Turner, *The Holy Spirit and Spiritual Gifts in the New Testament Church and Today* (Peabody, MA: Hendrickson, 1998), p. 82-5.
[48] Veja João 6:48-51; Provérbios 9:5-6.

coisas" (João 14:26).[49] Em uma palavra final sobre o espírito, Jesus promete que, "quando o Espírito da verdade vier, ele os guiará a [em] toda a verdade" (16:13).[50] Tais promessas remetem às orações dos salmistas: "Guia-me com a tua verdade e ensina-me, pois tu és Deus, meu Salvador" (Salmos 25:5); "Ensina-me a fazer a tua vontade, pois tu és o meu Deus; que o teu bondoso Espírito me conduza por terreno plano" (Salmos 143:10).

Contudo, Jesus promete mais que uma vaga sensação de orientação e ensino. Ele promete que o espírito ensinará *todas* as coisas aos discípulos, guiando-os a (ou em) *toda* a verdade. Soa como uma promessa fantástica, uma viagem aos reinos desconhecidos do futuro. Apesar do cheque em branco que Jesus parece oferecer aos discípulos, há uma característica mais prosaica, e também mais essencial, para a promessa, cujo alcance é limitado pela justificativa que Jesus para tal promessa: "Tenho ainda muito que dizer, mas vocês não o podem suportar agora. Mas, quando o Espírito da verdade vier, ele os guiará a toda a verdade" (João 16:12-13). O "muito" que Jesus ainda tem a dizer consiste no que ele não disse enquanto estava com os discípulos: "Não disse isso [estas coisas] a vocês no princípio, porque eu estava com vocês" (16:4). Agora que ele começou a dizer essas coisas, seus discípulos ficaram desanimados: "Porque falei estas coisas, o coração de vocês encheu-se de tristeza" (16:6). Em suma, os discípulos "não o podem suportar agora" (16:12). O que eles não podiam suportar eram as declarações relacionadas exclusivamente à partida iminente de Jesus. É aqui que o espírito da verdade entra em cena: o que Jesus agora não podia dizer sobre sua morte iminente, por causa do coração pesado dos discípulos, o espírito da verdade diria em seu nome. Nesse momento anterior à morte de Jesus, os discípulos não podiam aceitar mais seus ensinos, por isso o espírito da verdade, o paráclito, iria guiá-los em retrospectiva a toda a verdade sobre a sua partida.

Na perspectiva dos discursos de despedida, "o que está por vir" (João 16:13) não são eventos relacionados ao futuro dos discípulos após eles receberem o espírito; não são os ensinos que os discípulos não conseguem suportar por

---

[49] Para uma excelente introdução ao espírito santo no Quarto Evangelho, com um olhar aguçado para a literatura secundária, a literatura judaica e a coerência do próprio Quarto Evangelho (que os estudiosos frequentemente subdividem, separando os capítulos 1—12 dos discursos de despedida, 13—17), veja Marianne Meye Thompson, *The God of the Gospel of John* (Grand Rapids: Eerdmans, 2001), p. 145-88.

[50] A incerteza textual torna difícil determinar se é dito que o espírito, no texto original, guia "em" ou "para" a verdade. Dos códices principais, o *Alexandrino* e o *Vaticano* leem "para", ao passo que o *Sinaítico* e o *de Beza* leem "em".

O espírito e a interpretação das Escrituras

causa da tristeza que produzem. "O que está por vir" são os acontecimentos no futuro imediato de Jesus, os quais, sob a perspectiva de Jesus nesse momento da narrativa do Quarto Evangelho, ainda estão por vir: sua morte, sua partida, sua glorificação. Eles não podem mais suportar tal ensino, por isso o paráclito, quando for dado, irá ensinar os discípulos sobre a glorificação de Jesus — o que Jesus teria ensinado —, exatamente como ele teria feito, pois ele "receberá do que é meu e o tornará conhecido a vocês" (João 16:14).[51]

Portanto, interpretar a vocação do paráclito como predição profética irrestrita é interpretar mal a promessa de Jesus e negligenciar as restrições que o contexto lhe impõe. O foco da vocação do paráclito não é predizer, mas lembrar. O espírito interior atrairá fielmente os discípulos de volta a Jesus, especialmente aos acontecimentos que terão lugar logo após sua última noite juntos. A natureza dessa peculiar vocação para a lembrança é clara na segunda promessa de Jesus acerca do paráclito nos discursos de despedida. O espírito santo "ensinará a vocês todas as coisas e fará vocês lembrarem tudo o que eu disse" (João 14:26). *Tudo* que o espírito santo irá ensinar é tudo que o próprio Jesus falou e realizou. Em suma, o espírito santo ensinará lembrando.

No Quarto Evangelho, a cortina é aberta duas vezes para mostrar o teor da lembrança. Depois de protestar contra o Templo, Jesus bradou: "Destruam este templo, e eu o levantarei em três dias". Seus compatriotas entendem mal e, como consequência, ficam perplexos, já que o templo herodiano havia levado quarenta e seis anos para ser construído. João se aventurou a um aparte: "Mas o templo do qual ele falava era o seu corpo. Depois que ressuscitou dos mortos, os seus discípulos lembraram-se do que ele tinha dito" (João 2:19-22). Esse comentário esclarece o processo de ensino como lembrança, que não é mero trabalho de memória, mas lembrança que traz um entendimento mais profundo.

Algum tempo depois, Jesus entrou em Jerusalém montado em um jumentinho, para o louvor retumbante da multidão. Como nos Evangelhos Sinóticos, João vê essa entrada triunfal como o cumprimento das palavras de Zacarias. No entanto, diferentemente dos autores dos Sinóticos, num comentário único e fascinante, ele explica como os discípulos passaram a

---

[51] "Predizer" não é de forma alguma a essência de "tornar conhecido" ("anunciar", ARC), que João utiliza em outros lugares como sinônimo de "relatar" ou "explicar". O homem curado no tanque "anunciou" aos judeus que Jesus o havia curado (João 5:15, ARC). A mulher samaritana acreditava que o futuro messias "anunciará" tudo, ou seja, tornará conhecidas todas as coisas que devem ser conhecidas (João 4:25, ARC).

ver esse acontecimento com relação a Zacarias: "A princípio seus discípulos *não entenderam isso*. Só depois que Jesus foi glorificado, *eles se lembraram* de que essas coisas estavam escritas a respeito dele e lhe foram feitas" (João 12:16). As impressões digitais do paráclito são detectáveis nesse comentário, porque a associação entre conhecimento e lembrança é muito semelhante àquela entre ensino e lembrança no discurso de despedida (14:26).[52]

Portanto, a vocação do espírito é guiar os discípulos, após a glorificação de Jesus na morte e na ressurreição, à verdade do que já tinham ouvido e experimentado. Nesses dois exemplos do processo de lembrança, está envolvida também a lembrança das Escrituras de Israel. O entendimento da sentença referente ao Templo levou os discípulos a acreditarem tanto *nas Escrituras* como *nas palavras* proferidas por Jesus. O entendimento deles sobre a entrada de Jesus montado em um jumentinho depende da lembrança de que essas coisas foram *escritas a respeito dele* e *cumpridas nele*. Ambas as intervenções na narrativa traçam uma correlação tensa entre Escrituras específicas e uma palavra ou um acontecimento específico da vida de Jesus.

Em um evangelho que inicia com a declaração de que Jesus é o *logos*, um evangelho repleto de apreço por conhecimento, um retrato de Jesus pintado com os tons da Sabedoria personificada, o paráclito, o espírito santo, o espírito da verdade, ensina a respeito de Jesus ao definir suas palavras e ações no contexto das Escrituras israelitas (João 14:26; 2:22; 12:16). Com essa observação, somos alertados sobre a crença de que o estudo dos textos sagrados exerce impacto de longa duração sobre indivíduos altamente virtuosos, impregnando-os de sabedoria e enchendo-os do espírito de sabedoria, conhecimento e habilidade. Esse é o poço do qual Jesus extraía tão profundos ensinamentos no Quarto Evangelho, mesmo quando garantiu que o espírito da verdade seria um mestre lembrando os discípulos, um círculo de alunos selecionados, do significado mais profundo do que Jesus já havia ensinado.

| O livro de Atos

A narrativa de Lucas sobre a igreja primitiva contém uma forte dose de *Schadenfreude*.[53] A história é povoada por pessoas que colocam os doentes

---

[52] Veja também João 13:7, passagem em que Jesus responde: "Você não compreende agora o que estou fazendo a você; mais tarde, porém, entenderá". "Mais tarde", ou seja, assim que o paráclito, o espírito da verdade, for dado.
[53] Palavra alemã que significa "prazer em ver o sofrimento dos outros" (N. T.).

O espírito e a interpretação das Escrituras

em camas e macas nas ruas, na esperança de que a sombra de Pedro se projete sobre eles (Atos 5:15), de um mago que pensa que pode comprar o poder de cura (8:9-24), de transes, visões e vozes divinas nos terraços (10:9-23), de um anjo que cutuca as costas de um prisioneiro (12:7), de pessoas convencidas de que Zeus e Hermes assumiram a forma humana (14:8-18),[54] de quatro irmãs com o dom de profecia (21:9) e de uma escrava que captou o cerne da mensagem da igreja primitiva, por ser "ventríloqua", profundamente possuída por um espírito pitônico (16:16-18). É um mundo cheio de magia e de maravilhas, que Lucas dificilmente repudia. Ele não fecha a porta a essa atmosfera do extraordinário, mesmo quando registra a palavra falada. Um discurso maravilhoso ocorre durante a festa do Pentecostes, quando a casa é tomada por um vento muito forte e línguas de fogo repousam sobre os seguidores de Jesus, de modo que eles são cheios do espírito santo e acusados, ainda que falsamente, de dar um espetáculo de bebedeira. Esse grupo de crentes, pelo menos aos olhos de muitos espectadores, parece participar do tipo do frenesi feroz que caracterizava a sacerdotisa délfica ou os devotos obscenos de Baco, de modo que Pedro se viu obrigado a desfazer a impressão de que o grupo estava bêbado (Atos 2:14-15).

Entretanto, por todo o livro de Atos, acontecimentos espetaculares que traçam fronteira com a magia ficam em segundo plano com relação à sanidade da interpretação inspirada das Escrituras. O espírito santo surpreende multidões, pois catalisa as habilidades impressionantes e inesperadas dos intérpretes das Escrituras. A interpretação inspirada das Escrituras, mais que a missão em sentido geral, os milagres ou o falar em línguas incompreensíveis, é o efeito principal do espírito santo no livro de Atos.

Na verdade, como vimos no capítulo dois, o conteúdo do falar em outras línguas é bastante claro: os atos de Deus dignos de louvor. Cheios do espírito santo e falando com total sobriedade (*apophthengesthai*), os primeiros seguidores de Jesus recitam os atos de Deus dignos de louvor em outras línguas, possivelmente desde a criação até a ascensão de Jesus. O próprio discurso de Pedro no Pentecostes segue esse exemplo. O discurso, o primeiro cheio de floreios retóricos do livro de Atos (Atos 2:14-36),

---

[54] Atos 14:8-18 inclui um sacerdote de Zeus que traz animais para o sacrifício.

apresenta uma longa e intrincada lista de referências às Escrituras. Além das citações de Joel 2:28-32 (na Bíblia Hebraica, 3:1-5), Salmos 16:8-11 e Salmos 109:8, o sermão está repleto de alusões a textos bíblicos como 1Reis 2:10, Salmos 132:11, Isaías 32:15 e 57:19 e Deuteronômio 32:5.

Alguns capítulos adiante, Lucas estabelece a relação entre o espírito santo e a interpretação inspirada das Escrituras. Depois de curar um mendigo deficiente e pregar sobre a ressurreição de um messias injustamente assassinado, Pedro é preso pelos saduceus. No dia seguinte, um grande grupo de líderes de Jerusalém pergunta: "Com que poder ou em nome de quem vocês fizeram isso?" (Atos 4:7). Antes de responder, Pedro é "cheio do [de] Espírito Santo" (Atos 4:8). Inspirado, o apóstolo, de forma surpreendente, fala pouco. Sua apologia consiste em duas breves declarações, com uma citação de Salmos 118:22 entre elas: "Este Jesus é 'a pedra que vocês, construtores, rejeitaram, e que se tornou a pedra angular'" (Atos 4:11). A peça central do sermão de Pedro é esse salmo.

Essa citação é extremamente importante para se entender a relação entre inspiração e interpretação das Escrituras. O texto de Salmos 118:22 circulava amplamente na igreja primitiva. Temos em 1Pedro 2:1-10 um dos casos em que essa passagem ocorre ao lado de outros textos bíblicos — no que provavelmente era um manual, de certa forma, com textos bíblicos-chave relacionados à obra missionária (1Pedro 2:7). Portanto, Salmos 118:22 não era um texto isolado, saído da cabeça de Pedro em um lampejo de inspiração. Esse texto claramente era parte do testemunho da igreja primitiva a respeito de Jesus, e não uma reflexão tardia inspirada.

Precisamos digerir esse *insight*. Nesse discurso abreviado, Lucas combina uma perfeita expressão de inspiração, "cheio do Espírito Santo", com um texto bíblico de grande aceitação no banco da memória da igreja primitiva. Esse breve discurso, talvez mais que qualquer outra passagem do Novo Testamento, demonstra claramente que a inspiração, cheia do espírito santo, não precisa ser espontânea. Como nos casos de Amasai, Jaaziel e Simeão, o espírito santo traz o *significado* das Escrituras antigas — textos já conhecidos pelo orador — a um contexto contemporâneo. Esse tipo de inspiração ocorre quando o orador já está familiarizado com essas Escrituras por meio de um estudo consistente.

A conclusão desse pequeno discurso consolida a associação do espírito santo com a interpretação das Escrituras. A história termina assim: "Vendo a coragem de Pedro e de João e percebendo que eram homens comuns e sem instrução, ficaram admirados e reconheceram que eles haviam estado com Jesus" (Atos 4:13). O que começou com uma declaração sobre a inspiração — Pedro foi cheio do espírito santo — terminou com os ouvintes entendendo que Pedro e seu grupo haviam sido companheiros de Jesus. Como assim? Porque Pedro cita o mesmo texto que Jesus citou na parábola dos lavradores, que assassinaram o filho do proprietário quando ele veio cobrar aluguel. Nos três Evangelhos Sinóticos (Marcos 12:10-11; Mateus 21:42; Lucas 20:17), Jesus cita Salmos 118:22. Então, por que os líderes judeus se deram conta de que Pedro estivera com Jesus? Porque ele citou o mesmo texto que Jesus — e da mesma forma. Resumindo, ele aprendera com Jesus.

Mais uma vez, a presença do espírito santo e o estudo das Escrituras andam de mãos dadas. A conclusão do discurso de Pedro leva essa ideia um passo adiante: os mestres podem transmitir o conhecimento ardente das Escrituras em um momento de inspiração. Pedro aprendeu com Jesus essa interpretação de Salmos 118:22, que passou a ter ampla aceitação na igreja, como em 1Pedro 2:7. Esse conhecimento adquirido não impediu que Pedro fosse inspirado. Pelo contrário, foi essencial a um discurso inspirado — um discurso que surpreendeu o público instruído e abastado.[55]

A carta aos hebreus

O livro de Atos está repleto de figuras conhecidas, como Pedro, Barnabé, Paulo e Lídia. Não é o que ocorre com Hebreus, cuja teologia às vezes tem mais em comum com Fílon de Alexandria que com Lucas—Atos ou com as cartas de Paulo. A pneumatologia também é uma espécie de aberração nessa carta anônima — e é por isso que ela é tão fascinante, pois oferece perspectivas distintas sobre o espírito santo.

A carta contém um total de sete referências ao espírito (um número, por si só, interessante). Dessas sete referências ao espírito, três falam da enormidade da salvação e do erro flagrante de se desviar da salvação, ou mesmo de apenas deixá-la escapar um pouco (Hebreus 2:4; 6:4; 10:29). A sétima e última referência é ao enigmático "Espírito eterno" (9:14). Por mais cativantes que sejam essas quatro referências, precisamos deixá-las de lado, em Hebreus, para explorar as outras três que conduzem

---

[55] Para conhecer uma análise detalhada de muitos outros exemplos dessa forma de inspiração no livro de Atos, veja meu livro *Filled with the Spirit*, p. 347-63.

em uma direção diferente: a capacidade do espírito de fundir passado e presente, o que equivale a uma nova abordagem da interpretação inspirada das Escrituras. Na primeira ocorrência, o espírito santo é a fonte de Salmos 95:7-11:

> Assim, como diz o Espírito Santo:
> "Hoje, se vocês ouvirem a sua voz,
> não endureçam o coração,
> como na rebelião,
> durante o tempo da provação no deserto". (Hebreus 3:7-8)

Na segunda menção, o espírito santo explica a prática do sumo sacerdote de Israel:

> Estando tudo assim preparado, os sacerdotes entravam regularmente no Lugar Santo do tabernáculo, para exercer o seu ministério. No entanto, somente o sumo sacerdote entrava no Lugar Santíssimo, apenas uma vez por ano, e nunca sem apresentar o sangue do sacrifício, que ele oferecia por si mesmo e pelos pecados que o povo havia cometido por ignorância. Dessa forma, o Espírito Santo estava mostrando [mostra, NVT] que ainda não havia sido manifestado o caminho para o Lugar Santíssimo enquanto permanecia o primeiro tabernáculo. Isso é uma ilustração para os nossos dias... (Hebreus 9:6-9a)

A terceira referência consiste em citações de Jeremias 31:33-34:

> O Espírito Santo também nos testifica a este respeito. Primeiro ele diz:
> "Esta é a aliança que farei com eles,
> depois daqueles dias, diz o Senhor.
> Porei as minhas leis em seu coração
> e as escreverei em sua mente";
> e acrescenta:
> "Dos seus pecados e iniquidades
> não me lembrarei mais". (Hebreus 10:15-17)

As três referências parecem semelhantes e diretas. O espírito santo pura e simplesmente inspirou a produção da Bíblia judaica — nesse caso, a

Septuaginta, que era o Antigo Testamento da igreja primitiva. O espírito inspirou o Salmo 95 (Hebreus 3:7-8), os regulamentos para os sacerdotes e o sumo sacerdote em Êxodo e Levítico (Hebreus 9:6-9) e Jeremias 31 (Hebreus 10:15-17).[56]

Essa primeira impressão, todavia, é enganosa. Algo diferente da inspiração da Escritura acontece em Hebreus, em que o foco incide menos na inspiração do texto original da Bíblia judaica e mais na *extensão* inspirada desses textos aos destinatários da carta. Em suma, o espírito santo não inspira em Hebreus a produção das Escrituras; o espírito santo inspira a *aplicação* das Escrituras.

O AQUI E AGORA

A primeira indicação de que algo diferente de mera citação está acontecendo consiste no tempo dos verbos que descrevem a atividade do espírito. O tempo verbal está sempre no presente, e não no passado, apontando para a inspiração no tempo em que a carta foi escrita, e não quando o salmista Davi, Moisés ou Jeremias escreveram. O autor da carta não argumenta que o espírito santo *falou* o Salmo 95, mas que o espírito santo o *diz*. O autor não diz que o espírito santo *mostrou* algo sobre o comportamento do sumo sacerdote, mas que o espírito santo *mostra*. O autor não diz que o espírito santo *testificou*, mas que o espírito santo "nos" *testifica*. Em suma, o espírito santo em Hebreus não está associado à inspiração das Escrituras quando foram compostas, mas à interpretação inspirada das Escrituras no contexto de uma comunidade viva.

CITAÇÕES COM ADAPTAÇÕES

A segunda indicação do papel do espírito santo como intérprete das Escrituras surge de uma análise detalhada das próprias citações. Quando o espírito santo cita as Escrituras, o texto é adaptado para se ajustar melhor à situação dos leitores da carta. Compare, por exemplo, o Salmo 95 (94, na LXX) e sua forma em Hebreus:

---

[56] Essa função do espírito se assemelha a Atos 28:25, passagem em que Paulo inicia a citação de Isaías 6:9-10 com a seguinte declaração: "Bem que o Espírito Santo falou aos seus antepassados, por meio do profeta Isaías:..." (depois segue-se a citação de Isaías 6:9-10).

Salmos 94:9-10, LXX	Hebreus 3:9-10a
Onde seus pais me provaram;	onde os seus antepassados me tentaram,
eles me colocaram à prova e viram as minhas obras.	pondo-me à prova, apesar de [...] terem visto o que eu fiz
Por quarenta anos	*durante quarenta anos.*
Eu odiei aquela geração.	Por isso fiquei irado contra aquela geração.

Na Septuaginta, quarenta anos é a duração da repulsa de Deus por Israel. Em Hebreus, quarenta anos é o tempo em que Israel pôs Deus à prova. Essa diferença é substancial. A adaptação do texto aumenta a graça da provisão de Deus e a intensidade prolongada da rebelião de Israel; também diminui a ênfase na ira prolongada de Deus. Essa diferença não se deve ao fato de o autor ter diante de si uma forma diferente ou uma leitura variante do Salmo 95 com relação à leitura da Septuaginta (ou do texto hebraico em que se baseia). Pelo contrário, o autor está ciente do texto original de Salmos 95:9-10 e o preserva ao escrever mais tarde: "Contra quem Deus esteve irado durante quarenta anos?" (Hebreus 3:17). Aqui, como na Septuaginta, "quarenta anos" aplica-se a Deus, e não ao povo de Deus, como em Hebreus 3:9. Portanto, essa questão demonstra que o autor está familiarizado com o Salmo 95 (94, na LXX) da forma como era em sua época, mas em Hebreus 3:9 o espírito santo fala uma versão modificada que serve ao propósito--chave da carta, um pouco melhor que o original, pois destaca quão terrível é tornar-se endurecido com relação a Deus durante tantos anos. Essa resistência prolongada, adverte o autor, conduz a uma descrença irreversível.

A interpretação inspirada das Escrituras ocorre outra vez em Hebreus 10:16, passagem em que o espírito santo adapta Jeremias 31:33-34. Também aqui a mudança não ocorre pelo fato de o autor da carta ter diante de si um texto de Jeremias diferente dos que possuímos. Sabemos disso porque ele já citou Jeremias 31:31-34 extensamente, sem as modificações:

Jeremias 31:33-34 (38:31,34, LXX)	Hebreus 8:10-12	Hebreus 10:16-17
Porque esta é a aliança	Esta é a aliança	Esta é a aliança
que farei	que farei	que farei

O espírito e a interpretação das Escrituras

com a casa de Israel	com a comunidade de Israel	com eles
depois daqueles dias,	depois daqueles dias,	depois daqueles dias,
disse o Senhor	declara o Senhor	diz o Senhor
...	...	...
porque serei piedoso	Porque eu lhes perdoarei	
com relação às suas injustiças	a maldade	
e não me lembrarei mais	e não me lembrarei mais	não me lembrarei mais
dos seus pecados	dos seus pecados	dos seus pecados e iniquidades

Quando anteriormente, no capítulo 8, o autor da carta cita as palavras de Jeremias, a citação é semelhante ao texto de Jeremias da forma como o conhecemos. Mais adiante, quando o autor da carta atribui essas palavras ao espírito santo e as considera um testemunho atual para seus ouvintes: "O Espírito Santo também nos testifica a esse respeito" (Hebreus 10:15), as palavras são adaptadas para acomodar a situação dos destinatários da carta. A aliança não é mais com a casa de Israel, como na Septuaginta e no capítulo 8 de Hebreus. Em vez disso, as palavras mais genéricas "com eles" suplantam "a casa de Israel" e permitem que o texto de Jeremias seja aplicado diretamente aos leitores da carta, que podem ser contados entre "eles", mesmo que não pertençam à casa de Israel dos dias de Jeremias. O espírito santo, de acordo com o autor, também acrescenta a Jeremias 31:34 as seguintes palavras: "e [suas] iniquidades". Tal adição pode sinalizar o esforço e destacar a atividade pecaminosa concreta a fim de ressaltar o escopo e a profundidade do perdão divino (Hebreus 10:17). Seja qual for o motivo da adição, trata-se de outro exemplo de adaptação inspirada — uma modificação do texto original pelo espírito santo para aumentar sua relevância aos destinatários da carta.

Em outras palavras, o espírito santo não "testifica para nós" só porque, em algum momento no passado, inspirou as Escrituras. O espírito não "nos testifica" apenas por meio do que Davi, Moisés ou Jeremias escreveram. Algo diferente da inspiração inicial das Escrituras está acontecendo aqui.

O espírito santo testifica aos destinatários da carta *interpretando* as Escrituras por meio de ajustes de textos antigos e adaptando-os às necessidades dos destinatários da carta.

Ampliação homilética

Outra característica marcante da interpretação inspirada das Escrituras em Hebreus é o ímpeto sermônico das citações e dos exemplos das Escrituras. Em três casos, o espírito é a fonte da expansão homilética das Escrituras.

Hebreus 3:7-8. No primeiro exemplo de inspiração, o autor da carta introduz uma citação modificada do Salmo 95 (94, na LXX) com uma fórmula clara: "Assim, como diz o Espírito Santo..." (Hebreus 3:7). No entanto, seguindo a citação, o autor não dá nenhum sinal de que o salmo citado tenha acabado, que a inspiração tenha chegado ao fim. Ao contrário, o autor continua: "Cuidado, irmãos, para que nenhum de vocês tenha coração perverso e incrédulo, que se afaste do Deus vivo" (3:12). Essa exortação é extraída diretamente do texto das Escrituras, sem nenhuma indicação de que o texto acabou ou de que a aplicação está prestes a começar. Ou seja, a mudança do texto para a aplicação é perfeita. Além disso, o sermão continua enquanto o autor retorna ao texto várias vezes no decorrer de uma única seção da carta, citando-o em cada uma das ocasiões:

- Ele cita Salmos 95:7-8 em Hebreus 3:15, seguido de uma reflexão bissermônica sobre o pecado e a rebelião durante as peregrinações no deserto, sob a liderança de Moisés.
- Ele cita Salmos 95:11 em Hebreus 4:3, seguido de uma citação de Gênesis 2:2 e ainda outra de Salmos 95:11, todas uma reflexão sermônica sobre a concepção de descanso.
- Ele cita ainda mais uma vez Salmos 95:7-8 em Hebreus 4:7, com mais reflexão sermônica sobre o significado de "hoje" e "descanso" na relação com o descanso sabático (Gênesis 2:4) e o descanso pacífico da entrada na terra prometida sob a liderança de Josué.

Portanto, a frase "como diz o Espírito Santo", em Hebreus 3:7, não introduz a citação de um salmo. Introduz um salmo e sua interpretação alongada — interpretação que envolve numerosas citações do salmo, acopladas a outros textos bíblicos, como Gênesis 2:2. A inspiração vai muito além da citação inicial em um sermão escrito que retorna repetidas vezes ao texto e o vincula à tessitura

O espírito e a interpretação das Escrituras

textual das Escrituras — tudo com um único objetivo: "Portanto, esforcemo-nos por entrar nesse descanso, para que ninguém venha a cair, seguindo aquele exemplo de desobediência" (Hebreus 4:11). Essa palavra de encorajamento não é menos produto do espírito santo que o texto do Salmo 95.

Hebreus 9:6-9. A vocação do espírito santo como intérprete das Escrituras volta à tona quando, depois de descrever como o sumo sacerdote levava sangue para a segunda tenda anualmente, o autor escreve: "Dessa forma, o Espírito Santo estava mostrando que ainda não havia sido manifestado o caminho para o Lugar Santíssimo enquanto permanecia o primeiro tabernáculo [tenda]" (Hebreus 9:8). Essa interpretação dificilmente pode ser rastreada até a atividade anual real do sumo sacerdote, da forma descrita na *Torá*. Na verdade, ao contrário do que diz o autor, a primeira tenda continuava de pé quando o sumo sacerdote entrou na segunda. Como o autor, baseado nisso, argumenta que o caminho para a segunda tenda não pode ser revelado enquanto a primeira ainda permanece? Não pode, exceto por inspiração. Na verdade, o verbo grego *dēloun*, traduzido como "estava mostrando", poderia ser facilmente traduzido como "revela" — o que a palavra comunica em 1Coríntios 3:13 e 12:27, bem como em 1Pedro 1:1,14. O espírito santo aqui revela o verdadeiro significado das ações do sumo sacerdote, que vai muito além das próprias ações.

O autor, ao que parece, reconhece que essa interpretação ultrapassa o sentido literal da atividade do sacerdote, então, no verso seguinte, ele caracteriza essa interpretação como parábola ou símbolo: "É isto uma parábola para a época presente; e, segundo esta, se oferecem tanto dons como sacrifícios, embora estes, no tocante à consciência, sejam ineficazes para aperfeiçoar aquele que presta culto" (Hebreus 9:9, ARA). O autor agora, por meio da parábola, amplia o alcance interpretativo para muito além do sentido claro das ações do sacerdote. No entanto, não se trata de mera parábola ou fábula. As atividades do sacerdote conduzem a Cristo: "Quando Cristo veio como sumo sacerdote dos benefícios agora presentes, ele adentrou o maior e mais perfeito tabernáculo, não feito pelo homem, isto é, não pertencente a esta criação. Não por meio de sangue de bodes e novilhos, mas pelo seu próprio sangue, ele entrou no Lugar Santíssimo, de uma vez por todas, e obteve eterna redenção" (Hebreus 9:11-12).

É um movimento fascinante, que parte do sentido literal do texto para seu significado cristológico. A inspiração, acredita o autor, o conduziu por vários níveis de significado. As tendas podem ser entendidas *temporariamente* como símbolo da tenda que não pode ser revelada enquanto sua antecessora permanecer de pé, *antropologicamente* como símbolo da incapacidade de sacrifícios e ofertas para apaziguar a consciência humana, *cósmica* ou *espacialmente* como símbolo da tenda eterna ou celestial feita sem mãos e *cristologicamente* como símbolo do sacrifício voluntário de Cristo. Não é de admirar que o autor atribua essa estratificação de interpretações simbólicas — que ele denomina como "parábolas" — ao espírito santo (como em Hebreus 11:19).[57]

Hebreus 10:15-18. O cenário não é menos profundo em Hebreus 10:15-18, a terceira e última instância de interpretação das Escrituras, que ocorre em várias etapas. 1) O autor refere-se inicialmente ao espírito santo. 2) Uma frase de transição ("primeiro ele diz") introduz uma citação bíblica. 3) Segue-se uma citação ligeiramente modificada de Jeremias 31:33. 4) Sobre várias testemunhas antigas, diz-se que o espírito santo (de acordo com o autor) fala outra coisa; isso é indicado pela frase "e acrescenta". 5) A primeira parte de Jeremias 31:34 foi omitida. 6) O final de Jeremias 31:34 é citado. 7) Uma inferência fecha a seção. O resultado dessa enxurrada de atividades é fascinante:

1	Declaração introdutória	O Espírito Santo também nos testifica a este respeito
2	Fórmula de citação	Primeiro ele diz:
3	Citação do primeiro texto: Jeremias 31:33	Esta é a aliança que farei com eles, depois daqueles dias, diz o Senhor. Porei as minhas leis em seu coração e as escreverei em sua mente;
4	Fórmula conectiva	e [o espírito santo] acrescenta:
5	Omissão de Jeremias 31:34a	Ninguém mais ensinará ao seu próximo nem ao seu irmão, dizendo: "Conheça ao Senhor", porque todos eles me conhecerão, desde o menor até o maior...
6	Citação do segundo texto: Jeremias 31:34b	Dos seus pecados e iniquidades não me lembrarei mais.
7	Declaração conclusiva	Onde esses pecados foram perdoados, não há mais necessidade de sacrifício por eles.

---

[57] Lembremos que, de acordo com uma discussão anterior neste capítulo, Fílon, o Judeu, não reivindica inspiração quando discute o sentido literal das Escrituras. Fílon apela especialmente para a inspiração quando interpreta as Escrituras de forma alegórica, de modo a levar o leitor muito além do sentido natural do texto. Para chegar a esse nível de significado, no qual Fílon é mais criativo, é necessária a inspiração. Pelo visto, algo semelhante caracteriza a inspiração na carta aos hebreus.

O espírito e a interpretação das Escrituras

Já notamos que o espírito santo modifica o texto de Jeremias 31:33-34, principalmente mudando "a casa de Israel" para "eles", a fim de envolver os leitores de seus dias. Agora, da perspectiva do autor, vemos que o espírito santo testifica ao citar um único texto profético, enquanto omite uma porção central e considerável desse texto. O espírito santo é um intérprete consciente e engajado das Escrituras, selecionando algumas passagens e ajustando-as, e omitindo outras.

No entanto, há mais. Ambas as citações são seguidas pela nítida conclusão: "Onde esses pecados foram perdoados, não há mais necessidade de sacrifício por eles" (Hebreus 10:18). Como esperado, não há divisão entre a citação e a ampliação do texto das Escrituras para a comunidade — nenhuma fórmula para assinalar o fim de um texto profético inspirado e o início de uma exortação não inspirada. Sem aspas ou recuos que assinalem as citações das Escrituras nas Bíblias de hoje, os leitores antigos da carta provavelmente não saberiam identificar que o texto das Escrituras terminara e que sua ampliação aos destinatários da carta havia começado.

Essa ocorrência final da interpretação inspirada das Escrituras em Hebreus segue o padrão tanto de Hebreus 3—4 como de Hebreus 9. A conclusão — a ampliação do texto para incluir a comunidade que lê ou ouve a carta — é também o testemunho do espírito: faz parte do que o espírito santo "nos testifica".

Resumo de Hebreus

O espírito santo é o *intérprete* das Escrituras em Hebreus. Três elementos da carta confirmam essa ideia: o tempo presente, as modificações e omissões das Escrituras (mesmo quando o autor em outro lugar cita a versão original, em que o espírito santo não é mencionado) e a ampliação dos textos das Escrituras para a comunidade.

O espírito santo comunica-se no *presente*: o espírito santo diz, mostra ou revela e testifica. O espírito santo *modifica* a Escritura para acentuar sua relevância aos leitores da carta. O espírito santo *amplia* o significado da Escritura à perfeição para o mundo dos destinatários da carta, com um novo significado — um significado que pode ir muito além do sentido claro das Escrituras.

As cartas de Paulo

Identificar Paulo na maioria dos tópicos é um desafio, mesmo quando ele dá instruções ou conselhos explícitos. Especificá-lo onde ele escreve mais indiretamente é quase impossível. Por exemplo, Paulo nunca afirma ser um intérprete inspirado das Escrituras. Ele não é como Fílon, que flutua ao sabor dos ventos do conhecimento ao perscrutar os mistérios de Moisés. Ele não é como Josefo, que atribui sua trajetória traidora aos sonhos noturnos e a uma interpretação inspirada de antigos oráculos. Ele não é como o escritor de hinos, que tem a capacidade de resolver mistérios por haver recebido o espírito de Deus. Paulo não faz tais afirmações.

Embora ele não faça reivindicações explícitas quanto à interpretação inspirada das Escrituras, dois aspectos de suas cartas vêm à tona. Suas cartas são salpicadas, permeadas, pelas Escrituras. E ele atribui a totalidade de seu ministério apostólico ao espírito santo. Pode ser que ele não reúna tudo de maneira explícita, mas suas cartas são moldadas pela presença das Escrituras e pela convicção de que o espírito santo inspira não apenas seu ministério, mas também toda a obra do corpo de Cristo.

Paulo, o pregador da cruz

No primeiro capítulo, observei brevemente que a lição principal de 1Coríntios 2 está relacionada ao *conteúdo* da mensagem de Paulo, e não apenas ao *comportamento* do mensageiro ou à *experiência* dos ouvintes: "Decidi nada saber entre vocês, a não ser Jesus Cristo, e este crucificado" (1Coríntios 2:2). A questão do conteúdo merece um pouco mais de elaboração para entendermos a vocação de Paulo como pregador, cujos sermões surgiram, em boa medida, da interpretação inspirada das Escrituras.

À primeira vista, Paulo está preocupado principalmente com seu comportamento. Ele foi a Corinto, lembra ele, sem polimento retórico ou pedantismo e "com fraqueza, temor e com muito tremor" (1Coríntios 2:3). Contudo, esse comportamento diminuído contribuiu para a mensagem do evangelho, porque a mensagem era sobre aparente fraqueza: "Decidi nada saber entre vocês, a não ser Jesus Cristo, e este crucificado" (2:2). De onde vem essa mensagem? Do espírito, a fonte do conteúdo do sermão; é a mensagem da cruz que "Deus [a] revelou a nós por meio do Espírito" (2:10). Os governantes desta era não conseguem entender a cruz, que está no coração de Deus, onde o espírito sonda, de onde vem a verdadeira sabedoria (2:11). O espírito, que "conhece os pensamentos de Deus", transforma a cruz em uma mensagem poderosa (2:11).

A conduta do mensageiro ou os milagres que acompanham os discursos de Paulo — se é isso que significa "demonstração do poder do Espírito"

(1Coríntios 2:4) — não são só o que os governantes e retóricos desta era não conseguem apreender. Eles não conseguem entender que o poder de Deus é evidente na fraqueza da cruz. Eles não conseguem aceitar o *conteúdo central* do evangelho. No entanto, é isso que o espírito revela. O espírito pode animar um pregador e inspirar milagres, mas a principal obra do espírito é iluminar o conteúdo central do evangelho: Cristo crucificado.[58]

Perder de vista esse conteúdo na presença impressionante de milagres poderosos ou diante da convicção convincente que pode acompanhar os sermões e discursos de um comunicador extravagante e capaz é algo muito fácil. Onde milagres acontecem, onde um orador influencia multidões, o conteúdo real da pregação pode cair para um *status* secundário. No entanto, permitir que uma *experiência* avassaladora do espírito ofusque a importância do *conteúdo centrado na cruz* é truncar a obra do espírito de Deus.

É claro que esse conteúdo está relacionado com a cruz, com Jesus. Esse conteúdo também leva Paulo às Escrituras. Não é um passo difícil de se dar, porque o evangelho da cruz que Paulo pregou aos coríntios permanece, da forma como ele o enquadra mais tarde na carta, sobre os ombros das Escrituras:

> Irmãos, quero lembrá-los do evangelho que *preguei* a vocês, o qual vocês receberam e no qual estão firmes. Por meio deste evangelho vocês são salvos, desde que se apeguem firmemente à palavra que preguei; caso contrário, vocês têm crido em vão. Pois o que primeiramente lhes transmiti foi o que recebi: que Cristo morreu pelos nossos pecados, *segundo as Escrituras*, foi sepultado e ressuscitou no terceiro dia, *segundo as Escrituras*, e apareceu a Pedro e depois aos Doze. (1Coríntios 15:1-5)

Há, portanto, uma clara conexão entre o conteúdo da pregação de Paulo, que ele atribui com forte convicção ao espírito (1Coríntios 2:6-16), e as Escrituras que constituem o alicerce dessa pregação (15:3-4).

Paulo, o revelador de mistérios

A sabedoria de que ele fala, Paulo exorta os coríntios recalcitrantes, é a "sabedoria de Deus", o "mistério que estava oculto", só que agora "Deus

---

[58] Para uma discussão sobre ensino e revelação, veja Gordon D. Fee, *God's Empowering Presence: The Holy Spirit in the Letters of Paul* (Peabody, MA: Hendrickson, 1994), p. 98-9.

o revelou a nós por meio do Espírito", porque "o Espírito sonda todas as coisas, até mesmo as coisas mais profundas de Deus" (1Coríntios 2:7, 10). Ou seja, o pregador Paulo recebe o significado dos mistérios do espírito. Não se trata de uma reivindicação vazia. Suas cartas contêm exemplos de mistérios outrora ocultos e agora revelados. Ele conclui sua carta aos Romanos com uma referência final à validade do *"meu* evangelho", que é nada menos que "a proclamação de Jesus Cristo" descrita como a revelação de um mistério encontrado nos escritos proféticos das Escrituras:

> Ora, àquele que tem poder para confirmá-los pelo meu evangelho e pela proclamação de Jesus Cristo, de acordo com a revelação do mistério oculto nos tempos passados, mas agora revelado e dado a conhecer pelas Escrituras proféticas por ordem do Deus eterno, para que todas as nações venham a crer nele e a obedecer-lhe; sim, ao único Deus sábio seja dada glória para todo o sempre, por meio de Jesus Cristo. Amém. (Romanos 16:25-27)

Pouco antes, na mesma carta, em uma parte repleta de citações e alusões às Escrituras, ele desvenda o mistério da resistência temporária de Israel ao evangelho com uma série de citações bíblicas sobre a dureza temporária da nação:

> Irmãos, não quero que ignorem este mistério, para que não se tornem presunçosos: Israel experimentou um endurecimento em parte, até que chegue a plenitude dos gentios. E assim todo o Israel será salvo, como está escrito:

> "Virá de Sião o redentor
> que desviará de Jacó a impiedade.
> E esta é a minha aliança com eles
> quando eu remover os seus pecados". (Romanos 11:25-27)[59]

Mais adiante, em sua carta aos coríntios, na conclusão de uma interpretação inovadora da criação de Adão, Paulo divulga ainda outro mistério:

> Eis que eu digo um mistério: Nem todos dormiremos, mas todos seremos transformados, num momento, num abrir e fechar de olhos, ao som da

---

[59] Veja Isaías 59:20-21; 27:9; Salmos 14:7; veja também Jeremias 31:33-34.

O espírito e a interpretação das Escrituras

última trombeta. Pois a trombeta soará, os mortos ressuscitarão incorruptíveis e nós seremos transformados. (1Coríntios 15:51-52)

Essa revelação em particular não é uma sugestão infundada. Paulo firma sua convicção de que a mortalidade deve ser absorvida pela imortalidade nas Escrituras, dessa vez uma combinação de Isaías 25:8 e Oseias 13:14:

> Quando [...] o que é corruptível se revestir de incorruptibilidade e o que é mortal de imortalidade, então se cumprirá a palavra que está escrita: "A morte foi destruída pela vitória".
>
> "Onde está, ó morte, a sua vitória?
> Onde está, ó morte, o seu aguilhão?" (1Coríntios 15:54-55)

O método que Paulo adota aqui é surpreendentemente semelhante ao método de ampliação em Hebreus. Paulo continua, sem sinalizar que concluiu sua citação, com uma interpretação que provém das Escrituras: "O aguilhão da morte é o pecado, e a força do pecado é a Lei. Mas graças a Deus, que nos dá a vitória por meio de nosso Senhor Jesus Cristo" (1Coríntios 15:56-57). Paulo extrai das Escrituras a palavra "aguilhão" e passa imediatamente a um comentário a esse respeito, no qual associa o aguilhão ao pecado, e o pecado, à *Torá*. Os leitores e ouvintes não familiarizados com os detalhes das Escrituras dificilmente perceberiam que Paulo passou da citação à interpretação e da interpretação à aplicação.

Em nenhuma dessas revelações Paulo se refere ao espírito, mas nós sabemos que a base de sua proclamação, o fundamento de seu evangelho, de acordo com as discussões que encontramos em 1Coríntios 2:6-16, não é outra senão o espírito que Deus concede: "Deus o revelou a nós por meio do Espírito" (2:10).

Não esqueçamos também que Paulo entende que a revelação do mistério é obra do espírito em sua discussão sobre os dons espirituais (1Coríntios 13:2; 14:30). No centro de sua discussão sobre os *charismata*, ele enfatiza com entusiasmo: "Ainda que eu tenha o dom de profecia e saiba todos os mistérios e todo o conhecimento..." (13:2). Em diretrizes mais prosaicas sobre como exercer os *charismata* no contexto da adoração, ele aconselha: "Tratando-se de profetas, falem dois ou três, e os outros julguem cuidadosamente o que foi dito. Se vier uma revelação a alguém que está sentado, cale-se o primeiro" (14:29-30).

Paulo não era o único postulante ao conhecimento dos mistérios de sua época. O escriba ideal de Ben Sirá "ocupa-se das profecias [...], penetra na sutileza das parábolas. [...] Investiga o sentido obscuro dos provérbios, deleita-se com os segredos das parábolas" (Eclesiástico 39:1-3). Essa descrição torna-se mais enfática quando Ben Sirá escreve: "Se for da vontade do supremo Senhor, ele será repleto do [de um] espírito de inteligência" (39:6): "Adquirirá a retidão do julgamento e do conhecimento, meditará seus mistérios ocultos" (39:7). Essa descrição do escriba inspirado revela ligação direta entre o enchimento de (um) espírito de entendimento e a meditação sobre os mistérios que só um escriba altamente treinado e inspirado é capaz de desvendar.

Paulo e Ben Sirá exibem familiaridade com o autor dos *Hinos* dos manuscritos do mar Morto, que afirma que Deus lhe deu a capacidade peculiar de compreender os segredos e mistérios divinos.

> Eu, o Instrutor, te tenho conhecido, meu Deus,
> pelo espírito que deste a (em) mim,
> e tenho ouvido com lealdade teu maravilhoso segredo pelo teu espírito santo.
> Tu abriste dentro de mim
> o conhecimento do mistério da tua sabedoria,
> a fonte do teu poder. (*1QH* 20.11-12)[60]

Ben Sirá, o autor de *Hinos de Qumran*, e Paulo ligam os pontos: a literatura profética de Israel, a revelação de mistérios obscuros e o espírito. As diferenças os dividem, obviamente. Ben Sirá é um mestre tradicional cujas revelações elevam o *status* dos escribas entre o povo de Jerusalém. As revelações do escritor dos *Hinos* são o andaime dos julgamentos severos para com os de fora, que não pertencem à sua comunidade isolada às margens do mar Morto. As revelações de Paulo servem a um movimento composto por judeus e gentios — um movimento que leva a literatura profética de Israel a litorais remotos do mar Morto. No entanto, eles estão unidos pela convicção de que o espírito desbloqueia os mistérios bíblicos inescrutáveis.

Paulo, o mestre

De acordo com o livro de Atos, após o encontro de Saulo com o Jesus ressuscitado, a caminho de Damasco, um Ananias cauteloso impõe as mãos sobre

---

[60] Veja uma discussão mais detalhada do texto no início deste capítulo.

ele e diz: "Irmão Saulo, o Senhor Jesus, que apareceu no caminho por onde você vinha, enviou-me para que você volte a ver e seja cheio do Espírito Santo" (Atos 9:17). Assim que Saulo voltou a ver, ele foi batizado, alimentou-se um pouco e recuperou as forças. O impacto do espírito santo é imediatamente visível: "Saulo passou vários dias com os discípulos em Damasco. Logo começou a pregar nas sinagogas que Jesus é o Filho de Deus" (9:19-20). Essa pregação consiste em mais que convicções expressas com entusiasmo. Não é nem mesmo um testemunho da incrível experiência de Saulo na estrada para Damasco, embora seja compreensível que se esperasse exatamente isso. Na verdade, "Saulo [...] se esforçava muito mais e confundia os judeus que habitavam em Damasco, *provando* que aquele era o Cristo" (9:22, ARC). A pregação de Saulo envolvia argumentos que demonstravam, para o espanto de seus ouvintes judeus hostis, a messianidade de Jesus. E como ele fazia isso? Recorrendo às Escrituras, claro, como essa pregação sempre é feita no livro de Atos. Até o verbo "provar" (*symbibazein*, em grego) tem a conotação de "recolher" ou "juntar" — nesse caso, reunir argumentos das Escrituras judaicas.[61] A proclamação convincente e desconcertante de Saulo, como a de Pedro e a da igreja de Jerusalém, consistia principalmente na interpretação bíblica inspirada pelo espírito santo.

Essa breve história constitui a entrada, ainda que oblíqua, pela ótica de outro autor, para o Paulo que escreveu algumas cartas ocasionais extraordinárias. Essas cartas estão repletas de Escrituras e, embora possamos concordar com a avaliação de certo estudioso segundo o qual "o que quer que a passagem do Antigo Testamento significasse originalmente, com certeza não era isso!", somos forçados a admitir que, quando Paulo ensinava, ele normalmente o fazia pelas Escrituras.[62] Citações e alusões pontilham as páginas de suas cartas, e pequenos fragmentos são, na verdade, janelas para realidades bíblicas muito mais amplas. Como Francis Watson observa, Paulo está muito menos preocupado com afirmações dogmáticas, como "Paulo e a Lei" ou "Paulo e o espírito", que com as palavras reais das páginas da *Torá*. "A 'visão da lei' de Paulo nada mais é que sua leitura de Êxodo, Levítico,

---

[61] Veja Joseph Fitzmyer, *The Acts of the Apostles*, Anchor Bible 31 (Garden City, NY: Doubleday, 1998), p. 436; F. F. Bruce, *The Acts of the Apostles*, 2. ed. (London: Tyndale, 1952), p. 204; Robert W. Wall, "The Acts of the Apostles: Introduction, Commentary, and Reflections", *The New Interpreter's Bible* 10 (Nashville: Abingdon, 2002), p. 153.

[62] Morna Hooker, "Beyond the Things That Are Written? St Paul's Use of Scripture", *New Testament Studies* 27 (1981), p. 295.

Números e Deuteronômio. Ele fala da Lei não como um proponente de afirmações dogmáticas, mas como um intérprete de textos".[63] A recompensa do compromisso de Paulo com as Escrituras é que, "em cada caso, o texto individual desempenha papel representativo e corresponde a um amplo complexo de material bíblico relacionado à entrega da Lei, com seu objetivo positivo ou com seu impacto negativo".[64] Outra recompensa da percepção de que Paulo é primeiramente mestre de *textos* e depois de ideias é que ele leva a sério esses textos como um todo. Pelo fato de suas interpretações às vezes nos parecerem estranhas, intrigantes e confusas, tem sido muito fácil acusar Paulo de manipular as Escrituras, de escrever cartas da maneira como muitos alunos escrevem artigos: cortando e colando fragmentos, sem se importar com os contextos originais. A interpretação das Escrituras de Paulo não é nada parecida com isso. Leituras atentas revelam que Paulo lia mais profundamente, não menos; mais atentamente, não menos; mais cuidadosamente, não menos. Para explicar o caso de maneira um tanto formal, porém precisa: "Da perspectiva paulina, é da natureza do evento-Cristo se dar a conhecer, e fazê-lo por meio de textos bíblicos e de uma proclamação que nada mais é que a exegese autorizada desses textos. Se é verdade que para Paulo 'a Escritura deve ser lida à luz de Cristo', é igualmente verdade que Cristo deve ser lido à luz da Escritura".[65]

Embora existam relativamente poucas descrições que nos ajudem a identificar com precisão a responsabilidade dos mestres nas igrejas associadas a Paulo, elas são relevantes. Sabe-se, contudo, que um mestre na igreja primitiva era responsável por transmitir as tradições estabelecidas, inclusive as palavras e ações de Jesus. Paulo elogia os coríntios por se lembrarem dele "em tudo e por se apegarem às tradições exatamente como eu as transmiti a vocês" (1Coríntios 11:2). Ele introduz desta forma a tradição de uma refeição santa: "Recebi do Senhor o que também entreguei a vocês". Ao que parece, tal tradição costumava incluir suporte bíblico, como no ensino de Paulo sobre a ressurreição: "O que primeiramente lhes transmiti foi o que recebi: que Cristo morreu pelos nossos pecados, segundo as Escrituras, foi sepultado e ressuscitou no terceiro dia, segundo as Escrituras, e apareceu a Pedro e depois aos Doze" (15:3-5). O mestre, portanto, era responsável

---

[63] Francis Watson, *Paul and the Hermeneutics of Faith* (London: T. & T. Clark, 2004), p. 275.
[64] Watson, *Hermeneutics of Faith*, p. 276.
[65] Watson, *Hermeneutics of Faith*, p. 298.

O espírito e a interpretação das Escrituras

por transmitir as tradições intactas. Além disso, ensinar era um dom carismático. Paulo inclui o ensino ao lado de outras experiências carismáticas, como revelação, conhecimento e profecia (14:6; veja Romanos 12:7).[66] Na igreja de Antioquia, onde o espírito santo autorizou a primeira missão de Paulo e Barnabé, mestres e profetas compunham uma liderança conjunta (Atos 13:1-3). Apesar de todo o estudo exigido para aprender as Escrituras e dominar as tradições, os mestres da igreja primitiva não eram considerados um grupo sem entusiasmo: eles, ao lado dos profetas, podiam ensinar porque haviam recebido um dom, um *carisma*.

Esse modelo de ensino como combinação de carisma e entendimento alimenta a urgência das ordens escritas a um jovem líder nas cartas pastorais: "Ordene e ensine essas coisas. Ninguém o despreze pelo fato de você ser jovem, mas seja um exemplo para os fiéis na palavra, no procedimento, no amor, na fé e na pureza. Até a minha chegada, dedique-se à leitura pública da Escritura, à exortação e ao ensino. Não negligencie o dom que foi dado a você por mensagem profética com imposição de mãos [do conselho] dos presbíteros" (1Timóteo 4:11-14). Essa é uma combinação e tanto de virtude, diligência, carisma, estudo das Escrituras e responsabilidade pública. A associação de leitura, encorajamento e ensino deve ser entendida à luz de um incidente envolvendo Paulo, ocorrido na sinagoga de Antioquia da Pisídia. Depois que a *Torá* e os Profetas foram lidos, os chefes da sinagoga perguntaram: "Irmãos, se vocês têm uma mensagem de encorajamento para o povo, falem" (Atos 13:15). Paulo atendeu ao convite e se levantou para proferir um longo discurso, no qual recontou a história israelita em detalhes, inclusive a narrativa recente de Jesus, repleta de citações da Escritura judaica (13:16-41). O êxodo do Egito, a destruição dos cananeus, os juízes, Samuel, Saul, Davi, além de citações dos Salmos (2:7 e 16:10) e dos Profetas (Isaías 55:3 e Habacuque 1:5 [em grego]), tudo isso levou Paulo diretamente a Jesus, à posteridade de Davi, para quem chamou a atenção do público, "filhos de Abraão, e gentios tementes a Deus" (Atos 13:26). Sua "mensagem de encorajamento" é a interpretação da Escritura, que encontra seu clímax em Jesus. Portanto, quando Timóteo foi instruído a prestar atenção na leitura, no encorajamento e no ensino, ele estava sendo preparado para o árduo trabalho de imersão na Escritura judaica. Para isso, Timóteo

---

[66] Veja James D. G. Dunn, *Jesus and the Spirit: A Study of the Religious and Charismatic Experience of Jesus and the First Christians as Reflected in the New Testament* (Grand Rapids: Eerdmans, 1997), p. 237.

carecia de duas coisas. Em primeiro lugar, ele precisava do dom que estava nele por meio da ação profética.[67] Ou seja, ele precisava de *carisma*. Em segundo lugar, ele precisava da própria Escritura, perfeitamente adequada à tarefa do ensino, pois ela mesma é "inspirada por Deus" para ser "útil para o ensino, para a repreensão, para a correção e para a instrução na justiça, para que o homem de Deus seja apto e plenamente preparado para toda boa obra" (2Timóteo 3:16-17). A Escritura que ele foi instruído a estudar supriria aquilo de que ele precisava, se ele também nutrisse o dom que era seu por meio da profecia e da imposição de mãos.[68]

Carisma e estudo. Ambos eram indispensáveis aos mestres da igreja primitiva, entre os quais Paulo se incluía. "No entendimento de Paulo, 'ensino' era o reconhecimento do material tradicional como autorizado e a apreciação da necessidade de ser interpretado e aplicado de forma carismática às necessidades e situações em constante mudança das comunidades de crentes."[69] Em suma, os mestres eram, entre outras coisas, os intérpretes inspirados das Escrituras. E Paulo nada mais era que um mestre.

Paulo, o intérprete das Escrituras

A forma como Paulo ensinou é um livro aberto ou, no mínimo, uma carta aberta: revelações de mistérios, transmissão de tradições, a palavra ocasional de Jesus e uma miríade de interpretações das Escrituras. Não é de surpreender que várias interpretações recentes em suas cartas possam ser candidatas a detalhar exatamente sua afirmação sobre ser um intérprete inspirado das Escrituras.

A interpretação de Paulo em relação ao êxodo, por exemplo, é nova: os israelitas "foram [todos] batizados na nuvem e no mar. Todos comeram do mesmo alimento espiritual e beberam da mesma bebida espiritual; pois bebiam da rocha espiritual que os acompanhava, e essa rocha era Cristo" (1Coríntios 10:2-4). Um batismo comunitário em Moisés, comida e bebida espirituais e uma rocha espiritual — o próprio Jesus — que os seguia

---

[67] Veja também 2Timóteo 1:13-14.
[68] Reconheço que a autoria das cartas pastorais está em debate. Minha análise aqui as aceita como contribuição valiosa para entendermos as práticas da igreja primitiva, sejam ou não cartas paulinas autênticas.
[69] Dunn, *Jesus and the Spirit*, p. 238. As tradições para o ensino, de acordo com Dunn (p. 237), são "os escritos do AT, a tradição dos ditos de Jesus, o evangelho que eles inicialmente receberam (cf. 1Coríntios 11:2,23; 15:3; 2Tessalonicenses 2:15; 3:6)".

dificilmente surgiriam da superfície de Êxodo 16—18 e Números 11—14. Paulo oferece tal interpretação radical da *Torá* por pensar que era inspirado? Ele não diz.

Essa não é a única novidade em seu repertório de interpretações. Paulo interpreta Agar e Sara alegoricamente como a Jerusalém terrestre e a celestial (Gálatas 4:24). Como Fílon, Paulo está discernindo um nível de significado — para ambos, o nível alegórico — que leva o leitor para além do significado literal das Escrituras. Fílon é claro ao explicar como descobriu o nível alegórico do significado: o espírito divino falava com ele ensinando-o, levando-o ao êxtase ou erguendo-o nos ventos do conhecimento. Paulo é mais circunspecto. Ele oferece uma interpretação alegórica da *Torá* por pensar que era inspirado? Ele não diz.

A carta de Paulo aos romanos contém outros candidatos à interpretação inspirada. Sua longa interpretação da frase "Abraão creu em Deus, e isso lhe foi creditado como justiça" (Romanos 4:3) leva-o muito além das poucas palavras das Escrituras para os Salmos e para interpretações que são, mais uma vez, pouco transparentes. Seu esforço prodigioso, embora idiossincrático, por explorar e explicar o destino de Israel está repleto de Escrituras do início ao fim (Romanos 9—11). Paulo expõe essa coleção impressionante de textos bíblicos por pensar que era inspirado? Ele não diz.

Talvez haja um texto no qual Paulo reivindique, de forma tácita, estar inspirado. Esse texto abre uma janela não só para a autoconsciência de Paulo, mas também para seus métodos de interpretação. Em sua segunda carta aos coríntios, ele estabelece vários contrastes — e um deles é entre o ministério de Moisés, encapsulado nos Dez Mandamentos, escritos em tábuas de pedra, e seu ministério, encapsulado na obra do espírito escrita nas tábuas do coração humano (2Coríntios 3:1-3). Para desenvolver o contraste, Paulo interpreta, entre outros textos, Êxodo 34:29-35, que fala de Moisés usando um véu para que os israelitas não vissem a glória em seu rosto, consequência de ele haver estado na presença de Deus.

A história é a seguinte: Moisés desceu do monte (uma segunda vez) com as tábuas de pedra nas mãos. Para proteger os israelitas da glória de Deus, que brilhava em seu rosto, ele usou um véu depois de receber os Mandamentos. Sempre que ia ao encontro de Deus, ele removia o véu em sua presença; sempre que retornava para o povo, ele recolocava o véu. Paulo captou algo surpreendente nessa narrativa básica:

INSPIRADO

> Visto que temos tal esperança, mostramos muita confiança. Não somos como Moisés, que colocava um véu sobre a face para que os israelitas não contemplassem o resplendor que se desvanecia. Na verdade a mente deles se fechou, pois até hoje o mesmo véu permanece quando é lida a antiga aliança. Não foi retirado, porque é somente em Cristo que ele é removido. De fato, até o dia de hoje, quando Moisés é lido, um véu cobre os seus corações. Mas, quando alguém se converte ao Senhor, o véu é retirado. Ora, o Senhor é o Espírito e onde está o Espírito do Senhor ali há liberdade. E todos nós, que com a face descoberta contemplamos a glória do Senhor, segundo a sua imagem estamos sendo transformados com glória cada vez maior, a qual vem do Senhor, que é o Espírito. (2Coríntios 3:12-18)

Uma leitora hodierna observou que 2Coríntios 3 "está cheio de problemas, ambiguidades e armadilhas".[70] Ela está certa. Infelizmente, discussões como as que encontramos em 2Coríntios 3 levam muitos leitores dos dias de hoje a presumir que o "envolvimento de Paulo com as Escrituras equivale a pouco mais que uma citação *ad hoc* de textos isolados, a serviço do argumento que ele estivesse perseguindo no momento, geralmente em um claro desafio ao sentido dos textos".[71]

Várias características do argumento de Paulo conspiram para dar a impressão de que ele era um intérprete arrogante, com pouca consideração pelas Escrituras propriamente ditas e preocupado apenas com a própria agenda.[72] Em primeiro lugar, várias vezes Paulo altera o texto das Escrituras. Por exemplo, não é Moisés quem procura o Senhor, como em Êxodo 34:34, mas *qualquer um* pode voltar-se para o Senhor em 2Coríntios 3:16 (NVT). Em segundo lugar, Paulo desintegra fragmentos de textos com aparente desconsideração pelos respectivos contextos. O contraste entre as tábuas de pedra e as tábuas de coração humano, escritas com o espírito, reflete o

---

[70] Hooker, "Beyond the Things That Are Written?", p. 296. Para uma análise coerente de 2Coríntios 3:7-14, veja Scott J. Hafemann, "The Glory and Veil of Moses in 2 Cor 3:7-14: An Example of Paul's Contextual Exegesis of the OT — A Proposal", *Horizons in Biblical Theology*, n. 14 (1992), p. 31-49. Hafemann (p. 31) começa com a mesma citação de Hooker: "O que quer que a passagem do Antigo Testamento significasse originalmente, com certeza não era isso!", a fim de arrancar alguma coerência da aparente incoerência do pensamento de Paulo.
[71] Watson, *Hermeneutics of Faith*, p. 273.
[72] Sobre a livre associação de ideias de Paulo, que vai de cartas de recomendação ao ministério de Moisés, veja a análise lúcida de Joseph Fitzmyer, "Glory Reflected on the Face of Christ (2 Cor 3:7—4:6) e "Palestinian Jewish Motif", *Theological Studies* 42 (1981), p. 634-9.

contraste de Ezequiel entre corações de pedra e de carne e a promessa de dar a Israel um novo coração e um novo espírito (Ezequiel 11:19-20). A citação feita um pouco mais adiante — "Das trevas resplandeça a luz" — alude às primeiras linhas da *Torá*: Gênesis 1:3 (2Coríntios 4:6). Em terceiro lugar, Paulo pode estar seguindo agendas interpretativas judaicas, em vez de buscar o significado da própria Escritura. A iluminação do rosto de Moisés, por exemplo, pode refletir uma tradição judaica de iluminação facial, presente nos manuscritos do mar Morto. O autor dos *Hinos* agradece a Deus porque, "por meu intermédio, iluminaste o rosto de muitos; tu os aumentaste, de modo que são incontáveis, porque me mostraste teus maravilhosos mistérios" (*1QH* 12.27). Em quarto lugar, Paulo está obviamente respondendo aos problemas e questões de Corinto, o que o leva à ofuscação, e não à interpretação. Certo leitor atual atribui o uso túrgido de Êxodo 34 por Paulo à necessidade de responder a uma interpretação errônea coríntia que segue o exemplo dos escritos de Fílon, de acordo com quem a preparação de Moisés para subir o monte foi intensamente ascética; os coríntios estavam adotando uma forma semelhante de ascetismo, da qual Paulo deveria desenganá-los.[73]

Apesar dos problemas, ambiguidades e armadilhas que caracterizam a interpretação paulina das Escrituras, alguns leitores atuais se sentiram desafiados, e não desencorajados, a descobrir a motivação e o método de Paulo na interpretação de Êxodo 34. Tomemos, por exemplo, a questão de como Paulo poderia caracterizar os Dez Mandamentos como um ministério de morte. Parece uma descaracterização horrível, que reforça o ministério de Paulo à custa de Moisés. No entanto, Francis Watson mostra que isso pode ter origem no fato de Paulo entender as duas subidas de Moisés em conjunto. A segunda subida (Êxodo 34) fez a glória repousar no rosto de Moisés; a primeira subida (Êxodo 32) resultou na morte de três mil israelitas que estavam dançando enquanto Moisés se encontrava no monte. As tábuas de pedra, que se despedaçaram quando Moises as atirou ao chão, levaram à morte real nesse primeiro episódio.[74]

A leitura das Escrituras por Paulo pode ser montada com mais cuidado do que sugere o punhado de fragmentos em suas cartas. Quer esteja compondo uma alegoria, quer coletando trechos de um testemunho bíblico, quer ainda

---

[73] David L. Balch, "Backgrounds of I Cor VII: Sayings of the Lord in Q; Moses as an Ascetic *theiosanēr* in II Cor. III", *New Testament Studies* 18 (1972): p. 358-62.
[74] Watson, *Hermeneutics of Faith*, p. 288-9.

interpretando um texto como Êxodo 34, ele tende a levar as Escrituras para além de seu significado óbvio ou do que seria óbvio para nós. Se ele fosse Ben Sirá, Fílon, Josefo ou o compositor dos *Hinos* dos Manuscritos do mar Morto, talvez se mostrasse propenso a atribuir a revelação de mistérios ou a composição de alegorias ao espírito santo. Não é isso que ele faz.

Todavia, ele nos oferece uma pista velada de sua experiência de inspiração na interpretação livre que dá ao véu de Moisés, então seus movimentos interpretativos compensam um exame cuidadoso. Na história bíblica, o véu cobre apenas o rosto de Moisés. Na interpretação paulina, Moisés não é o único a usar um véu. A sequência do pensamento de Paulo é assim:

1. *Um véu cobre a face de Moisés:* "Visto que temos tal esperança, mostramos muita confiança. Não somos como Moisés, que colocava um véu sobre a face para que os israelitas não contemplassem o resplendor que se desvanecia" (2Coríntios 3:12-13).
2. *Um véu cobre a leitura [desta parte da] antiga aliança:* "Na verdade a mente deles se fechou, pois até hoje o mesmo véu permanece quando é lida a antiga aliança. Não foi retirado..." (3:14).
3. *Um véu cobre o coração dos leitores que não estão "em Cristo":* "De fato, até o dia de hoje, quando Moisés é lido, um véu cobre os seus corações" (3:15).
4. *O véu é removido da face daqueles que se voltam para Cristo:* "Quando alguém se converte [se volta] ao Senhor, o véu é retirado. Ora, o Senhor é o Espírito e onde está o Espírito do Senhor ali há liberdade" (3:16-17).
5. *Um véu cobre o evangelho daqueles que estão perecendo, incrédulos cuja mente o deus deste mundo cegou:* "Se o nosso evangelho está encoberto, para os que estão perecendo é que está encoberto. O deus desta era cegou o entendimento dos descrentes, para que não vejam a luz do evangelho da glória de Cristo, que é a imagem de Deus" (4:3-4).

Nessa série de interpretações, o véu muda de Moisés (1) para a leitura pública da antiga aliança (2), para o coração dos leitores que não estão "em Cristo" (3), para os crentes em Cristo, crentes cujo véu foi removido (4) e para o próprio evangelho (5). Em muitos aspectos, os números 1 e 5 são semelhantes: os de fora não podem ver algo bom, algo possuidor da glória de Deus. Mais pertinentes para entendermos se Paulo se considera um intérprete inspirado das Escrituras são os números 2, 3 e 4. Os números 2 e 3

O espírito e a interpretação das Escrituras

são paralelos e, portanto, apresentam o mesmo ponto: os que não estão "em Cristo" não podem ler a antiga aliança corretamente. O número 4 explica: só os que se voltam para Cristo podem interpretar Êxodo 34 corretamente.

Paremos aqui por um instante para contemplar a interpretação de Paulo e, então, cair na magnificência de 3:18, com seus holofotes na transformação deslumbrante de glória em glória. É tentador focar o que é deslumbrante em 2Coríntios 3:18, ou seja, a transformação de glória em glória, que vem do Senhor, o espírito, mas isso surgirá em breve. Por enquanto, é crucial reconhecer que Paulo está falando de *leitura*, e da leitura certa. Se ele está interessado em experiência, é um tipo único de experiência: *a experiência de ler a Torá*, de interpretar Moisés. "A explicação de Paulo sobre o véu pretende falar não apenas da pessoa de Moisés, mas também e, acima de tudo, do texto, com o qual Moisés está tão intimamente associado ao longo dessa passagem (cf. 3:7, 15). A história do véu de Moisés é o texto falando por si mesmo: temos aqui uma parábola ou uma alegoria autorreferencial da *Torá*."[75]

Portanto, em 2Coríntios 3, Paulo está preocupado com a forma segundo a qual as pessoas leem Moisés. É o que o véu significa. "O entendimento de Paulo sobre o véu de Moisés está relacionado, em última análise, não a questões de história ou de biografia, mas a 'Moisés' como texto lido e aos 'filhos de Israel' como a comunidade judaica (não cristã) do presente, reunida a cada sábado para ouvir sua leitura. Essa mudança do passado para o presente ocorre nos versículos 14-15, destacada pelo uso repetido da frase 'até hoje'."[76] Leitura. Textos. Leitores — Paulo incluído. Esse é o tópico de 2Coríntios 3.

Se a segunda e a terceira referências ao véu dizem respeito a ler ou não ler Moisés corretamente, então a quarta referência ao véu também está relacionada a ler Moisés, o texto, corretamente. Paulo não dá nenhum sinal de que deslocou sua atenção da leitura para outro tópico, outra experiência, alguma grande fase da *Heilsgeschichte*. Sua questão é mais modesta, mas nem por isso menos significativa: se os herdeiros dos israelitas não leem Moisés corretamente, quem o lê? Aqueles que se voltam para o Senhor, que é o espírito. Aqueles que estão "em Cristo". *O principal objetivo do espírito é inspirar a interpretação correta das Escrituras* — nesse caso, de Êxodo 34.

---

[75] Watson, *Hermeneutics of Faith*, p. 295.
[76] Watson, *Hermeneutics of Faith*, p. 295.

Em sua base, a discussão de Paulo trata de como o espírito leva os crentes a ler Moisés. No entanto, isso não é tudo. Trata também do apostolado de Paulo, embora devamos ter cuidado para não separar seu apostolado de sua interpretação das Escrituras. Paulo esforça-se em suas cartas para fundamentar seu evangelho, sua proclamação, seu chamado apostólico em uma leitura particular das Escrituras. Não esqueçamos que a tradição que ele passou aos coríntios versa principalmente sobre a crucificação de Jesus "segundo as Escrituras" e sobre sua ressurreição "segundo as Escrituras" (1Coríntios 15). Seu chamado apostólico, no qual ele despende tanta energia nos primeiros capítulos de 2Coríntios, mais uma vez não diz respeito apenas a uma questão de convicção pessoal: a ousadia, a inspiração e a qualidade vivificante do evangelho de Paulo estão profundamente enraizadas na forma como ele lê a glória de Êxodo 34, a promessa de Ezequiel 11 e a explosão de luz em Gênesis 1.

E como ele lê Êxodo 34? À luz de Cristo, Paulo lê a *Torá* como alguém que se voltou para o Senhor, o espírito. Desse local privilegiado, a que os herdeiros de Israel não têm acesso, Paulo vê o que eles não veem. Enfim, o espírito sugere um tipo diferente de leitura, uma interpretação diferente das Escrituras, uma perspectiva diferente sobre Moisés. Como leitor inspirado, Paulo vê que o episódio de Moisés é, na verdade, uma história sobre como os herdeiros do legislador leram tudo errado, pois "até hoje" não reconhecem a presença de uma nova aliança, que torna a antiga obsoleta. Não se trata apenas de uma história sobre como Moisés voltou — tempo passado — para o Senhor, mas também de uma agenda que consiste na forma como qualquer um pode voltar-se — tempo presente — para o Senhor, o espírito, ter o véu levantado e, sem véu, ler Moisés corretamente.

Embora Paulo espalhe o espírito em uma variedade de outras esferas, de milagres em Gálatas 3 a dons carismáticos em 1Coríntios 12—14, em 2Coríntios 3 ele estabelece um nítido e inevitável contraste entre os que leem Moisés sem o espírito e os que o leem com o espírito. Para validar sua leitura das Escrituras, o apóstolo lida com a *Torá* de um modo que pode parecer vago e impreciso: ele muda o *locus* do véu, altera os tempos verbais do passado para o presente e situa a discussão em termos familiares a partir do contraste de Ezequiel entre corações de pedra e espíritos novos. Não são movimentos interpretativos minuciosos. Ainda assim, Paulo pode fazer isso, pode introduzir inovações e mudanças aparentes, pelo menos para sua satisfação, porque é um intérprete inspirado das Escrituras, porque se voltou para o Senhor, o espírito.

O espírito e a interpretação das Escrituras

Tudo isso é complexo e fica ainda mais inescrutável no que se segue: "Todos nós, com cara descoberta, refletindo, como um espelho, a glória do Senhor, somos transformados de glória em glória, na mesma imagem, como pelo Espírito do Senhor" (2Coríntios 3:18, ARC). Os intérpretes modernos tropeçaram na imagem do espelho, mas esse espelho pode fornecer a chave para se entender Paulo como intérprete inspirado das Escrituras. E o que o espelho pode significar?

Comecemos pelo que o espelho não significa. Quando Paulo diz que os crentes "com cara descoberta" veem "refletindo, como um espelho, a glória do Senhor", ele não está pintando em pinceladas largas um quadro da experiência cristã. Suas pinceladas são mais sutis, e seu tópico, mais esguio. Ele está falando de uma experiência de fé indispensável e fundamental: ler a história de Moisés de um modo correto, que logicamente está relacionado com a glória. Os crentes em Cristo são transformados de glória em glória, porque são aptos a ler o texto de Moisés — um texto sobre a glória de Deus — corretamente ou na direção certa: de trás para frente. Eles não conseguem lê-lo dessa maneira — na direção do espelho — se o lerem como na sinagoga: do começo para o fim. Mas não é assim que os crentes são transformados; eles são transformados quando leem a imagem espelhada do texto. E o espelho fornece a imagem inversa de como ler as Escrituras. O espelho dá aos crentes a capacidade de ler toda a história de Cristo ao contrário. Na verdade, uma experiência de Cristo conduz os leitores, implacável e vorazmente, de volta à história de Moisés, embora de uma perspectiva inteiramente nova.

A imagem do espelho ilumina o que Paulo está dizendo nessa discussão altamente inventiva sobre a leitura de Moisés. Em um mundo espelhado, esquerda é direita e direita é esquerda. Paulo olha para as Escrituras, onde vê o oposto de como as Escrituras eram normalmente lidas em seus dias. Seus colegas da sinagoga liam da maneira normal, de frente para trás, e não de trás para a frente, do começo para o fim, e não do fim para o começo, mas essa forma de leitura não os deixava perceber o sentido exato da inspiração: a nova aliança ofusca a antiga, o espírito suplanta a pedra, a ousadia toma o lugar da ocultação, a glória aberta destitui a glória velada. Eles não percebiam que, como seus ancestrais israelitas, estavam deixando de ver a glória de Deus; ela estava oculta para eles.

Paulo, um intérprete das Escrituras a quem o Senhor, o espírito, inspira, lia do fim para o começo. Ao tirar proveito do que os herdeiros de Israel faziam incorretamente, Paulo assimilou o que ele e os integrantes de seu grupo apostólico faziam corretamente: ler as Escrituras como devem ser lidas, porque o grupo de Paulo habitava o reino do espírito e conhecia o final da história. Suponho que poderíamos gracejar dizendo que Paulo trapaceou: ele leu a última parte primeiro, e saber o final mudou a maneira como ele leu a história da primeira à última parte, de glória em glória.

O SIGNIFICADO DA INTERPRETAÇÃO INSPIRADA DAS ESCRITURAS

Este capítulo é o resultado natural dos dois anteriores. Em nosso estudo sobre o espírito e o cultivo da virtude, observamos que nas Escrituras o espírito-respiração é o *locus* da sabedoria, do conhecimento e da virtude. Em nosso esforço para colocar o êxtase em seu devido lugar, concluímos que o êxtase (ou experiências semelhantes) em toda a escritura está vinculado a uma reflexão séria, ao contrário de boa parte do que descobrimos na literatura do mundo greco-romano. No capítulo que agora estamos prestes a concluir, traçamos o círculo mais estreito em um único tipo de inspiração: a obra do espírito santo em nosso empenho para entender os textos das Escrituras. Tentei esboçar, por meio de alguns exemplos, a interpretação inspirada das Escrituras no mundo de Israel, do judaísmo e do cristianismo primitivo. Este capítulo, como os dois primeiros, também é significativo para o estudo contemporâneo das Escrituras, com implicações sobre 1) como os cristãos avaliam o valor da Bíblia judaica ou do Antigo Testamento; 2) como os cristãos podem apreciar o papel da comunidade na interpretação inspirada; 3) como a preparação abre caminho para a inspiração.

Como avaliar o valor das Escrituras judaicas

Começarei com uma história. Namorei uma garota no colégio que havia sido batizada ainda na infância. Por pertencer a uma igreja que acreditava no batismo de adultos, fui com grande ingenuidade conversar com o pastor dela sobre a possibilidade de ela ser batizada. (Percebo que há muito de errado nessa cena, principalmente porque minha namorada não está nela.) Isso aconteceu há quase quarenta anos, mas eu me lembro da conversa como se fosse ontem. O pastor foi severo e ficou zangado. Durante quase meia hora, argumentou que o Deus do Antigo Testamento decididamente não é o Deus do Novo, que a Bíblia contém contradições e que de forma alguma ele concordaria com o rebatismo de minha namorada.

O espírito e a interpretação das Escrituras

Desde então, tenho lido minha cota de teologia e agora conheço as fontes teológicas de suas dicotomias e pude ver que ele presumiu, de forma não totalmente incorreta, que minhas opiniões sobre o batismo vinham de uma forma particular de ler a Bíblia. Então, ele tentou puxar o tapete da autoridade bíblica debaixo de mim.

Refletindo um pouco mais, dei-me conta de que ele não estava menos equivocado que eu e de forma mais flagrante. Eu, um estudante do ensino médio em escola pública, pouco instruído e apaixonado por uma garota loira e de olhos azuis, zelava excessivamente pela necessidade de ela ser batizada segundo minha tradição. Ele, um pastor formado no seminário, estava errado sobre toda a Escritura.

Os autores do Novo Testamento não traçaram esse tipo de dicotomia radical entre os testamentos, entre dois deuses, ou (como diz o diretor da Trinity College no filme *Carruagens de fogo*) entre dois montes distintos. Na verdade, um paradigma de inspiração, a história do Pentecostes, traça uma linha direta através das Escrituras judaicas até Jesus e a experiência da igreja. Os "atos de Deus dignos de louvor", que eles mencionaram no Pentecostes, constituem um resumo dessa trajetória simples e notável, que leva o salmista, por exemplo, da criação ao êxodo e daí à monarquia e ainda além.[77] Os primeiros seguidores de Jesus não traçaram uma linha na areia nem puseram um véu tênue separando o Deus do Antigo Testamento do Deus do Novo. Cheios do espírito, em clara proclamação (*apophthengesthai*), os primeiros seguidores de Jesus relataram os atos de Deus dignos de louvor em uma variedade de dialetos. Pedro, com igual clareza, iniciou seu discurso inspirado com uma explicação sobre o profeta Joel e o concluiu com um convite fundamentado em Isaías 57.

Quando um Simeão inspirado falou aos pais de Jesus (Lucas 2:28-32), ressuscitou as palavras de Isaías 40 e 42. Quando Jesus prometeu que o espírito santo, o paráclito, ensinaria os discípulos lembrando-os e guiando-os a (em) toda a verdade (João 16:13), para onde essa promessa os levou? Às suas Escrituras — apesar da enorme antipatia no Quarto Evangelho entre Jesus e "os judeus". As palavras de Jesus sobre a destruição do Templo entraram em foco quando "seus discípulos lembraram-se que está escrito: 'O zelo pela tua casa me consumirá'" (João 2:17; Salmos 69:9). No final da história, os "discípulos [de Jesus] não entenderam" sua entrada em Jerusalém nem as

---

[77] Por exemplo, Salmos 104—106.

palavras de Zacarias: "Não tenha medo, ó cidade de Sião; eis que o seu rei vem, montado num jumentinho" (João 12:15; Zacarias 9:9). Só mais tarde, de acordo com a promessa do paráclito, "depois que Jesus foi glorificado, eles se lembraram de que essas coisas estavam escritas a respeito dele e lhe foram feitas" (João 12:16). A lembrança inspirada levou os discípulos de Jesus a textos que podemos considerar misteriosos ou estranhos. Para o autor do Quarto Evangelho, sua capacidade de interpretar as palavras e ações de Jesus à luz desses textos é nada menos que inspirada.

Os autores judeus do Novo Testamento separaram-se de outros judeus pela pessoa de Cristo, e é claro que essa divisão conduziu a uma distinção entre Israel e o chamado Novo Israel. Essa divisão é caracterizada por uma forma diferente de ler a Escritura: de Cristo a Moisés, do fim para o começo. No entanto, essa forma de leitura não afastou das Escrituras o apóstolo Paulo nem qualquer outro intérprete do Novo Testamento. Ao contrário, quando Paulo defende sua obra apostólica, explica a ressurreição do corpo ou esclarece a natureza da fé, ele invariavelmente se volta para as Escrituras judaicas. O ponto principal no pensamento de Paulo é a Bíblia judaica — na verdade, o cerne da *Torá* —, a pessoa de Moisés quando desceu do Sinai para se juntar à sua obstinada comunidade. Portanto, mesmo quando se distingue dos outros leitores da sinagoga, Paulo apela para a Escritura deles, que também é a *dele*. O espírito que o transforma de glória em glória não o transporta para outro conjunto de Escrituras: em vez disso, inspira-o a ler Moisés corretamente ou da esquerda para a direita. O mesmo Deus. A mesma Bíblia. O mesmo espírito.

Como valorizar o papel da comunidade para a interpretação inspirada

Com frequência, os intérpretes das Escrituras que afirmavam ser inspirados eram líderes em suas comunidades. Esdras foi um escriba importante no período da reconstrução judaica após o retorno do exílio. Ben Sirá liderou sua academia de escribas em Jerusalém. Fílon era um cidadão tão proeminente de Alexandria que participou como responsável de uma embaixada enviada ao imperador Gaio. O autor dos *Hinos* dos Manuscritos do mar Morto permanece um tanto isolado em sua pretensão de inspiração e tem sido identificado com o fundador da comunidade, o Mestre da Justiça.[78]

---

[78] Digo isso apesar de recentemente haver lido o excelente estudo de Angela Kim Harkins, *Reading with an "I" to the Heavens: Looking through the Qumran Hodayot through the Lens of Visionary*

O espírito e a interpretação das Escrituras

Apesar da impressão do intérprete solitário, a comunidade permanece silenciosa no cenário de suas estratégias interpretativas. Esdras, por exemplo, não estava sozinho: antes da oração em que une o dom da *Torá* com o dom do bom espírito de Deus (Neemias 9:20), ele fica ombro a ombro com outros intérpretes. Esdras bendisse o Senhor, e o povo — homens e mulheres — respondeu. Depois que o povo ergueu as mãos e se curvou até o chão, a história continua: "Os levitas Jesua, Bani, Serebias, Jamim, Acube, Sabetai, Hodias, Maaseias, Quelita, Azarias, Jozabade, Hanã e Pelaías instruíram o povo na Lei, e todos permaneciam ali. Leram o Livro da Lei de Deus, interpretando-o e explicando-o, a fim de que o povo entendesse o que estava sendo lido" (8:6-8). Lembre-se de que o verbo traduzido como "interpretar" e "explicar" é traduzido também por "instruir" na oração de Esdras: "Deste o teu bom Espírito para instruí-los" (9:20). A instrução inspirada na *Torá* — a interpretação ligada ao dom do bom espírito na oração que se segue — foi um evento comunitário.

Tampouco Fílon está sozinho. Sua abordagem da Escritura, particularmente a interpretação alegórica e a forte dose de cultura greco-romana que ele importa para os escritos de Moisés, pertence a uma linha de intérpretes alexandrinos. Embora não tenhamos espaço para realizar um estudo completo da interpretação alexandrina, uma comparação dos comentários de Fílon com outros textos alexandrinos, como Aristóbulo, a *Carta de Aristeas*, 4Macabeus e *Sabedoria de Salomão*, revela afinidades notáveis e aponta para uma tradição interpretativa coerente em Alexandria.[79] Portanto, enquanto as reivindicações de inspiração de Fílon sugerem uma profunda sensação de isolamento — flutuando sozinho ao sabor dos ventos do conhecimento, ouvindo o conhecido inquilino secreto ou entrando no frenesi da dança coribântica —, o que ele produz representa as premissas e perspectivas de uma comunidade estabelecida.

Pedro, no Pentecostes, também representa um padrão interpretativo estabelecido. Embora sua capacidade de saltar das Escrituras judaicas para

---

Traditions, Ekstasis 3 (Berlin: Walter de Gruyter, 2012), p. 8-24, no qual Harkins defende que os hinos não são produto do Mestre da Justiça, mas um modelo para levar os leitores a uma experiência mais profunda de oração.

[79] Sobre a tradição alexandrina, veja David Dawson, *Allegorical Readers and Cultural Revision in Ancient Alexandria* (Berkeley: University of California Press, 1992). Para uma introdução confiável à literatura alexandrina judaica, veja George W. Nickelsburg, *Jewish Literature between the Bible and the Mishnah*, 2. ed. (Minneapolis: Fortress, 2005), p. 191-229.

os acontecimentos de sua época espelhe o método *pesher* de interpretação, tão predominante nos Manuscritos do mar Morto, o conteúdo de sua interpretação, bastante centrado em Cristo, reflete a influência da comunidade na qual está inserido. Lucas até descreve o contexto comunitário de seu sermão: um grupo de 120 pessoas, inclusive os Doze reconstituídos, reunidos em um cenáculo e engajados em oração unificada. A interpretação das Escrituras, em outras palavras, pode focar na inspiração de um indivíduo sem separá-lo de uma comunidade que fornece os métodos e o conteúdo da interpretação.

QUANDO, MAIS TARDE, PEDRO fala perante o Sinédrio, que fica impressionado com ele, seus ouvintes compreendem sua ousadia, percebem que ele e João são homens iletrados e reconhecem — aqui está a chave — que foram companheiros de Jesus (Atos 4:13). Em primeiro lugar, obviamente, porque, de acordo com os três Evangelhos Sinóticos, Jesus citou Salmos 118:22 na parábola dos lavradores. Em segundo lugar, porque Salmos 118:22 era uma seção popular das Escrituras judaicas adotada pela igreja primitiva. Em 1Pedro 2:7, o texto aparece ao lado de vários outros fragmentos das Escrituras no testemunho de Jesus Cristo. Quando o espírito santo enche Pedro, as palavras que surgem no testemunho de Jesus são aquelas que ele — e a comunidade da qual faz parte, a começar por Jesus — memorizou.

O apóstolo Paulo cita as tradições da igreja (1Coríntios 15:3-8) e elogia seus leitores por aderirem a elas (11:2). Até mesmo sua interpretação inventiva do véu de Moisés provavelmente reflete as estratégias judaicas de interpretação — vários estudiosos de renome apontam motivos judaicos, com os quais a interpretação de Paulo guarda forte semelhança.[80] Há certa ironia aqui: Paulo, enquanto critica o modo como Moisés é lido na sinagoga, interpreta a história de Moisés através de ferramentas e métodos que ele acumulou em sua vivência na sinagoga. Mais uma vez, a inspiração, mesmo em interpretações aparentemente idiossincráticas e combativas, não acarreta necessariamente o isolamento. A inspiração pode ocorrer no contexto de uma comunidade viva, nas tradições de uma comunidade e até mesmo em uma comunidade que presumivelmente engloba seus oponentes ideológicos.

---

[80] Veja Fitzmyer, "Glory Reflected"; Balch, "Backgrounds"; A. T. Hanson, "The Midrash in II Corinthians 3: A Reconsideration", *Journal for the Study of the New Testament*, n. 9 (1980), p. 2-28.

Como a preparação abre caminho para a inspiração

Vimos por todo este livro que a inspiração está intimamente ligada ao esforço humano. Essa conscientização se concretiza com a interpretação inspirada das Escrituras. Esdras e seus companheiros precisavam estudar enquanto ensinavam, por isso "os chefes de todas as famílias, os sacerdotes e os levitas reuniram-se com o escriba Esdras para estudarem as palavras da Lei" (Neemias 8:13). Enquanto estudavam, "descobriram na Lei" que os israelitas deveriam morar em cabanas, então anunciaram essa provisão e essa ordem. Estudo e ensino, aprendizado e interpretação, andavam de mãos dadas.

Ben Sirá oferece um catálogo de atividades necessárias antes que o escriba seja "repleto do [de um] espírito de inteligência" e "fará chover abundantemente suas palavras de sabedoria" (Eclesiástico 39:6, BJ). Em geral, o escriba deve primeiro ser um aluno cujos pés desgastam os degraus da porta de seu mentor (6:32-37). Ele deve examinar a sabedoria antiga, as profecias, os ditos dos famosos e os enigmas ou parábolas (39:1-3). Ele deve aguçar seu discernimento nas cortes estrangeiras (39:4). Ele deve levantar-se cedo para orar (39:5). Então, e só então, "se for da vontade do supremo Senhor, ele será repleto do [de um] espírito de inteligência" (39:6, BJ). O aprendizado intenso, viagens, estudo e oração — e uma vida inteira disso — são os ingredientes essenciais para a formação de um escriba inspirado.

Vemos uma vida diferente de aprendizado nas figuras de Simeão e Ana. Para eles, a preparação assume a forma principalmente de um desejo sincero pelo que Lucas denomina "consolação de Israel" — uma expectativa fundamentada na esperança de Isaías 40. Ambas as figuras estão imersas na visão de Isaías 40—55. Quando ele vê o menino Jesus no Templo, palavras repletas da linguagem de Isaías 40—55 saem da boca de Simeão, cuja inspiração Lucas descreve três vezes com relação ao espírito. Lucas descreve Ana como uma viúva de 84 anos que "nunca deixava o templo: adorava a Deus jejuando e orando dia e noite" (Lucas 2:37). Quando Jesus foi levado ao Templo, Ana começou a louvar a Deus e falar "a respeito do menino a todos os que esperavam a redenção de Jerusalém" (2:38). A expressão "redenção de Jerusalém" é semelhante às palavras que descrevem a esperança de Simeão pela "consolação de Israel". Ana, como Simeão, vê Jesus porque está bem-preparada: voltada à oração, dedicada ao jejum e saturada pela visão de Isaías.

Pedro e Paulo, no livro de Atos, formam um contraste fascinante. O sermão de Pedro na presença do Sinédrio, no qual ele cita Salmos 118:22

(Atos 4:11), revela a informalidade de sua formação educacional aos pés de Jesus. Apesar da falta de formação acadêmica, Pedro surpreende os homens cultos que o menosprezavam. A preparação de Paulo é de uma natureza diferente. Assim que foi cheio do espírito, ele começou a reunir os textos bíblicos que tão bem aprendera — só que agora para mostrar que Jesus era o messias (Atos 9:22). Duas pessoas. Duas pessoas inspiradas. Duas formas diferentes de preparação, mas ambas bem-preparadas por comunidades interpretativas e bem-equipadas para receber o espírito santo e falar com confiança sobre Jesus.

Permita-me concluir brevemente sobre Maria Woodworth-Etter, cuja fascinante história apareceu na primeira página do *The New York Times* e na primeira página deste capítulo. A intrigante evangelista ligada a transes costumava "pegar um texto e confiar que Deus me conduz à sua maneira".[81] Poderíamos desejar que a inspiração, como na afirmação de Woodworth-Etter, suplantasse a inspeção cuidadosa do texto, para que o espírito santo fizesse o trabalho árduo de preparar o sermão. Entretanto, vimos que esse não é um modelo bíblico de inspiração. No capítulo 1, observamos que a virtude surge de uma vida em que as pessoas cultivam dentro de si o espírito-respiração. No capítulo 2, vimos que a preparação é necessária para colocar o êxtase em seu devido lugar e que o trabalho da inspiração se torna ainda mais árduo depois que o espírito profere uma palavra de revelação. Neste capítulo, vimos que a preparação consistente prepara o terreno para a inspiração. Não existe atalho para a pregação eficaz nem para o ensino eficaz. Oradores inspirados, pelo menos da perspectiva bíblica, não oferecem discursos convincentes nem sermões contundentes porque o espírito santo os inspira ali, na hora, em total espontaneidade, sem preparação, desvinculados de uma comunidade. Envolver-se com o texto é um trabalho árduo até mesmo ou talvez especialmente quando pregadores ou mestres são inspirados. O espírito santo os enche porque já estão preparados, bem-versados, atentos. Com essa visão, se você puder lembrar, voltamos ao mundo de José, Bezalel, Daniel, Simeão e Ana, cujos fervor e trabalho árduo levaram a brilhantes momentos inspirados na história de uma antiga tradição de fé.

---

[81] Woodworth, *Life and Experience*, p. 45.

CONCLUSÃO

UMA AGENDA PARA O FUTURO DA PNEUMATOLOGIA

Neste livro, investiguei a expansividade do espírito sem libertá-lo das restrições, mas associando-o a qualidades valorizadas que avançam nas literaturas israelita e judaica, bem como no Novo Testamento. Esses elementos são a virtude e o aprendizado.

Não há muito mistério nessa escolha. Como afirmei nas primeiras páginas deste livro, estou profundamente preocupado com a divisão na igreja entre os cristãos atraídos por experiências extáticas e os que se apoiam em experiências sérias e estáveis.[1] Preocupa-me que os pentecostais, especialmente aqueles do Sul global, estejam sendo atraídos pelo arrebatamento de experiências extáticas sem o contrapeso da virtude e do aprendizado. Também me preocupa a possibilidade de os cristãos das tradições protestante, católica e ortodoxa histórica estarem deixando de lado a tendência

---

[1] Foi por isso que dei, a uma bolsa que recebi do Instituto de Louisville, em 2008, o nome *For Snake-handlers and Sacramentalists: An Essential Introduction to the Holy Spirit* [Para manipuladores de serpentes e sacramentalistas: uma introdução essencial ao espírito santo].

às experiências extáticas, enquanto buscam a virtude e o aprendizado em um vazio desprovido de espírito. Sei que essa dicotomia, como a maioria delas, pode prestar-se à caricatura. Todavia, penso que contém e representa um risco peculiar para a igreja, especialmente porque no Norte global muitos cristãos ficam sentados nos bancos das igrejas, enquanto, no Sul global, dançam ao ritmo do êxtase.

Para defender minha posição, recorri diretamente às Escrituras, que os cristãos de todos os matizes consideram autoridade, de um tipo ou de outro. Essa é a única plataforma com a qual nós — o *nós* global da igreja católica — podemos concordar (repito, em diversos graus) para construir nosso futuro. Não precisamos de uma teologia das Escrituras, ou mesmo de uma teologia de inspiração, para adotar esse fundamento. Do ponto de vista histórico, a Bíblia é o único recurso em um mundo dividido por confissões, no qual os cristãos podem, de forma eficaz, desenvolver uma agenda para o futuro da pneumatologia. O fato de os cristãos compartilharem a *Torá*, os Profetas e os Escritos com adeptos da fé judaica torna o uso desse fundamento ainda mais atraente.[2] Portanto, resisti à tentação de envolver outros teólogos, pois meus leitores assumem um compromisso único, se não variegado, com as Escrituras. Só agora, neste último momento do livro, com as bases bíblicas já perfeitamente estabelecidas, recorrerei a teólogos cristãos como Karl Barth, Jürgen Moltmann, Wolfhart Pannenberg, Karl Rahner e Frank Macchia.[3]

Este livro pode ser sobre pneumatologia, mas seu significado é muito mais amplo. Embora eu tenha mapeado o significado deste estudo no final de cada capítulo, nesta conclusão estenderei os limites desse significado a domínios ainda mais distantes de nossa vida, domínios que podem ser vagamente identificados como teologia, hermenêutica, cultura e eclesiologia. Pretendo: (1) desenvolver uma pneumatologia da criação, na qual o espírito se encontra fora da comunidade de fé cristã (teologia); (2) demonstrar a importância dos pontos de partida para interpretar a Bíblia (hermenêutica); (3) mostrar a associação indispensável entre a Bíblia, particularmente o Novo Testamento, e o mundo que a formou (cultura); e (4) desenvolver um modelo de inspiração que tem o potencial de fornecer um futuro unificado para a igreja (eclesiologia).

---

[2] Obviamente, estou ciente das diferenças entre o *Tanakh* e o Antigo Testamento cristão, em parte devido à subsequente adoção da Septuaginta e da *Vulgata*. Ainda assim, essas diferenças empalidecem à luz de milênios de uso compartilhado, embora díspar.

[3] Veja também o trabalho pioneiro de Elizabeth A. Johnson, *She Who Is: The Mystery of God in Feminist Theological Discourse* (New York: Crossroad, 1992), p. 124-49.

I. UMA PNEUMATOLOGIA DA CRIAÇÃO

Quando eu era um jovem cristão, aprendi que o espírito santo me encheu quando fui batizado nas águas por imersão, assim que professei minha fé. Aprendi isso de forma repetida e em termos inequívocos — e com um apoio bíblico substancial. Pedro instrui as multidões que presenciaram os acontecimentos inspirados do Pentecostes: "Arrependam-se, e cada um de vocês seja batizado em nome de Jesus Cristo para perdão dos seus pecados, e receberão o dom do Espírito Santo" (Atos 2:38). Também memorizei um trecho da carta a Tito: "Quando, da parte de Deus, nosso Salvador, se manifestaram a bondade e o amor pelos homens, não por causa de atos de justiça por nós praticados, mas devido à sua misericórdia, ele nos salvou pelo lavar regenerador e renovador do Espírito Santo, que ele derramou sobre nós generosamente, por meio de Jesus Cristo, nosso Salvador" (Tito 3:4-6). Como tantos cristãos, aprendi o que minha igreja me ensinou. E o que eles me ensinaram era bom, mas não era tudo.

Não aprendi que o espírito santo estava ativo na experiência contínua de santificação. Mais tarde, obtive essa percepção, quando abracei o espírito wesleyano ou, para ser mais honesto, quando abracei uma mulher wesleyana, com quem me casei. Também não aprendi que o espírito santo estava presente na criação, o que eu gostaria de denominar aqui "pneumatologia da criação". Só fui ter esse *insight* quando escrevi *Filled with the Spirit*, obra em que tentei demonstrar exegeticamente que o espírito-respiração de Deus existe em todos os seres humanos, e não apenas nos cristãos que se arrependeram ou nasceram de novo e foram renovados pelo espírito santo no batismo. Descobri que, se começarmos nossa exegese pelo Novo Testamento, podemos deixar escapar completamente essa vertente das Escrituras, segundo a qual o espírito que as pessoas recebem desde o nascimento não é menos divino ou santo que o espírito recebido por meio de sacramentos ou dotações carismáticas.

O primeiro movimento que Deus faz em toda a extensão das Escrituras envolve o movimento do *ruach*: "Era a terra sem forma e vazia; trevas cobriam a face do abismo, e o Espírito de Deus se movia sobre a face das águas" (Gênesis 1:2). As traduções não ajudam muito a descobrir o que é exatamente esse *ruach*. Uma diz: "O espírito de Deus se movia sobre a face das águas" (NVI); outra: "O vento de Deus se movia sobre as águas" (CEB); outra ainda: "O espírito de Deus pairava por sobre as águas" (ARA); e ainda outra:

"O espírito de Deus pairava como um pássaro sobre o abismo aquático" (*The Message*). A palavra hebraica *ruach* significa "vento", daí "um vento da parte de Deus se movia sobre a superfície das águas". As ondas indomáveis da água eram agitadas pelo vento, o vento de Deus, então algo bom, algo bonito, deveria estar por vir. Mas a palavra hebraica também significa "respiração que produz palavras", como no poema de abertura da Bíblia, em que as poderosas palavras de Deus separam as trevas da luz, o mar da terra, o dia da noite (Gênesis 1:1—2:4). O refrão "E disse Deus..." confere estrutura e estabilidade à criação, pois as palavras que ordenam a vida são formadas pelo espírito-respiração que passa pela língua de Deus. Contudo, nem mesmo o vento e a respiração esgotam o mistério do espírito de Deus. O verbo "pairar", que oferece o primeiro vislumbre do poder do espírito na Bíblia, ocorre apenas uma vez em outras partes do Antigo Testamento, quando Deus é uma "águia que desperta a sua ninhada, paira sobre os seus filhotes, e depois estende as asas para apanhá-los, levando-os sobre elas" (Deuteronômio 32:11-12). Este é um cuidado terno: asas poderosas agarrando Israel pelo pescoço para colocá-lo "nos lugares altos da terra" (32:13). O espírito de Deus, no nascimento da criação, paira sobre uma terra prenha, choca como um pássaro sobre o abismo aquático — um espírito semelhante a uma águia planando com asas fortíssimas sobre uma criação nascente. A ordem está no horizonte. O caos está prestes a se transformar em nada.

Fundar a pneumatologia na obra de salvação sem lançar um olhar demorado à criação é truncar a amplitude do espírito. Afinal, a criação é o ponto no qual tem início o grande drama. O ato da criação identifica a humanidade como *imago dei* (Gênesis 1:26-28), um reflexo, talvez até mesmo um substituto de Deus no mundo criado, por meio do qual Deus reivindica a ordem em meio ao caos: "Façamos o homem [a humanidade] à nossa imagem, conforme a nossa semelhança". O ato da criação revela a participação lúdica da Sofia, parceira de Deus, que oferece aos seres humanos a chance de aprender, de nutrir a virtude: "Deixem a insensatez [imaturidade], e vocês terão vida; andem pelo caminho do entendimento" (Provérbios 9:6). E o ato da criação também é o momento no qual Deus se aninha na terra moldada e sopra vida nela (Gênesis 2:7).

É lógico que tudo isso se concretiza na salvação, mas perderemos todo o peso e o valor dessa salvação se a entendermos sem o primeiro plano do escopo expansivo da criação. *Imago dei. Sopro. Sofia.* No alvorecer da criação, os seres humanos refletem, recebem e são equipados com o que devem ser na plenitude da salvação, na plenitude dos tempos.

Espírito *versus* espírito

O terrível drama de Gênesis 3 perturba o cosmos idílico do poema de abertura e da primeira história da *Torá*, que situa o casal primitivo no paraíso. O pecado irrompe da manipulação do casal primitivo pela serpente e se espalha quando a mulher entrega o fruto ao homem que está com ela. À luz dessa ruptura, seria um erro de cálculo hermenêutico isolar a vertente da Escritura que vê o espírito de Deus interior como fonte ininterrupta de virtude e aprendizado.

Os *insights* exegéticos deste livro não podem ser reduzidos a uma iteração recém-formulada do idealismo alemão do século 19. O espírito humano não é apenas o caminho ininterrupto para a perfeição moral. O espírito humano foi arruinado, "queimado" e até mesmo, para citar o salmista, *quebrantado*. Se não estivesse arruinado, Daniel dificilmente precisaria ter renunciado a alimentos opulentos e vinhos finos para se distinguir dos outros refugiados da corte. Se não estivesse "queimado", um espírito santo dificilmente exigiria a disciplina e o ensino que o sábio que escreveu *Sabedoria de Salomão* lhe imputa. Se não estivesse quebrantado, o espírito divino dentro dos humanos naturalmente se uniria à mente orientada ao éter puro, em vez de se unir à alma carnal e terrena da antropologia de Fílon, o Judeu. Se não estivesse impuro, o mestre da sabedoria dos Manuscritos do mar Morto não teria de advertir seu povo para não trocar o espírito santo por lucro. Se não fosse pecaminoso, Paulo não teria de diferenciar entre os *psykikoi*, pessoas psíquicas ou terrenas, e os *pneumatikoi*, pessoas do espírito, ambas habitando os recantos fragmentados da igreja de Corinto.

Em última análise, não há espaço para otimismo, tampouco para a arrogância do idealismo alemão dos fins do século 19, cujos proponentes traçaram uma relação muito estreita entre o espírito divino e o espírito humano. *Geist* ("espírito" ou "mente"), entendido nos moldes do idealismo alemão, passou a ser identificado com a esfera moral do potencial humano. Esse modo de entender o espírito infiltrou-se nos estudos do Novo Testamento. Um dos mais eminentes estudiosos do Novo Testamento do século 19, F. C. Baur, discutiu o espírito divino sob a rubrica "Princípio da consciência cristã",[4] que ele descreveu ainda como "uma consciência verdadeiramente espiritual, uma relação de espírito para espírito, em que o espírito absoluto de Deus, ao se tornar o princípio da consciência cristã,

---

[4] C. Baur, *Paul the Apostle of Jesus Christ, His Life and Work, His Epistles and His Doctrine* (London and Edinburgh: Williams & Norgate, 1875).

abre-se à consciência do homem".[5] Dessa perspectiva, a justificação ocorre quando o ser humano "recebe o espírito em si mesmo como o princípio de sua consciência e de sua vida cristãs".[6] Não preciso insistir no ponto de que isso, mesmo no que tem de melhor, dificilmente é teologia paulina; é certamente uma exegese suspeita que importa uma perspectiva ideológica dominante (e dissonante) — o idealismo alemão — para as cartas de Paulo.

Quando, na década de 1880, um intrépido estudioso de 26 anos chamado Hermann Gunkel confrontou a identificação virtual do espírito divino com o espírito humano, suas ideias inovadoras encontraram enorme resistência por parte de alguns dos luminares intelectuais da Alemanha. Gunkel interpretou o iconoclasta e afirmou haver descoberto "o que a era apostólica tinha em mente com o termo *Espírito*. É o poder sobrenatural de Deus que faz milagres na pessoa e por meio dela".[7] Gunkel rejeitou qualquer relação entre o espírito e o Espírito. "A relação entre a atividade divina e a humana", escreveu ele, "é de oposição mutuamente exclusiva. Portanto, a atividade do Espírito não é uma intensificação do que é inerente a todos. É antes o absolutamente sobrenatural e, portanto, divino".[8] Essa dificilmente seria a estrutura conceitual adotada por F. C. Baur, mas, sem dúvida, é uma leitura mais legítima do Novo Testamento que a de Baur, com sua inserção — na verdade, intrusão — do idealismo alemão na teologia do apóstolo Paulo.

Seguindo uma linha paralela a Gunkel, o teólogo Karl Barth reconheceu o perigo do idealismo alemão. Em 1929, Barth proferiu a palestra "O Espírito

---

[5] Baur, *Paul the Apostle*, p. 128.
[6] Baur, *Paul the Apostle*, p. 140.
[7] Hermann Gunkel, *The Influence of the Holy Spirit: The Popular View of the Apostolic Age and the Teaching of the Apostle Paul*, 3. ed. (Philadelphia: Fortress, 1979; edição de bolso, 2008), p. 35.
[8] Gunkel, *Influence of the Holy Spirit*, p. 34. O efeito "mais marcante e característico" do espírito na igreja primitiva foi a *glossolalia* (p. 30). Apesar desse retrato do cristianismo primitivo, o próprio Gunkel era mais idealista alemão que adepto do cristianismo do primeiro século, como ele o entendia; perto do final de *Influence of the Holy Spirit*, ele escreve: "Os dons do Espírito na era apostólica desapareceram, embora em círculos cristãos isolados algo semelhante talvez possa ser observado até hoje. Mas também podemos passar sem esses dons milagrosos. Pois, mesmo agora, percebemos diariamente outras atividades do Espírito em nossa vida. Mesmo para nós, o cristão é um milagre de Deus" (p. 96). Ele também expressou em poesia sua crença pessoal de que não há ruptura entre os espíritos divino e humano:

> De todas as ações dos espíritos terrenos [Aus allem Handeln irdischer Geister]
> O Mestre eterno tece um vestido [Webt sich ein Kleid der ewige Meister].

Veja Werner Klatt, *Hermann Gunkel: Zu seiner Theologie der Religionsgeschichte und zur Entstehung der formgeschichtlichen Methode*, Forschungen zur Religion und Literatur des Alten und Neuen Testaments 100 (Göttingen: Vandenhoeck & Ruprecht, 1969), p. 33.

Santo e a vida cristã" em um momento crucial da história que iluminou o quebrantamento do espírito: apenas uma década depois de as tropas haverem retornado da Primeira Guerra Mundial e uma rápida década antes do início da Segunda Guerra Mundial. Nessa atmosfera tenebrosa, Barth teve pouca paciência com o otimismo do idealismo alemão. Por conseguinte, ele estabeleceu uma rígida dicotomia entre a revelação divina e a experiência humana. As palavras de abertura da palestra provaram ser uma linha traçada na areia. "Agostinho sabia", começou Barth, "o que mais tarde os teólogos idealistas não mais entenderiam corretamente, que a vida de Deus, chamada na Bíblia de Espírito, Espírito Santo, não é idêntica ao que conhecemos como o nosso espírito criado ou a nossa vida interior".[9] Nada nos seres humanos os torna capazes de saber o que eles só podem saber por meio de revelação. Barth continua:

> Pode haver continuidade entre Deus e os humanos (uma verdadeira analogia do ser), em virtude do fato de que ele, o Espírito não criado, pode ser revelado aos espíritos criados.
>
> Não que a revelação seja dada à criatura como tal; pelo contrário, pertence apenas ao Criador, embora venha de *maneira adequada* à criatura. Não pode, então, ser entendida como dádiva original da criatura, mas, pelo contrário, apenas como uma segunda maravilha do amor de Deus, como uma bênção divina inconcebível e imerecida.[10]

O ser humano, argumenta Barth, não recebe revelação porque seu espírito tem um caráter divino ou uma adequação peculiar. A revelação chega às pessoas com total falta de dom.[11]

---

[9] Karl Barth, *The Holy Spirit and the Christian Life*, traduzido para o inglês por Michael Raburn (2002), p. 5.

[10] Barth, *Holy Spirit and the Christian Life*, p. 8-9. Frank D. Macchia (*Justified in the Spirit: Creation, Redemption, and the Triune God* [Grand Rapids: Eerdmans, 2010], p. 34) destaca que Barth, em seu livro *Church Dogmatics* III/2: *The Doctrine of Creation* (Edinburgh: T. & T. Clark, 1960), p. 362-3, mais tarde veio a enxergar o espírito de Deus na própria criação: "O homem todo é do Espírito, visto que o Espírito é o princípio e o poder da vida do homem todo. [...] Cada momento em que pode respirar e viver, ele tem nesse próprio fato o testemunho de que Deus se volta para ele em sua graça como Criador".

[11] Para uma crítica dessa palestra, veja Jürgen Moltmann, *The Spirit of Life: A Universal Affirmation* (Minneapolis: Fortress, 1992), p. 6-7 [edição brasileira: *Espírito da vida: uma pneumatologia integral* (São Paulo: Vozes, 1994)].

À luz daquela época, daqueles dias, a rigidez da dicotomia de Barth pode ter sido não apenas defensável, como também indispensável. O espírito das nações estava crescendo com uma ganância sem precedentes, e Barth podia estar certo em rejeitar por completo a alegada elevação do espírito humano que repousa com — e dentro — do ser humano desde o nascimento.[12]

Spiritus sanctificans e spiritus vivificans

Vários teólogos do século 20 levaram a pneumatologia em uma direção que evita essa dicotomia.[13] De acordo com Jürgen Moltmann, a capacidade de associar os espíritos divino e humano é de suma importância:

> Tanto na teologia e na devoção protestante como na católica, há a tendência de ver o Espírito Santo apenas como *o Espírito da Redenção*. Seu lugar é na igreja e dá a homens e mulheres a certeza da bem-aventurança eterna de suas almas.

---

[12] Infelizmente, os estudiosos de décadas posteriores promulgaram a dicotomia entre os espíritos divino e humano em obras de referência bíblica com certa deselegância e falta de necessidade exegética em alguma medida, pois transmitiram uma divisão desnecessária entre o espírito da criação e o espírito da salvação. Mais de meio século após a publicação inicial do livro de Gunkel e um quarto de século após a palestra de Barth, Geoffrey Lampe separou a alma humana do espírito divino em seu verbete sobre o Espírito Santo no influente *Interpreter's Dictionary of the Bible*. Ele dividiu o espírito de vida, dado no nascimento, do espírito dado na salvação com afirmações como esta: "Nesses últimos casos, o pensamento é principalmente sobre o 'sopro' de Deus do princípio de vida ou 'alma' das criaturas vivas, mas, embora esse princípio de vida não deva ser identificado com o verdadeiro Espírito de Deus, os escritos hebraicos o representam como um efeito de suas operações". Veja Geoffrey Lampe, "Holy Spirit", in: George Buttrick (ed.), *The Interpreter's Dictionary of the Bible* (Nashville: Abingdon, 1962), v. 2, p. 629. Uma geração depois e mais de um século após a publicação do pequeno estudo de Gunkel, Friedrich W. Horn reafirmou essa dicotomia em outra obra de referência influente, o *Anchor Bible Dictionary*. Ele começa com uma discussão sobre o "significado do termo" (ou seja, *ruach*). Aqui, descobre-se *ruach* como vento, demônio e, no que Horn denomina como "esse significado essencialmente físico", o espírito como respiração ou fôlego. Em seguida, ele se volta para a "História do conceito", uma seção que começa com um teor muito diferente: "As referências ao poder do espírito de Deus no período do AT ocorrem primeiramente com os juízes carismáticos e profetas extáticos". A dicotomia é clara: o significado do termo inclui a respiração de vida, enquanto a história do conceito diz respeito ao poder do Espírito. A respiração de vida é "essencialmente física", ao passo que o Espírito de Deus diz respeito ao carisma e ao êxtase. Esse tipo de divisão entre um conceito e um termo, a respiração de vida e o êxtase, não deve ser sobreposto às Escrituras judaicas. Veja Friedrich W. Horn, "Holy Spirit", in: David Noel Freedman (ed.), *Anchor Bible Dictionary* (Garden City, NY: Doubleday, 1992), v. 3, p. 262.

[13] Essa seção poderia recuar até os escritos de Cirilo de Alexandria, particularmente seu comentário sobre o evangelho de Lucas e, mais recentemente, Friedrich Schleiermacher. Seria fascinante, mas limitei meus exemplos aos teólogos dos séculos 20 e 21, de Karl Barth a Frank Macchia. Incluí um bom número de teólogos, creio, para enfatizar que teologia e exegese se complementam quanto ao tópico da santidade de espírito, que as pessoas possuem desde o nascimento.

Uma agenda para o futuro da pneumatologia

Esse Espírito redentor está separado da vida corporal e da vida da natureza. Isso faz com que as pessoas se afastem "deste mundo" e tenham esperança na existência de um mundo melhor além. Eles, então, procuram e experimentam no Espírito de Cristo um poder diferente da energia divina da vida, que, de acordo com as ideias do Antigo Testamento, interpenetra todos os vivos.[14]

O que Moltmann tem a dizer é digno de nota em dois aspectos. Em primeiro lugar, ele estabelece que o Antigo Testamento, que ocupou boa parte de nossa atenção neste livro, é indispensável para a construção da pneumatologia. Em segundo lugar, ele descobre a falha em uma espiritualidade que separa o corpo da alma, a salvação da libertação, o espírito do Espírito. Como Moltmann continua a dizer um pouco mais adiante, "se a redenção é a ressurreição do corpo e a nova criação de todas as coisas, então o redentor Espírito de Cristo não pode ser outro Espírito senão o criativo *ruach* de Yahweh".[15] Mais tarde, ele ainda insiste na ideia: "Diante de 'o fim da natureza', as igrejas irão descobrir o significado cósmico de Cristo e do Espírito, ou irão compartilhar a culpa pela aniquilação da criação terrena de Deus".[16] Moltmann identificou percepções fundamentais para o futuro da pneumatologia com fundamento na relação ou mesmo na identidade entre o espírito dentro do ser humano e o espírito de Deus. Em termos mais tradicionais, o espírito de salvação é o espírito da criação, o *spiritus sanctificans* é o *spiritus vivificans*. Se os isolarmos um do outro e dermos atenção apenas ao espírito de redenção, condenaremos nosso mundo à aniquilação.

Em outro lugar, Moltmann conecta escatologia, trindade e criação em uma expressão simples e coerente de unidade entre o espírito de criação e o espírito de salvação:

> A experiência da realidade escatológica do Espírito conduz à conclusão de que esse é o mesmo Espírito em cujo poder o Pai, por meio do Filho, criou o mundo e o preserva contra o nada aniquilador: "Quando escondes o rosto, entram em pânico; quando lhes retiras o fôlego, morrem e voltam ao pó. Quando sopras o teu fôlego, eles são criados, e renovas a face da terra" (Salmos 104:29-30). Isso significa que o Espírito é o poder eficaz do Criador

---
[14] Moltmann, *Spirit of Life*, p. 8.
[15] Moltmann, *Spirit of Life*, p. 9.
[16] Moltmann, *Spirit of Life*, p. 10.

e o poder que vivifica os seres criados. Também significa que esse poder é, em si mesmo, criativo, não criado, e que foi "exalado" pelo Criador, ou seja, emanado. E isso, por sua vez, significa que no Espírito o próprio Criador está presente em sua criação. Por meio da presença de seu ser, Deus preserva sua criação contra o nada aniquilador.[17]

Para Moltmann, não pode haver distinção fácil entre respiração e espírito, ou entre espírito e Espírito, mesmo quando o Espírito está definido no contexto da trindade cristã.[18] Wolfhart Pannenberg oferece uma exploração comparável da trindade:

> Se devemos considerar as criaturas em sua pluralidade como obra do Filho tanto quanto derivação de Deus e entre si, e se o Filho, como o *Logos* da criação, é o princípio de sua ordem, pela qual todos os fenômenos em suas variedades estão relacionados entre si, então, de acordo com o testemunho bíblico, o espírito de Deus é o princípio que dá vida, ao qual todas as criaturas devem a vida, o movimento e a atividade. Isso é particularmente verdadeiro para animais, plantas e humanos, dos quais Salmos 104:30 diz: "Envias o teu Espírito, e são criados, e assim renovas a face da terra" [ARC]. Em conformidade com isso, está o segundo relato da criação, que diz que Deus "formou o homem do pó da terra e soprou em suas narinas o fôlego de vida, e o homem se tornou um ser vivente" (Gênesis 2:7; cf. Jó 33:4). Em contrapartida, toda a vida perece quando Deus retira seu Espírito (Salmos 104:29; Jó 34:14s). A alma de todas as coisas vivas e a respiração de todas as pessoas estão nas mãos do Espírito (Jó 12:10).[19]

---

[17] Jürgen Moltmann, *God in Creation: A New Theology of Creation and the Spirit of God* (San Francisco: Harper & Row, 1985), p. 96.

[18] Em *God in Creation*, p. 99-101, Moltmann afirma: "O que os crentes experimentam no Espírito Santo os leva à solidariedade com todos os outros seres criados" (p. 101). Ele associa o espírito santo ao espírito da criação de duas maneiras. Em primeiro lugar, defende que nossa compreensão do espírito santo guia nossa percepção do espírito na criação: 1) a nova criação do espírito santo leva-nos a entender a criatividade do espírito na criação; 2) o espírito santo na comunidade leva-nos a ver harmonia e cooperação na criação; 3) a individuação leva-nos a ver os impulsos concomitantes na criação em direção à autotranscendência e à autopreservação; 4) a esperança gerada pelo espírito santo leva-nos a ver um mundo aberto a um futuro comum. Moltmann adota uma segunda estratégia, enraizada em Romanos 8, para demonstrar que o espírito nos crentes também é o espírito na criação: 1) o anseio pelas primícias do espírito (Romanos 8:23) faz com que toda a criação esteja ansiosa (Romanos 8:19ss); 2) o suspiro humano inexprimível corresponde ao suspiro da criação.

[19] Wolfhart Pannenberg, *Systematic Theology* (Grand Rapids: Eerdmans, 1991), v. 2, p. 76-7 [edição brasileira: *Teologia sistemática* (São Paulo: Paulus, 2009)]. Veja também *Systematic Theology*, v. 1, p. 373.

Pannenberg descreve isso sucintamente em outro lugar, depois de citar uma série de textos semelhantes: "O espírito humano não é uma realidade independente, mas uma mera participação do espírito divino — e uma participação passageira".[20]

Espírito e virtude

Essa declaração é importante, mas não reflete toda a Escritura, na qual o espírito é a fonte da vida *para todos*, mas a fonte da virtude, do discernimento, da compreensão e da habilidade somente *para alguns*. Já colhemos o suficiente de Moltmann para saber que o espírito, no pensamento dele, não consiste apenas em respirar e existir. Trata-se de uma pneumatologia holística — exatamente o que diz o título alemão de seu livro *Eine ganzheitlich Pneumatologie* —, que o leva a um endosso entusiástico e franco de todos os tipos de iniciativas de afirmação da vida. "As novas abordagens para uma 'teologia ecológica', para uma 'cristologia cósmica' e para a redescoberta do corpo partem da compreensão hebraica do Espírito divino e pressupõem que o redentor Espírito de Cristo e o criativo e vivificante Espírito de Deus são um e o mesmo".[21]

Pelo fato de Pannenberg também estar ansioso para aceitar a presença onipresente do espírito, ele afirma com Moltmann que "o sopro de Yahweh é uma força de vida criativa",[22] que não pode ser isolada dentro da igreja:

> A obra do espírito de Deus em sua igreja e nos crentes serve de consumação de sua obra no mundo da criação. Pelo modo especial da presença do Espírito divino no evangelho e por sua proclamação, que brilha na vida litúrgica da igreja e enche os crentes [...], é um penhor da promessa que a vida que deriva em toda parte da obra criadora do Espírito triunfará por fim sobre a morte, que é o preço pago pela autonomia das criaturas em seu apego exorbitante à existência, apesar de sua finitude, e contra a origem divina.[23]

É essencial notar que Pannenberg não constrói o que poderíamos chamar "pneumatologia da ingenuidade", uma teologia sem pecado. Ele é incisivo

---

[20] Wolfhart Pannenberg, Avery Dulles, Carl E. Braaten, *Spirit, Faith, and Church* (Philadelphia: Westminster, 1970), p. 17.
[21] Moltmann, *Spirit of Life*, p. 9-10.
[22] Pannenberg, *Systematic Theology*, v. 1, p. 373.
[23] Pannenberg, *Systematic Theology*, v. 3, p. 2

em sua consciência do pecado e da morte, do preço pago pela autonomia das criaturas e do "apego exorbitante à [...] existência". Não há espaço para otimismo fácil ou para o idealismo alemão na pneumatologia de Pannenberg. O desenvolvimento humano não é uma consequência natural ou inevitável do sopro divino.

No entanto, Pannenberg não permite que o pecado e a morte apaguem a promessa de vida que "deriva em toda parte da obra criadora do Espírito". Tendo em vista que cada ser humano tem o espírito divino — não apenas o fôlego de vida — e a promessa que pressagia, a habilidade e a compreensão surgem de dentro. Pannenberg escreve: "Em sentido amplo, a respiração de vida que já foi dada a todos nós na criação (Gênesis 2:7) pode ser vista como dotação do espírito de Deus. Além disso, manifestações especiais no transcurso da vida mostram formas específicas e mais intensas de dotação do Espírito de Deus, como nas capacidades especiais de discernimento, nos dons artísticos, na inspiração profética e no carisma de liderança".[24] Este é um ponto crítico: *a dotação do espírito-respiração ocasionalmente intensifica o discernimento, a habilidade artística, a profecia e a liderança.*

Essa percepção nos reconduz aos luminares israelitas com quem passamos boa parte de nosso tempo no capítulo 1. José, por exemplo, é reconhecido pelo governante egípcio como uma pessoa em quem está "um espírito de Deus" ou "o espírito de Deus", depois de ter vivido com fidelidade e trabalhado com fé ao longo de sua vida atribulada. Não há, nessa narrativa, sinal algum de que José tenha recebido uma dotação carismática do espírito. O faraó simplesmente pergunta: "Será que vamos achar alguém como este homem, em quem está o espírito divino?" (Gênesis 41:38).

Lembremos Daniel pela última vez, epítome do cultivo de uma vida de virtude: sua primeira experiência com revelações ocorreu enquanto ele evitava consumir alimentos extravagantes, estudava línguas e literatura antigas e vivia como um jovem e fiel israelita em um ambiente estranho (Daniel 1:8-17). A virtude de Daniel, sua sabedoria, o espírito nele, o espírito *yattira* nele, o espírito em seu mais elevado grau nele, tudo isso foi reconhecido por várias gerações (Daniel 4—6). Foi uma presença vitalícia que Daniel cultivou. Portanto, a história de Daniel oferece um modelo de inspiração em que *a quintessência do espírito de Deus ao longo da vida é evidente*

---

[24] Pannenberg, *Systematic Theology*, v. 3, p. 9.

entre aqueles que cultivam a virtude. A revelação não aprisiona Daniel. A inspiração não surge sobre ele.

Lembremos também Bezalel, arquiteto-chefe da Tenda do Encontro no livro do Êxodo. Como José e Daniel, Bezalel cultivou a habilidade. Ele *já* estava equipado com sabedoria de coração, conhecimento e espírito. O que o equipou para liderar a construção da tenda não foi uma nova dotação do espírito, mas uma supersaturação de espírito — que Pannenberg denomina como "formas intensivas de dotação pelo espírito de Deus" —, um enchimento completo do espírito que Bezalel já havia cultivado. Aqui, enchimento não é uma dotação inicial, mas um complemento — é o que o verbo hebraico geralmente conota —, a forma como uma gravidez é completada (cheia) quando o bebê nasce, a maneira como o tempo é cumprido (cheio) quando um evento esperado finalmente ocorre, a forma como uma casa, uma mão, um prato ou um colo são inteiramente cheios.[25] De acordo com esse modelo de inspiração, Bezalel já possuía o espírito e a sabedoria de coração, que agora, em breve, transbordariam em um inspirado episódio de ensino.

Vemos, na ressonância entre as histórias de luminares israelitas e as teologias do século 20, que a teologia — ou melhor, a pneumatologia — e a exegese se encaixam. Moltmann e Pannenberg não apelam diretamente para José ou para Bezalel com o fim de fortalecer a conexão entre o espírito de criação e o espírito de salvação. Contudo, o que eles dizem sobre o espírito corresponde ao impulso dessas narrativas: a respiração divina nos seres humanos pode transbordar com o fruto da virtude e do aprendizado em pessoas cujas histórias estão na esfera de alcance da história de Deus.

Podemos ver essa ressonância entre a pneumatologia e a exegese sob outro ponto de vista, através da lente dos estudos prolíficos de J. D. G. Dunn. Em 1970, Dunn concluiu uma breve análise da figura de Apolo criando uma barreira entre o espírito humano e o espírito santo. Apolo é uma figura ambígua, ao mesmo tempo "fervoroso de espírito" (ARC), mas ciente apenas do batismo de João (Atos 18:24-25). Dunn concluiu que Apolo, por ser "fervoroso de espírito" e porque "ensinava com exatidão acerca de Jesus" devia ser cristão. "Portanto, é presumivelmente uma descrição de Apolo como cristão, e o *pneuma* deve ser entendido como Espírito (Santo) em vez

---

[25] Sobre o significado de "encher" como complemento, veja meu livro *Filled with the Spirit* (Grand Rapids: Eerdmans, 2009), p. 55-8.

de espírito (humano)".[26] Mais de quarenta anos depois, Dunn desaconselha criar uma barreira entre os espíritos humano e santo: "Qualquer distinção nítida entre o Espírito criador e o Espírito soteriológico tem de [...] ser repensada".[27] Dunn observa que "há uma falha básica na distinção entre as funções diferentes do Espírito, como entre o Espírito soteriológico e o Espírito carismático ou o Espírito de profecia, que negligencia que cada função é uma expressão do Espírito que dá vida. Pois não estamos lidando com dois Espíritos distintos".[28] Essa nova ênfase na relação entre o espírito humano e o espírito santo, entre o *spiritus vivificans* e o *spiritus sanctificans*, reflete uma recente e auspiciosa convergência de exegese e teologia.

Espírito fora das paredes sagradas

Mesmo antes de Dunn haver escrito seu famoso *Baptism in the Spirit* [Batismo do Espírito], o teólogo católico romano Karl Rahner, que exerceu enorme influência sobre o Concílio Vaticano II, associou o espírito e o Espírito com um vigor considerável. Em um ensaio breve, mas poderoso, intitulado "On the Theology of Worship" [Sobre a teologia da adoração], de sua coleção *Theological Investigations* [Investigações teológicas, em 23 volumes], Rahner contempla a graça sob duas perspectivas relacionadas. Na primeira, a graça vem, como nos escritos de Karl Barth, como intervenção em um mundo pecaminoso; os sacramentos, dessa perspectiva, "produzem algo que não está disponível de outra forma".[29] Na segunda perspectiva, à qual o próprio Rahner foi atraído, a graça permeia a criação desde o início, não apenas a partir da encarnação: "A natureza é porque a graça tem de ser. Desde o início, como fundamento da natureza, a graça é o centro mais íntimo dessa natureza. Por isso, a natureza nunca é realmente pura e simplesmente secular; é sempre a natureza graciosamente dotada do próprio Deus".[30] Substitua a palavra "graça" por "espírito" e descobrirá o coração e a alma da pneumatologia de Rahner. Não há um mundo secular separado da graça nem um mundo espiritual distinto do restante da criação.

---

[26] J. D. G. Dunn, *Baptism in the Holy Spirit* (Philadelphia: Westminster, 1970), p. 88.
[27] J. D. G. Dunn, "'The Lord, the Giver of Life': The Gift of the Spirit as Both Life-giving and Empowering", in: I. Howard Marshall, Volker Rabens, e Cornelis Bennema (eds.), *The Spirit and Christ in the New Testament and Christian Theology* (Grand Rapids: Eerdmans, 2012), p. 5.
[28] Dunn, "'The Lord, the Giver of Life'", p. 6.
[29] Karl Rahner, *Theological Investigations* (New York: Crossroad, 1983), v. 19, p. 142.
[30] Rahner, *Theological Investigations*, v. 19, p. 143.

O poder dos sacramentos, a força da liturgia, tudo isso reside em sua extração da natureza espiritual da criação. "Deve-se mostrar (e isso tem importância decisiva) como essa graça tem sua história na existência cotidiana do homem com seus esplendores e falhas e ali é realmente experimentada."[31]

O mistério do espírito é que "Deus [...] já se comunicou em seu Espírito Santo sempre e em todos os lugares e com cada pessoa como o centro mais íntimo de sua existência".[32] Lógico que essa convicção leva Rahner a ver a presença reveladora de Deus em outras tradições religiosas que não o cristianismo, onde quer que se encontre o que ele notoriamente denomina como "cristãos anônimos".[33]

Pode não ser surpreendente que um teólogo católico romano, mergulhado em rica teologia da criação, não esteja inclinado a separar o espírito de criação do espírito de salvação. Pode ser mais surpreendente ainda que os teólogos pentecostais, apesar da forte ênfase no batismo do espírito santo, também se movam nessa direção. Frank Macchia exorta os pentecostais a reconhecer que a virtude que emerge do espírito de Deus inspira todos os seres humanos — não apenas de uma dotação carismática. Macchia defende isso longamente com outros companheiros pentecostais:

> Como avivalistas, nós nos banhamos no brilho do cristianismo nascido de novo e enfatizamos ainda mais que outros evangélicos o caráter sobrenatural da presença do Espírito como dom concedido àqueles que aceitam Cristo pela fé. Essa ênfase na natureza sobrenatural e escatológica do enchimento do Espírito não é problemática em si, exceto pelo fato de que tendemos a pensar que só podemos destacar isso negligenciando o Espírito que inspira a sabedoria humana e a virtude "de baixo", por assim dizer. Portanto,

---

[31] Rahner, *Theological Investigations*, v. 19, p. 147.
[32] Karl Rahner, *Foundations of Christian Faith* (New York: Seabury, 1978), p. 139.
[33] Para uma análise da pneumatologia de Rahner e sua influência no revolucionário documento do Vaticano II, *Lumengentium*, veja a esplêndida análise de John R. Sachs, "'Do Not Stifle the Spirit': Karl Rahner, the Legacy of Vatican II, and Its Urgency for Theology Today", *CTSA Proceedings*, n. 51 (1996), p. 15-38. O teólogo pentecostal Amos Yong fez um trabalho pioneiro sobre esse tópico. Veja seus artigos "'Not Knowing Where the Wind Blows ...': On Envisioning a Pentecostal-Charismatic Theology of Religions", *Journal of Pentecostal Theology*, n. 14 (1999), p. 81-112; *Discerning the Spirit(s): A Pentecostal-Charismatic Contribution to Christian Theology of Religions*, Journal of Pentecostal Theology Supplement (Sheffield, UK: Sheffield Academic, 2000); "A P(new)matological Paradigm for Christian Mission in a Religiously Plural World", *Missiology: An International Review*, n. 33 (2005), p. 175-91; e seu livro *Who Is the Spirit? A Walk with the Apostles* (Brewster, MA: Paraclete, 2011), p. 91-4, 119-21, 181-4 [edição brasileira: *Quem é o Espírito Santo? Uma caminhada com os apóstolos* (São Paulo: Palavra Fiel, 2019)].

tendemos a ver a vida fora de (ou antes de) Cristo como escura, perdida e desprovida do Espírito Santo. Nossa discussão sobre dons espirituais tende a destacar os poderes extraordinários da era por vir que nos alcançam repentinamente de cima, não das propensões concedidas desde o nascimento que o Espírito faz florescer em nossa dedicação contínua à vontade de Deus. Tendemos a considerar que qualquer celebração do Espírito de vida fora das paredes sagradas da igreja é "liberal" e deprecia a singularidade de Cristo.[34]

Para desenvolver uma pneumatologia robusta, os cristãos não podem demorar-se nas mesmas questões que os ocupam no dia a dia. Para os pentecostais, argumenta Macchia, é a questão da subsequência: o espírito vem primeiro na salvação e, subsequentemente, durante o batismo no espírito santo, tipicamente quando a pessoa fala em línguas. Essa interpretação da subsequência — da salvação à santificação, da confissão de fé ao batismo no espírito — leva muitos cristãos, inclusive os pentecostais de que Macchia fala, a perder "a singularidade do sotaque da pneumatologia do Antigo Testamento no Espírito da criação".[35] "Há nas Escrituras", continua ele,

> uma tensão mais profunda em relação à questão da "subsequência", o que faz qualquer diferença entre Paulo [o espírito e a salvação] e Lucas [o espírito dado subsequentemente para a *glossolalia* e a missão] parecer pouco importante. Falo da tensão entre as pneumatologias dos dois testamentos. O problema da subsequência [...] não é entre experiências de fé e pós-fé, mas, sim, entre a vitalidade humana concedida no nascimento e qualquer outro dom do Espírito! O enchimento do Espírito no Antigo Testamento não é uma investidura subsequente, mas, sim, a *expansão* do Espírito de vida dado a todos os humanos desde o tempo de Adão (Gênesis 2:7) e até o presente em algum sentido em toda a carne ou vida da criatura (Gênesis 6:17).[36]

Macchia pode ter os pentecostais em vista, mas as fortes exortações de Moltmann, Pannenberg e Rahner para um fim semelhante indicam que se trata de uma questão relevante para a igreja ecumênica. Muitos cristãos de todos os matizes veem erroneamente "o Espírito no Antigo Testamento [...]

---

[34] Macchia, "The Spirit of Life and the Spirit of Immortality", *Pneuma*, n. 33 (2011), p. 71-2.
[35] Macchia, "The Spirit of Life and the Spirit of Immortality", p. 70.
[36] Macchia, "The Spirit of Life and the Spirit of Immortality", p. 70-1.

como um antegozo fugaz e inadequado do Espírito sobrenatural dado por meio de Cristo, pontuado por dotações momentâneas e extraordinárias, mas geralmente experimentado dentro de uma situação de relativa carência espiritual, enquanto se aguardava a plenitude do Espírito que veio por meio de Cristo".[37]

Macchia defende uma das principais contribuições deste livro. *A igreja deve desenvolver uma pneumatologia que, ao mesmo tempo, valorize o espírito na igreja e a presença do espírito fora do âmbito do cristianismo.* Seu apelo é direto e inescapável: "Não precisamos depreciar o Espírito que nos inspira de baixo para destacar o mesmo Espírito que vem a nós de cima ou do além!".[38]

Esse apelo ecoa o convite final em toda a extensão das Escrituras: "O Espírito e a noiva dizem: 'Vem!' E todo aquele que ouvir diga: 'Vem!' Quem tiver sede, venha; e quem quiser beba de graça da água da vida" (Apocalipse 22:17). De acordo com nossa expectativa, o espírito não inventa as palavras desse convite a partir do nada. Na verdade, o convite divino e final ressuscita, pela última vez, as imagens de Isaías 40—55: "Venham, todos vocês que estão com sede, venham às águas; e vocês que não possuem dinheiro algum, venham, comprem e comam! Venham, comprem vinho e leite sem dinheiro e sem custo" (Isaías 55:1). O convite retoma exatamente os três ingredientes principais do antigo convite aos exilados esfarrapados: pessoas *com sede*; um *convite* ilimitado para vir; o *dom*, um dom que pode ser comprado "sem dinheiro e sem custo".

As qualidades irrestritas desse último movimento do espírito nas Escrituras põe todas as outras experiências do espírito em perspectiva. Sob essa ótica, o espírito deve ser mais que o que aparece nas ocasiões formais, quando os sacramentos são praticados. O espírito deve inspirar mais que o falar em línguas, por mais significativa que seja essa experiência. O espírito deve ser ainda mais que encher apenas os cristãos. Afinal, o espírito sopra sobre toda a criação como um primeiro ato, enquanto o convite final é para todos os sedentos — um convite que vai muito além dos limites dos fiéis e ortodoxos. Aqueles que têm dinheiro para comprar o espírito, para usar uma expressão grosseira, não têm dinheiro algum — ou, no mínimo, têm em mãos a moeda errada. A moeda correta consiste nas gargantas

---

[37] Macchia, "The Spirit of Life and the Spirit of Immortality", p. 72.
[38] Macchia, "The Spirit of Life and the Spirit of Immortality", p. 72.

ressequidas que tornam a fala difícil, que a tornam laboriosa para sentir o frescor do espírito-respiração por gargantas e línguas em um louvor amplo e sustentado. Os únicos requisitos para atender ao convite final do espírito? Ouvir. Ter sede. Receber o espírito como dom.

2. O SIGNIFICADO DE UM PONTO DE PARTIDA

A tentativa de Macchia de chamar a atenção dos pentecostais para uma pneumatologia de baixo está fundamentada em uma mudança hermenêutica do Novo Testamento para o Antigo: "A possibilidade de termos esquecido no Antigo Testamento um rico conhecimento da plenitude espiritual que não está bem representado no Novo Testamento deve nos fazer parar para pensar. [...] Precisamos tirar nossos óculos neotestamentários para vê-lo. Tenho a convicção de que, apesar de todas as nossas conversas sobre o Espírito Santo, nós, pentecostais, ainda carecemos de uma pneumatologia completa".[39] O ousado apelo de Macchia para "tirar nossos óculos neotestamentários" a fim de vermos "no Antigo Testamento um rico conhecimento da plenitude espiritual" situa a questão indispensável dos pontos de partida na frente e no centro. Este livro valoriza a questão de se escolher um ponto de partida, porque essa escolha tem implicação significativa para a construção da pneumatologia.[40] O pentecostal Roger Stronstad, por exemplo, em um livro pioneiro publicado em 1984, escolheu como sua lente hermenêutica o fenômeno de uma "explosão de atividade carismática".[41] Dessa perspectiva, o primeiro texto israelita

---

[39] Macchia, "The Spirit of Life and the Spirit of Immortality", p. 72.

[40] Robby Waddell, em seu artigo "The Holy Spirit of Life, Work, and Inspired Speech: Responding to John (Jack) R. Levison, *Filled with the Spirit*", *Journal of Pentecostal Theology*, n. 20 (2011), p. 207-12, mostra-se intrigado com a questão da diversidade suscitada no livro *Filled with the Spirit*. Waddell observa que eu amplio a "contribuição de Gunkel da diversidade dentro do Novo Testamento destacando as diversas pneumatologias dentro do cânone bíblico" (p. 210). Waddell, então, compara o livro *Filled with the Spirit* com o livro *Baptism in the Holy Spirit* [Batismo no Espírito Santo], de James Dunn, quando escreve: "De maneira análoga à crítica pentecostal de Dunn, que insiste em que o Novo Testamento é mais diversificado do que ele está disposto a admitir, Levison critica a maioria das pneumatologias bíblicas, argumentando que o cânone bíblico é mais diversificado do que a maioria dos teólogos cristãos está disposta a admitir" (p. 210).

[41] Roger Stronstad, *The Charismatic Theology of St. Luke* (Peabody, MA: Hendrickson, 1984), p. 15 [edição brasileira: *A teologia carismática de Lucas* (Rio de Janeiro: CPAD, 2018)]. Como Martin William Mittelstadt (*Reading Luke-Acts in the Pentecostal Tradition* [Cleveland, TN: CPT Press, 2010], p. ix) observa, normalmente esse ponto de partida é Lucas—Atos: "Qualquer pentecostal com quantidade razoável de história na tradição sabe da paixão insaciável dos pentecostais por Lucas—Atos". Sua introdução começa com duas citações. Donald W. Dayton (*Theological Roots of Pentecostalism*

Uma agenda para o futuro da pneumatologia

que ele escolheu incluir foi a história de Moisés e dos anciãos, em Números 11, que entendia ser uma explosão de profecias extáticas.[42] Escolher as lentes de uma suposta atividade carismática permitiu a Stronstad privilegiar experiências particularmente atraentes para os pentecostais.

Neste livro, porém, começo por outro lugar: pelas referências ao espírito-respiração interior. Selecionei esse ponto de partida em parte porque caracteriza várias referências na *Torá*, a primeira porção dos cânones cristãos e judeus. Minha segunda razão para começar com o espírito-respiração é que essa é a primeira e mais amplamente compartilhada experiência de todo ser humano. Também tive um terceiro motivo: a necessidade da virtude e do aprendizado, para a qual esse ponto de partida é particularmente adequado.

Em outras palavras, decidi não começar por um apreciado livro do Novo Testamento — o livro de Atos, no caso de Stronstad — nem com um texto valioso, como Atos 2:1-13, que ressoa a experiência contemporânea de uma fatia do cristianismo, como o pentecostalismo. Comecei com três considerações: a forma do cânone (a *Torá*), a mais penetrante de todas as experiências humanas (a respiração) e uma necessidade universal e urgente (a virtude e o aprendizado).[43] Com base nisso, decidi que o ponto de partida para a pneumatologia deve ser o espírito compreendido como presença nos indivíduos, em virtude da inspiração de Deus (p. ex., Gênesis 41:38; Êxodo 35:28-35). Essa visão do espírito de Deus molda a crença no início do cânone bíblico — muito antes do advento da noção do espírito como

---

[Peabody, MA: Hendrickson, 1987], p. 23) [edição brasileira: *Raízes teológicas do pentecostalismo* (São Paulo: Carisma, 2018)] escreveu: "Em contraste com o protestantismo autoritário, que tende a ler o Novo Testamento com olhos paulinos, o pentecostalismo lê o restante do Novo Testamento pelos olhos de Lucas, especialmente com as lentes fornecidas pelo livro de Atos". Walter J. Hollenweger (*The Pentecostals* [Peabody, MA: Hendrickson, 1972], p. 336) escreveu: "Quando procuramos as raízes bíblicas do batismo no Espírito, descobrimos que os pentecostais e seus predecessores basearam seus visões quase exclusivamente no Evangelho de Lucas e em Atos dos Apóstolos". Mittelstadt junta-se a esse coro no parágrafo inicial da introdução de *Reading Luke-Acts in the Pentecostal Tradition*: "Ouço frequentemente a respeito do pentecostalismo que nenhuma tradição na história do cristianismo exemplifica melhor a noção de um cânone dentro um cânone. Quando se trata de encontrar um canto nas Escrituras, os pentecostais podem estar no topo da lista. Desde a sua chegada despretensiosa, no início do século 20, o movimento pentecostal entra no século 21 como o movimento que mais cresce na cristandade. Durante o primeiro século de existência, os pentecostais encontraram sua identidade teológica e prática por meio da leitura de Lucas—Atos" (p. 1).

[42] Em "Prophecy in Ancient Israel: The Case of the Ecstatic Elders", *Catholic Biblical Quarterly*, n. 65 (2003), p. 503-21, defendo que essa não é uma explosão de atividade carismática.

[43] A esse respeito, embora eu deva muito à abordagem da história das religiões, não sou um proponente exclusivo dessa abordagem. Decidi organizar o livro em conformidade com as linhas canônicas, embora com um olhar aguçado na literatura de outras culturas.

presença carismática intermitente, como nos livros de Juízes e 1Samuel;[44] é de escopo universal — tão universal quanto a respiração humana — e pode levar a uma igreja cristã que seja, ao mesmo tempo, muito avivada e profundamente reflexiva.

Embora eu esteja comprometido e até mesmo me sinta entusiasmado com esse ponto de partida para o futuro da pneumatologia, seria um erro grave considerá-lo a única base para a pneumatologia. Prefiro que o ponto de partida que escolhi seja uma entre as várias pneumatologias a emergir de diferentes partes da Escritura, para que, então, todas se aglutinem em um coro pneumatológico. Deixe-me dar alguns exemplos de outros pontos de partida promissores para o futuro da pneumatologia que se encaixam naquele que escolhi.

O derramamento do espírito

Ao longo de vários séculos, os profetas de Israel prometeram a transformação de um povo inteiro. O derramamento do espírito, afirma Isaías, marca a mudança entre a destruição de Jerusalém e a restauração da justiça: "Até que sobre nós o Espírito seja derramado do alto, e o deserto se transforme em campo fértil [...]. A justiça habitará no deserto. [...] O meu povo viverá em locais pacíficos" (Isaías 32:15-20). O herdeiro profético de Isaías, em algum momento durante a angústia do exílio, oferece o consolo da promessa: "Derramarei água na terra sedenta [...]; derramarei meu Espírito sobre sua prole e minha bênção sobre seus descendentes. Eles brotarão como relva nova" (44:3-4; cf. 59:20-21). Outro profeta, Ezequiel, transforma esse

---

[44] Talvez eu deva responder à crítica de Max Turner ("Levison's *Filled with the Spirit*: A Brief Appreciation and Response", *Journal of Pentecostal Theology* [2011]: p. 195-6), de que omito textos, como o livro de Juízes e 1Samuel 10 e 19 (Saul), que não se alinham exatamente com minha tese sobre a presença de um espírito-respiração vitalício no ser humano. Não pretendia ser insincero ao fazer isso. Eu os omiti porque não comunicam com clareza que o espírito realmente entra nesses indivíduos. O espírito vem sobre eles, se apossa deles ou os reveste, mas não os enche. O mesmo pode ser dito de Números 11, passagem em que o espírito sobre Moisés é distribuído *sobre* os anciãos, sem uma indicação clara de que o espírito entrou neles. (Também dou pouca atenção a Números 11, porque já o havia analisado em "The Case of the Ecstatic Elders" [O caso dos anciãos em êxtase].) Turner está correto quando diz, sobre esses textos, que "o Espírito de Deus é mais naturalmente entendido como um *donum superadditum* de capacitação especial". O que desejo enfatizar é que o espírito não entra nessas pessoas nem as enche. Esse é o motivo da omissão em *Filled with the Spirit*. No entanto, a crítica de Turner aponta que mais exegese precisa ser feita para determinar como — ou onde — o espírito está presente e se preposições variadas (p. ex., "em", "sobre") comunicam diferentes modos de presença divina.

derramamento em um clímax surpreendente de sua crença de que Israel voltaria do exílio para uma pátria purificada: "Não mais esconderei deles o rosto, pois derramarei o meu Espírito sobre a nação de Israel. Palavra do Soberano, o Senhor" (Ezequiel 39:25-29). Voltar para casa são e salvo é para onde o derramamento do espírito pode levar-nos. A abordagem mais recente (talvez pós-exílica) e mais dramática sobre o tema ocorre entre as profecias de Joel (Joel 2:28-29; na Bíblia Hebraica, 3:1-2). Embora o livro como um todo se preocupe com Judá, a amplitude dessa promessa é maior: "Depois disso, derramarei do meu Espírito sobre todos os povos. Os seus filhos e as suas filhas profetizarão, os velhos terão sonhos, os jovens terão visões. Até sobre os servos e as servas derramarei do meu Espírito naqueles dias". Seguindo a pista da esperança de Moisés, de que todo o Israel profetizaria (Números 11:29), Joel prevê um derramamento que permitirá que todos os seres humanos recebam revelações de Deus por meio de profecias, sonhos e visões. Obviamente, essa visão se materializa no relato do Pentecostes (Atos 2:1-13) e no derramamento do espírito sobre os gentios (Atos 10—11).

Esse ponto de partida se ajusta perfeitamente ao ponto de partida do espírito, da virtude e do aprendizado. Tanto em tempos de incerteza política como nas décadas de pura angústia, os profetas de Israel acreditavam que o espírito derramado renovaria a natureza (Isaías 32:15-20), transformaria o povo de Deus em uma árvore verde no vasto deserto (Isaías 44:3-4), traria Israel para casa (Ezequiel 36—39) e converteria escravas em profetisas (Joel 2:28-29; na Bíblia Hebraica, 3:1-2). Essas vívidas promessas despertam a esperança de que Deus derramará o espírito em nossos ecossistemas, em nossas igrejas, em nossas respectivas nações e nos oprimidos de nosso mundo. Todas essas transformações, como a pneumatologia proposta neste livro, requerem preparação e subsequente persistência. Nenhuma delas é uma simples transformação. Aqueles que de antemão apreendem a visão profética da munificência ilimitada e sem fronteiras de Deus estarão mais bem preparados para essa transformação. Aqueles que conhecem o poder redentor da disciplina estarão prontos para iniciar a tarefa e participar do grande drama que ocorre quando o espírito de Deus é derramado.

Liderança ungida

Outro ponto de partida viável é a capacidade do espírito em inspirar líderes sábios e capazes. A fonte desse ponto de partida é o oráculo de Isaías sobre uma raiz, um futuro rei, que emergiria do rebento de Jessé, de tudo que a Assíria deixou no curso de sua depredação no Reino do Norte. "O Espírito do SENHOR repousará sobre ele, o Espírito que dá sabedoria e entendimento, o Espírito que traz conselho e poder, o Espírito que dá conhecimento e temor do SENHOR" (Isaías 11:2). Qualquer dessas coisas seria suficiente para uma vida inteira: sabedoria ou entendimento, conselho ou poder, conhecimento ou temor do Senhor.[45]

Mais de um século depois, Jerusalém caiu diante da Babilônia, e os exilados clamaram: "O meu caminho está encoberto ao SENHOR, e o meu juízo [justiça] passa de largo pelo meu Deus" (Isaías 40:27, ARC). Um herdeiro das profecias de Isaías respondeu ao clamor apresentando a Israel o servo de Deus: "Eis o meu servo [de Deus], a quem sustento, o meu escolhido, em quem tenho prazer. Porei nele o meu Espírito, e ele trará justiça às nações" (42:1). Com uma dose de espírito, esse servo restauraria a balança da justiça, não apenas para Israel, mas para o mundo inteiro. De que maneira? Em voz baixa: "Não gritará nem clamará, nem erguerá a voz nas ruas". De que maneira? Com ensino persistente: "Não mostrará fraqueza nem se deixará ferir até que estabeleça a justiça na terra. Em sua lei as ilhas porão sua esperança [ensino]" (42:2-4). Mais uma vez, um pouco de quietude inspirada, uma vida inteira de ensino com o objetivo de restaurar o equilíbrio universal da justiça — isso é liderança ungida.

Entretanto, mesmo essa grande esperança não esgota a presença do espírito. Mais tarde, um profeta afirmaria: "O Espírito do Soberano, o SENHOR, está sobre mim, porque o SENHOR ungiu-me" (Isaías 61:1). Essa missão está fundamentada no entendimento e na sabedoria do messias inspirado (11:1-4) e na justiça que está no cerne do ensino do servo exílico (42:1-4). Agora, porém, não é o lugar de Judá entre as nações que é proeminente, mas a qualidade visceral de libertar os pobres em Judá: o inspirado prega boas-novas aos oprimidos, libertação aos prisioneiros, consolação aos que choram em Jerusalém e talvez o ano de libertação do Jubileu (Levítico 25:8-17; veja também Isaías 48:16).

---

[45] O espírito do Senhor que repousa sobre o governante messiânico concederá: 1) habilidades intelectuais e práticas necessárias para a liderança em tempos de paz (entendimento e sabedoria); 2) habilidades para o desenvolvimento de estratégias militares e liderança em batalhas (conselho e poder ou coragem, embora em Provérbios 8:14 esse par de palavras seja usado para fazer referência à liderança em tempos de paz); 3) devoção a Deus, presumivelmente por meio da participação na adoração (conhecimento e temor a Deus). Veja também Isaías 9:6-9.

Até Jesus recebeu esse influxo do espírito para realizar a obra de sua vida. Para cumprir sua tarefa — resgatar os pecadores, as prostitutas, os pobres —, ele teve de ser ungido pelo espírito. Ele cita Isaías 61:1-2, com uma frase adicional, "pôr em liberdade os oprimidos" (ARC), de Isaías 58:6.[46] Sua cura, as curas que realiza, elas também, Mateus sabe, cumprem a vocação do servo ungido.[47]

Esse ponto de partida para a pneumatologia, com sua ênfase na liderança inspirada, apresenta valiosos tópicos em comum com o ponto de partida do espírito, da virtude e do aprendizado. A inspiração do espírito em Isaías 11 e nos textos que se seguem ressalta a importância da sabedoria e da justiça nos líderes visionários. Essa visão, que defende um líder comprometido com os que estão à margem da sociedade, também divide espaço com a transformação vislumbrada na promessa do espírito derramado — especialmente na visão de Joel, segundo a qual o *status quo* cairá quando o espírito for derramado em toda carne.

Libertação

Comece pela maneira como o espírito se apossou dos juízes, e a pneumatologia tomará outro rumo. Pense nos juízes paradigmáticos: Otoniel, em Juízes 3:9-11; Gideão, em Juízes 6:34; Jefté, em Juízes 11:29-33; Sansão, em Juízes 14:6,19 e 15:14. Depois, obviamente, há o rei Saul, sobre quem o espírito do Senhor sobreveio com poder ou o transformou em uma pessoa diferente (1Samuel 10:6-13).[48]

Em todos esses casos, algo espetacular aconteceu com essas pessoas — pessoas boas, pessoas imperfeitas — quando o espírito veio sobre elas. Como resultado, elas realizaram coisas magníficas a favor de Israel pela investida do espírito, por meio do qual sucumbiram a uma onda de poder incontrolado e incontrolável.

O que essa concepção do espírito como surto de força teria em comum com os pontos de partida para a pneumatologia que identifiquei neste livro? Talvez mais do que possamos pensar. Os juízes e, em grande parte, Saul, como o primeiro rei de uma nação minúscula, libertaram seu povo da opressão. Se o espírito impulsionava a violência, era a violência do ponto

---

[46] Veja o desenvolvimento pós-bíblico de Isaías 61 em *4Q521*, o chamado Apocalipse messiânico.
[47] Mateus 12:15-21.
[48] Veja também a imagem sombria no espelho dessa transformação em 1Samuel 19:18-24.

de vista dos oprimidos. Esta era a temática do livro de Juízes: quando Deus entregava o recalcitrante povo de Israel aos opressores, o povo clamava e Deus lhes enviava um libertador (Juízes 2:11-23). Michael Welker, em seu provocante livro *God the Spirit* [O Espírito de Deus], afirma: "Qualquer que seja o *status* de outras tradições bíblicas no que diz respeito à glorificação do uso da violência militar, os textos que falam da *intervenção do espírito de Deus* nos padrões estruturais da vida humana estão olhando para conflitos militares não apenas inequivocamente defensivos, mas também explicitamente indesejados e compelidos apenas por grande aflição".[49] Essa associação entre inspiração e libertação tem muito em comum com os líderes ungidos de Isaías 11 e 61, que também libertam os oprimidos, embora reconhecidamente sem o menor traço de violência. Portanto, a libertação está no cerne dessas imaginações.

Esse ponto de partida divide um terreno relativamente menos comum com o ponto de partida que selecionei. Ainda assim, a investida do espírito nos juízes, bem como as experiências espirituais de Saul — que o autor classifica como "profetizar" —, dividem espaço com as muitas experiências extáticas ou semiextáticas que exploramos neste livro. O mesmo acontece com o que segue o ímpeto do espírito: os juízes, pelo menos, continuam a realizar grandes coisas — em alguns casos, planos bem-traçados e até mesmo estratégias intrincadas, como a de Gideão, que requeriam considerável *know-how*. Portanto, as histórias dos juízes refletem a simbiose entre êxtase e entendimento que detectamos em várias imagens nas literaturas israelita, judaica e cristã primitiva.

O espírito como a força de um vendaval também divide espaço com outros pontos de partida. Quando a estrela de Saul caiu e a de Davi subiu, o profeta-juiz Samuel, que havia ungido Saul, agora ungia Davi na presença de seus irmãos, e o espírito do Senhor apoderou-se de Davi daquele dia em diante (1Samuel 16:13). A experiência de Davi é diferente da de Saul e dos juízes em um aspecto importante: Davi recebeu o espírito *de modo permanente*. Nesse detalhe, temos um vislumbre de algo que associa a inspiração

---

[49] Michael Welker, *God the Spirit* (Minneapolis: Fortress, 1994), p. 58 [edição brasileira: *O Espírito de Deus* (São Leopoldo: Sinodal, 2010)]. Veja as p. 50-8, que falam sobre os juízes. Welker costuma ir além do que ele diz aqui ao negar que o espírito tenha papel relevante na promoção da violência; o espírito inspirado, na visão habitual de Welker, apenas renovou a solidariedade em Israel. Não estou convencido de sua exegese, mas seu esforço para desvencilhar o espírito com relação à violência é excepcionalmente interessante e significativo.

nos livros de Juízes e 1 e 2Samuel a outras imagens do espírito santo, nas quais o espírito é presença permanente. O líder messiânico da profecia de Isaías recebe uma dotação permanente do espírito, o derramamento do espírito produz uma transformação permanente e o espírito-respiração interior, que selecionei como meu ponto de partida, ressalta a presença permanente do espírito santo.

Vários pontos de partida

Ofereci, a título de exemplo, quatro pontos de partida possíveis, porém existem vários outros. Por exemplo, se alguém começa a construir uma pneumatologia com o livro de Atos, particularmente com o episódio do Pentecostes, então falar em (outras) línguas, ter sonhos e visões ou fazer declarações proféticas com absoluta clareza, tudo isso pode tornar-se a expressão perfeita dos efeitos do espírito. Se, no entanto, começarmos pela narrativa de Bezalel, a perfeita expressão dos efeitos do espírito é uma expansão de habilidades cultivadas em busca da excelência ao longo da vida. E o que dizer de Isaías 63:7-14 e Ageu 2:5, passagens em que o espírito descreve as características do anjo da presença na história do êxodo de Israel do Egito?[50] Ou da robusta pneumatologia representada pelo "espírito eterno" da carta aos hebreus?[51] Ou da estreita associação entre anjos, os sete espíritos e o espírito no Apocalipse, que dariam acesso a uma pneumatologia variada e vigorosa?[52] E ainda nem mencionamos as cartas de Paulo, com dezenas de referências ao espírito, o que também ofereceria vários pontos de partida. Qualquer um desses e muitos outros pontos de partida poderiam ser adicionados à lista, mas eu já disse o suficiente para confirmar que o ponto em que comecei é uma entre muitas alternativas viáveis. Uma pneumatologia completa englobaria tudo isso. Essa pneumatologia ainda não foi escrita.

---

[50] Para uma análise desses textos, veja meu artigo "The Angelic Spirit in Early Judaism", in: Eugene H. Lovering (ed.), *1995 SBL Seminar Papers* (Atlanta: Scholars Press, 1995), p. 464-93.
[51] Relativamente pouco tem sido escrito sobre a pneumatologia de Hebreus. Para uma exceção, veja David M. Allen, "'The Forgotten Spirit': A Pentecostal Reading of the Letter to the Hebrews?", *Journal of Pentecostal Theology*, n. 18 (2009), p. 51-66.
[52] Veja, por exemplo, Bogdan G. Bucur, *Angelomorphic Pneumatology: Clement of Alexandria and Other Early Christian Witnesses*, Vigiliae Christianae Supplements 95 (Leiden: Brill, 2009); Richard Bauckham, *The Climax of Prophecy: Studies on the Book of Revelation* (London/New York: T. & T. Clark, 1993), p. 150-73.

3. A BÍBLIA E O MUNDO QUE A FORMOU

Conta-se a piada sobre o padre Murphy e a pequena Eileen O'Connell, aluna do terceiro ano de catecismo. Certo dia, o padre Murphy estava explicando que Jesus era judeu, e não cristão. Jesus nasceu judeu, viveu uma vida de judeu e morreu como judeu. A implacável Eileen O'Connell, de cabelos ruivos, ergueu o braço sardento e o agitou ansiosamente.

— Sim, Eileen, o que foi? — quis saber o padre.

— Bem, Jesus pode ter sido judeu, padre Murphy, mas a mãe dele era católica!

Nos últimos anos, uma enxurrada de livros acadêmicos e populares tem defendido que Jesus — com sua mãe — é judeu. Mesmo assim, muitos cristãos ainda podem levantar a mão, ansiosos, e protestar: "Bem, Jesus pode ter sido judeu, mas o *Espírito Santo é cristão!*". Talvez eles se esqueçam de que o espírito santo, com sua sombra, cobriu Maria antes que houvesse uma igreja para inspirar, que o espírito santo veio a Jesus no batismo antes mesmo de ele haver começado sua obra pública ou que o espírito santo tenha acometido a igreja quando esta ainda era constituída apenas por um devoto grupo de amigos e familiares de Jesus, enquanto celebravam o Pentecostes, uma festa judaica.

Crenças arraigadas levam muito tempo até serem quebradas, e a crença de que o espírito santo é a força definidora por trás do cristianismo, *mas não do judaísmo*, existe há muito tempo. Já em 1888, Hermann Gunkel — o mesmo jovem estudioso que ergueu o punho erudito contra o idealismo alemão e seus influentes proponentes — defendeu outra tese revolucionária: "É um erro grave de método", escreveu ele, "que deve resultar em um aglomerado de equívocos, tentar derivar a esfera das ideias de Paulo ou mesmo seu uso diretamente do Antigo Testamento e, consequentemente, ignorar a origem do apóstolo no judaísmo. A questão só pode ser a seguinte: Paulo depende do judaísmo palestino ou helenístico, ou não?". De acordo com Gunkel, a pneumatologia do Novo Testamento não pode ser apreendida com base apenas no Antigo Testamento; as crenças cristãs primitivas no espírito santo devem ser compreendidas em seu contexto judaico.[53]

---

[53] Gunkel, *Influence of the Holy Spirit*, p. 76. Gunkel redigiu essa declaração incendiária sessenta anos antes da descoberta dos manuscritos do mar Morto, numa época em que a maioria dos textos

Apesar da força da tese e do empenho com que a defendeu, Gunkel seguia o sábio alemão Emil Schürer ao retratar o judaísmo nos dias de Jesus como um movimento que havia perdido o fervor profético de Israel e retido "apenas muitos poucos fenômenos pneumáticos".[54] O judaísmo, afirmava Gunkel, criou o cenário para a chegada de Jesus, mas apenas de forma negativa: "Que impressão poderosa o *pneuma* deve ter causado, quando sua plenitude apareceu a um judaísmo privado do Espírito", escreveu Gunkel. De fato, Jesus não poderia ter sido um filho de seu tempo. A era estava "tão empobrecida espiritualmente [...] que um homem como Jesus não [poderia] sair dela. Ele não [era] um filho de seu tempo. Ele deveria pertencer à antiguidade de Israel, ao passado longo e poderoso do espírito".[55] Em suma, de acordo com Gunkel, se existem analogias com o cristianismo primitivo a serem descobertas, elas devem ser encontradas não no terreno árido do judaísmo, mas no solo fértil da religião israelita.[56]

Um século de estudiosos seguiu Gunkel. Com base em uma combinação de textos judaicos, eles construíram a visão segundo a qual os próprios judeus criam que o espírito se afastara do judaísmo. O influente dicionário de Kittel, que, ainda hoje, pastores e estudiosos consultam, refere-se a "uma convicção teológica generalizada" sobre a retirada do espírito santo.[57] O famoso estudioso britânico do Novo Testamento C. K. Barrett cita G. F. Moore, um dos principais expoentes do judaísmo no início do século 20: "O Espírito Santo é uma inspiração tão especificamente profética que, quando Ageu, Zacarias e Malaquias, os últimos profetas, morreram, o Espírito Santo saiu de Israel".[58] No *Interpreter's Dictionary of the Bible* [Dicionário do intérprete da Bíblia], um dos elementos básicos de estudo

---

judaicos ainda não estava traduzida. O próprio Gunkel traduziria alguns deles na coleção monumental de fontes apócrifas e pseudoepigráficas de Emil Kautzsch.

[54] Gunkel, *Influence of the Holy Spirit*, p. 21
[55] Gunkel, *Influence of the Holy Spirit*, p. 68.
[56] Apesar de sua avaliação negativa do judaísmo, Gunkel deixou um legado substancial. Pouco mais de duas décadas após a publicação do livro *Influence of the Holy Spirit*, de Gunkel, Paul Volz, em um estudo pioneiro de pneumatologia, adotou a ênfase de Gunkel no judaísmo sem herdar sua avaliação negativa. Volz até mesmo incluiu o termo "judaísmo" no título de seu livro impressionante, mas subestimado, *Der Geist Gottes und die verwandten Erscheinungen im Alten Testament und im anschliessenden Judentum* (Tübingen: Mohr, 1910). Gunkel, convém lembrar, afirmou que Jesus não era filho do "judaísmo espiritualmente empobrecido".
[57] E. Sjöberg, "*Pneuma*", in: Gerhard Kittel (ed.), *Theological Dictionary of the New Testament* (Grand Rapids: Eerdmans, 1964-76), v. 6, p. 385 [edição brasileira: *Dicionário teológico do Novo Testamento* (São Paulo; Cultura Cristã, 2013)].
[58] Charles Kingsley Barrett, *The Holy Spirit and the Gospel Tradition* (London: SCM, 1947), p. 108-9.

usado pelos pastores por meio século, G. W. H. Lampe conclui: "Em essência, o Espírito continua a ser pensado como sendo preeminentemente o Espírito de profecia, manifestado no passado remoto em grandes figuras como Elias (Eclesiástico 48:12) ou Isaías (5.24), mas que agora não estava mais presente em Israel".[59] Gordon Fee, antigo e influente estudioso pentecostal do Novo Testamento, também adotou a mesma tese quando escreveu: "Visivelmente ausente na literatura intertestamentária [...] está o sentido de que o Espírito fala por meio de qualquer 'profeta' contemporâneo. Esse é quase certamente o resultado do crescimento de uma tradição chamada 'o Espírito apagado', que tem início nos livros posteriores do Antigo Testamento e é encontrada de várias maneiras no período do Segundo Templo".[60]

Se fosse verdade que o judaísmo era um deserto árido de espiritualidade, então eu não poderia ter escrito este livro, pois cada capítulo atesta a presença do espírito no judaísmo primitivo. Ao analisar a relação entre o espírito e a virtude (capítulo 1), a simbiose entre êxtase e acuidade intelectual (capítulo 2) e a interpretação inspirada das Escrituras (capítulo 3), eu tinha em mãos uma infinidade de referências judaicas ao espírito — tantas, na verdade, que na preparação de cada capítulo eu me vi forçado a tomar decisões difíceis sobre quais referências excluir. Além de muitos textos dos séculos 1 a.C. e 1 d.C., excluí todo o judaísmo rabínico, não obstante a miríade de textos sobre o espírito santo encontrados nesse rico *corpus*.[61]

---

[59] Geoffrey Lampe, "Holy Spirit", in: George A. Buttrick (ed.), *Interpreter's Dictionary of the Bible*, v. 2, p. 630. Veja também o renomado estudioso alemão do Novo Testamento Joachim Jeremias, que subintitulou a seção 9 de seu livro *New Testament Theology* (New York: Charles Scribner's Sons, 1971) [edição brasileira: *Teologia do Espírito Santo* (São Paulo: Hagnos, 2008)], p. 81, "A volta do Espírito apagado", e resume essa visão: "Com a morte dos últimos profetas escritores, Ageu, Zacarias e Malaquias, *o espírito foi apagado* por causa do pecado de Israel. Depois desse tempo, acreditava-se, Deus ainda falava apenas por meio do 'eco da sua voz', [...] um substituto pobre".

[60] Gordon D. Fee, *God's Empowering Presence: The Holy Spirit in the Letters of Paul* (Peabody, MA: Hendrickson, 1994), p. 914. Para uma análise desse suposto dogma, inclusive de seus proponentes e críticos, veja meu artigo "Did the Spirit Withdraw from Israel? An Evaluation of the Earliest Jewish Data", *New Testament Studies*, n. 43 (1997), p. 35-57. Mais recentemente, veja Stephen L. Cook, *On the Question of the "Cessation of Prophecy" in Ancient Judaism*, Texts and Studies in Ancient Judaism 145 (Tübingen: Mohr Siebeck, 2011).

[61] Embora a literatura rabínica preserve as tradições do primeiro século d.C. como um *corpus* literário, ela emergiu nos séculos posteriores. Para uma excelente visão geral do espírito no judaísmo rabínico, com abundantes fontes primárias na tradução alemã, veja Philip Schäfer, *Die Vorstellung vom heiligen Geist in der rabbinischen Literatur*, Studien zum Alten und Neuen Testament 28 (Münch: Kösel, 1972), p. 116-34, especialmente p. 121-3; H. Parzen, "The Rua Ha odesh in Tannaitic Literature", *Jewish Quarterly Review*, nova série, n. 20 (1929-30), p. 51-76; W. D. Davies, *Paul and Rabbinic Judaism: Some Rabbinic Elements in Pauline Theology*, 4. ed. (Philadelphia: Fortress, 1980), p. 177-226.

Paralelos e paralelomania

Apesar de tantas referências ao espírito, muitos eruditos, estudantes, ministros e sacerdotes cristãos relutam em afirmar a presença do espírito no judaísmo primitivo. É claro que parte dessa relutância pode dever-se ao simples desconhecimento de que o judaísmo era (e é) de rica vitalidade espiritual.[62] Outra razão pode ser a suspeita de que correspondências entre o cristianismo e o judaísmo (ou entre outras religiões do mundo greco-romano) iriam enfraquecer a superioridade do cristianismo. Certo estudioso pentecostal expressa essa ideia, de forma sucinta, em resposta ao meu livro *Filled with the Spirit*, no qual incorporei uma grande quantidade de literatura greco-romana e judaica. James Shelton escreve: "Dante apresentou Virgílio como guia espiritual, mas só conseguiu levar o poeta até a orla do Paraíso; foi Beatriz, a figura da Igreja, que acompanhou Dante até mais adiante. Além disso, quem não contemplou um jardim Zen e não experimentou uma paz profunda, que Paulo diz ser fruto do Espírito (Gálatas 5:22)? Mas, como diz o escritor de Hebreus, a revelação cristã é melhor e mais definitiva com relação a tudo que veio antes, seja de judeus, seja de gentios (11:1-3)".[63]

Não estou convencido de que haja algo de perigoso em definir o cristianismo primitivo em seus contextos greco-romano e judaico. Não sei se o que aprendemos com essas culturas pode minar o que é exclusivo no cristianismo primitivo. Argumentar assim é sugerir que lançar a poesia comovente de W. B. Yeats contra o primeiro plano da relação turbulenta da Irlanda com a Inglaterra minará sua singularidade, que lançar a prosa poderosa de Upton Sinclair contra o primeiro plano dos horrores da exploração durante a Era Progressiva solapará sua singularidade ou que comparar as canções emocionantes de Bob Dylan com o primeiro plano da Guerra do Vietnã comprometerá sua singularidade.[64]

A realidade é que os autores *judeus* — e eles eram judeus, apesar dos protestos da pequena Eileen O'Connell — optaram por escrever o

---

[62] Veja o recente livro popular de Rachel Timoner, *Breath of Life: God as Spirit in Judaism* (Brewster, MA: Paraclete, 2011).

[63] James B. Shelton, "Delphi and Jerusalem: Two Spirits or Holy Spirit? A Review of John R. Levison's *Filled with the Spirit*", *Pneuma*, n. 33 (2011), p. 57.

[64] Archie T. Wright, cuja especialidade principal reside na literatura judaica primitiva, envolve o material judaico com perspicácia, sem precisar perguntar se é apropriado definir o Novo Testamento em seu contexto judaico. Sua crítica ("The Spirit in Early Jewish Interpretation: Examining John R. Levison's *Filled with the Spirit*", *Pneuma*, n. 33 [2011], p. 35-46) estabelece corretamente o valor da literatura judaica.

Novo Testamento em grego, a língua de seu ambiente *greco-romano*. Todo o Novo Testamento está no cerne das culturas judaica e greco-romana. Por conseguinte, muitos dos textos mais esclarecedores para a compreensão do Novo Testamento provêm das literaturas judaica e greco-romana. É o que ocorre, por exemplo, com o Sábado — a proibição ultrassevera de trabalho em Qumran faz os fariseus parecerem lenientes, em vez de legalistas, quanto ao Sábado; os fariseus eram mais indulgentes e pragmáticos que a comunidade de Qumran (*Documento de Damasco*, 11.13-14). Podemos delinear as práticas do Sábado de Jesus com mais precisão quando utilizamos em conjunto os Manuscritos do mar Morto e a literatura rabínica (pós-farisaica) para interpretar os evangelhos.

E quanto às fontes gregas? A resposta é simples. Quem poderia argumentar que as palavras de Paulo em Atenas — "Também somos descendência dele" — seriam, de alguma forma, menos convincentes, se sabemos que talvez possam derivar do extraordinário poema do estoico Arato, do século 3 a.C.? A verdade é esta: *bons estudos e boa pregação requerem conhecimento equilibrado e completo das literaturas judaica e greco-romana, se pretendem esclarecer o Novo Testamento com exatidão.*

Esse esclarecimento não é meramente uma questão de identificar paralelos — a famosa "paralelomania", de Samuel Sandmel — entre o judaísmo e o cristianismo primitivo ou entre a literatura greco-romana e o Novo Testamento.[65] O esforço para identificar paralelos, destacam corretamente os críticos desse método, pode facilmente minar a distinção do cristianismo primitivo. Esse esforço polêmico é tão equivocado quanto ignorar a matriz cultural do cristianismo primitivo. A relação entre o mundo greco-romano, o judaísmo e o cristianismo é mais texturizada do que uma simples lista de paralelos pode comunicar. Portanto, permitam-me oferecer duas maneiras pelas quais uma abordagem matizada da relação entre o cristianismo e as culturas nas quais ele se desenvolveu provou-se indispensável para nossa compreensão da igreja primitiva.

| Preenchendo as lacunas

As literaturas judaica e greco-romana fornecem o que não está disponível na literatura cristã primitiva. Considere, por exemplo, a compreensão do

---

[65] Samuel Sandmel, "Parallelomania", *Journal of Biblical Literature*, n. 81 (1962), p. 1-13.

êxtase com a qual flertam os escritores neotestamentários. Lucas adota a palavra *ekstasis*, mas não define êxtase. Nem Paulo, nem qualquer outro autor do Novo Testamento. Nem mesmo o autor do Apocalipse, que se identifica como livro de profecias (Apocalipse 22:18-19) e contém inúmeras visões, define o êxtase. No entanto, Fílon, o Judeu, autor cosmopolita judeu do primeiro século que viajou de Alexandria a Roma e possuía conhecimento das comunidades na Palestina, define o êxtase — e de forma detalhada. Na verdade, ele dedica considerável atenção ao *ekstasis* quando o termo aparece em Gênesis 15:12.[66] Em suma, Fílon fornece o que falta no Novo Testamento (ou no Antigo): a definição clara de uma palavra adotada, mas não explicada, no Novo Testamento. Seria mediocridade ignorar as definições de êxtase de Fílon.

Também seria mediocridade ignorar os escritos inestimáveis do autor romano Plutarco, cuja vida abrangeu praticamente toda a igreja primitiva, a saber, de cerca de 46 a 120 d.C. Lembremos a importância do trabalho de Plutarco para nossa análise do êxtase, não apenas porque ele oferece uma definição clara de inspiração, mas porque, como entusiasta da Nova Academia, ele propôs concepções alternativas, em vez de um único ponto de vista. A esse respeito, sua produção literária às vezes se prova mais frutífera ainda que a de Fílon, porque este tende a defender um ponto de vista pessoal. Um diálogo como *Sobre a obsolescência dos oráculos* oferece várias explicações mutuamente exclusivas da inspiração délfica, enquanto *Sobre o signo de Sócrates* versa de forma meticulosa sobre as possíveis explicações da inspiração misteriosa de Sócrates. Plutarco oferece, em minúcias, uma série de pontos de vista sobre a mecânica da inspiração, indispensáveis para entendermos o que os autores do Novo Testamento adotam sem explicar. Em suma, Plutarco fornece o que não encontramos no Novo Testamento (ou no Antigo).

Correspondência entre livros tão diferentes quanto a noite e o dia

A segunda razão pela qual estudiosos, professores e pregadores se beneficiam em prestar atenção cuidadosa à relação entre o cristianismo primitivo e as culturas é esta: a identificação de *paralelos* muitas vezes se encaixa perfeitamente na descoberta de *diferenças*. Essa percepção me veio à mente

---

[66] Fílon, o Judeu, *Quem é o herdeiro das coisas divinas?*, p. 249, 258, 263-5.

quando falei sobre o espírito santo na Prefeitura de Seattle, como parte de uma série de palestras que acompanhou uma exposição dos Manuscritos do mar Morto no Centro de Ciências do Pacífico. Comecei a palestra com um videoclipe de *The Patty Duke Show*, uma série de televisão que minha família acompanhou durante a década de 1960. O show é sobre "primas idênticas", ambas interpretadas por Patty Duke. Uma das primas é uma britânica educada e urbana; a outra, uma adolescente do Brooklyn que gosta de *rock 'n' roll*: "Correspondência entre dois livros/tão diferentes quanto a noite e o dia", como diz a música-tema do programa.

De muitas maneiras, os Manuscritos do mar Morto e o Novo Testamento são correspondentes, embora tão diferentes quanto a noite e o dia. Parecem primos idênticos, um dueto fantástico para o historiador que está desesperado por descobrir textos e contextos análogos que esclareçam o caráter complexo e confuso da igreja primitiva. Ainda assim, o valor dos supostos paralelos frequentemente reside nas diferenças que conduzem ao surgimento de características negligenciáveis ou discretas do Novo Testamento.

Em 1Coríntios, por exemplo, Paulo pergunta aos crentes de Corinto, à queima-roupa: "Não sabeis vós que sois o templo de Deus e que o espírito de Deus habita em vós?". A metáfora do templo cheio do espírito ocorre em uma pergunta dirigida não a indivíduos, mas a uma comunidade inteira — semelhante à expressão "todos vocês". Esse templo, essa comunidade, também é santo: "O templo de Deus, que sois vós, é santo" (1Coríntios 3:16-17, ARC).

O documento oficial de Qumran, a *Regra da comunidade*, contém concepção semelhante. Os habitantes desse enclave desértico existiam "para estabelecer o espírito de santidade na verdade eterna, para expiar a culpa da iniquidade e a infidelidade do pecado [...] sem a carne dos holocaustos e sem a gordura dos sacrifícios", pois são "uma casa santa para Arão, a fim de formar uma comunidade santíssima e uma casa da Comunidade para Israel, aqueles que andam na perfeição" (*1QS* 9.3-6).[67]

---

[67] Para uma combinação semelhante de concepções em *4QFlorilegium*, veja Bertil E. Gärtner, *The Temple and the Community in Qumran and the New Testament*, Society of New Testament Studies Monograph Series 1 (Cambridge: Cambridge University Press, 1965), p. 30-42. A descrição detalhada da cerimônia anual de renovação da aliança durante o Pentecostes, em que novos membros eram levados para a comunidade em Qumran, demonstra uma autoconsciência comunal semelhante (*1QS* 1.21—3.12, especialmente 3.6-9). Em outro lugar, a comunidade é "uma plantação eterna, uma casa santa para Israel e o fundamento do Santo dos Santos para Arão" (*1QS* 8.5-6). É uma "preciosa pedra angular", "a morada santíssima de Arão, [...] uma casa de perfeição e verdade em Israel" (*1QS* 8.7,9).

A semelhança entre os manuscritos do mar Morto e a carta de Paulo aos coríntios ressalta as diferenças entre eles. Em primeiro lugar, os coríntios, em contraste com a comunidade do mar Morto, eram a junção de grupos de pessoas cujo lugar na hierarquia comunal era determinado pelo suposto valor dos dons espirituais individuais.[68] Em segundo lugar, os habitantes de Qumran associavam o espírito à *verdade eterna*, mas os coríntios, em sua inclinação ao falar em línguas, privilegiavam uma "mente [...] infrutífera" (1Coríntios 14:14). Em terceiro lugar, a comunidade em Qumran era regulada por uma paixão cotidiana pela santidade, que o espírito de santidade transmite,[69] mas os coríntios toleravam o que Paulo considerava atos vergonhosos de impureza, como um homem que vive com a esposa do pai (5:1-8) ou a ganância e a divisão à mesa do Senhor (11:17-22) — atos que teriam resultado em expulsão permanente na comunidade em Qumran, em vez da ordem mais leniente de Paulo de excluir temporariamente o ofensor, para que pudesse ser restaurado à comunidade.

Essas duas comunidades — uma, a porta de entrada de um animado porto marítimo grego; a outra, um enclave isolado perto do mar Morto — são idênticas e tão diferentes quanto a noite e o dia. As pessoas que construíram o enclave junto ao mar Morto e que, quando os romanos ameaçaram sua existência pacífica, esconderam pergaminhos no alto das cavernas, entendiam que o espírito santo inspira toda uma comunidade. Contudo, sua capacidade de entender esse ponto surgiu de uma falha em seus fundamentos. A unidade em Qumran surgiu da uniformidade. Todos eram judeus. Todos eram judeus privados de direitos, unidos em oposição aos sacerdotes de Jerusalém. Todos — ou pelo menos a maioria — eram judeus do sexo masculino. Todos esses judeus do sexo masculino passaram por um rigoroso período de iniciação de dois ou três anos. Todos, durante sua permanência como membros da comunidade, podiam ser severamente disciplinados: cuspir na assembleia acarretava pena de trinta dias de exclusão; andar desnecessariamente nu na

---

[68] Veja 1Coríntios 1:10—3:23; 12—14.
[69] O crente de Qumran era "trazido para perto" ou levado para a comunidade pela dádiva do espírito de santidade interior. Esse "aproximar-se" implicava um tipo de purificação diretamente relacionado ao dom do espírito de santidade: "Aplaquei tua face pelo espírito que colocaste [em mim] para dispensar abundantemente tuas [bondades] em [teu] servo para sempre, para me purificar com teu espírito santo, para me aproximar, segundo tua vontade, de acordo com a extensão das tuas bondades" (*1QH* 8.19-20). Para uma análise detalhada, veja H.-W. Kuhn, *Enderwartung und gegenwärtiges Heil: Untersuchungen zu den Gemeindeliedern von Qumran*, Studien zur Umwelt des Neuen Testaments 4 (Göttingen: Vandenhoeck & Ruprecht, 1966), p. 117-39.

frente de outras pessoas levava a seis meses de punição; difamar outro indivíduo significava um ano inteiro de punição e exclusão da refeição comunitária, enquanto difamar a comunidade como um todo levava à exclusão permanente. Provavelmente, não era difícil manter a unidade, vivendo como um templo santo e cheio do Espírito, quando essa unidade era imposta pela uniformidade regularizada e pela ameaça de expulsão.

A igreja de Corinto, em contraposição, era uma igreja missionária, produto da paixão da igreja primitiva pela expansão constante. Nessa comunidade da costa da Grécia, ricos e pobres faziam juntos as refeições comunitárias. Alguns eram soldados com compromissos anteriores com o Império Romano; outros eram escravos; outros ainda eram urbanos ricos, talvez até mesmo seus proprietários. As mulheres também eram líderes: elas oravam e profetizavam durante a adoração (1Coríntios 11:5). Todas essas disparidades e as tensões que inflamavam contribuíram para estruturas sociais caleidoscópicas e, sem dúvida, para os cismas que atormentavam Corinto e levaram Paulo a lembrá-los de que eles eram um templo cheio do espírito.

Apesar das falhas da comunidade encravada e agrupada junto ao mar Morto, suas virtudes permitem ao erudito, ao professor ou ao pregador a dois milênios de distância no tempo compreender a realidade e até mesmo a decepção de Corinto. Os coríntios foram divididos, fragmentados pelo uso do que chamavam "dons espirituais" — ensino, cura, generosidade — a ponto de gerar hierarquias caóticas, baseadas em qualquer dom que fosse considerado superior. Os coríntios não tinham fome de santidade: em vez disso, permitiam que lapsos morais repreensíveis apodrecessem diante de seus olhos. E os coríntios se dividiram em grupos leais a diferentes líderes. É dessas falhas que a metáfora do templo, que apreendemos tão claramente nos Manuscritos do mar Morto, trata de maneira incisiva. A metáfora do templo cheio do espírito para uma comunidade unificada cuja santidade transcende meros indivíduos constitui crítica direta ao erro coríntio relacionado a grupos discordantes e à confusão moral.

A comparação superficial entre os Manuscritos do mar Morto e o Novo Testamento destaca a importância marcante de identificar pontos de ressonância e de resistência entre o Novo Testamento e sua matriz cultural — lição que vai muito além das origens da pneumatologia. Há pouco a temer na identificação de correspondências. Seria estranho, e até mesmo impensável, que uma coleção de documentos escritos em grego por judeus não tivesse nada em comum com as culturas que os criaram. No entanto, é essencial também ter em mente que os primeiros planos greco-romanos e judaicos do Novo Testamento fornecem elementos de continuidade e descontinuidade. O templo cheio de espírito — concepção adotada pela *Regra da comunidade* e por 1Coríntios — parece bem diferente na comunidade situada às margens do mar Morto, em comparação com a do golfo de Corinto. Uma é homogênea, predominantemente masculina e rigorosamente ordenada; a outra é diversa, liderada em parte por profetisas e transitando no limite da anarquia espiritual. As falhas e virtudes de uma comunidade ajudam-nos a identificar as virtudes e falhas da outra.

A pequena Eileen O'Connell, ao que parece, nada tinha a temer, nenhum fundamento para reivindicar Maria para os católicos. Os cristãos não têm motivos para se preocupar com a continuidade e a descontinuidade que prendiam a igreja primitiva aos ambientes greco-romano e judaico.

A vitalidade do judaísmo

Os judeus, herdeiros da grande e honesta herança de Israel, reivindicavam o espírito santo muito antes de o cristianismo existir. A literatura rabínica também demonstra que os judeus reivindicavam o espírito muito depois de os cristãos terem entrado em cena. Eles afirmaram tê-lo desde o nascimento, e declaravam, em outros contextos, receber o espírito em experiências animadas. Portanto, as literaturas israelita e judaica primitiva não podem mais ser lidas como uma imagem inversa da vitalidade do cristianismo. Há pouco mais de um século, Paul Volz enfatizava exatamente esse ponto, mas, em infeliz prestidigitação acadêmica, sua agenda para as origens da pneumatologia foi amplamente ignorada. Volz observa com particular acuidade:

> O hábito de comparar uma forma de judaísmo que está chegando ao fim com uma forma juvenil de cristianismo tem levado regularmente a um mal-entendido com relação ao primeiro. Isso é historicamente inadequado e, além disso, é muito mais provável que a nova religião tenha surgido em um período de agitação e profundo sentimento religioso, e não em um período entorpecido e moribundo.[70]

---

[70] Volz, *Geist Gottes*, p. 144 (no original, tradução do autor para o inglês).

É pena que a interpretação de Volz acerca da compatibilidade entre judaísmo e cristianismo, que ele enquadrou antes da deflagração de duas guerras mundiais e dos horrores a elas associados, tenha ficado em silêncio enquanto uma visão árida e legalista do judaísmo, vazia de espírito e desprovida de profecia, continuava a exercer influência. É lamentável do ponto de vista histórico. A literatura existente — inclusive os manuscritos do mar Morto, descobertos muito depois de sua morte — prova que Volz estava certo. É lamentável também do ponto de vista contemporâneo. Tanta água passou por baixo da ponte durante o século 20, mas muitos cristãos continuaram a se afastar da fonte de sua espiritualidade, que vai muito longe no tempo, além da inspiração da igreja primitiva, até as experiências de Israel e a vitalidade do judaísmo.

4. UM MODELO DE INSPIRAÇÃO E UM FUTURO UNIFICADO PARA A IGREJA

Em 1801, nos montes ondulados da paisagem bucólica do Kentucky, o espírito santo, de acordo com os espectadores, soltou-se e quebrou a paz com um rugido semelhante ao das cataratas do Niágara. Um dos presentes, o reverendo James B. Finley, recorda os notáveis sinais da presença do espírito:

> Uma enorme multidão, que alguns supõem ter chegado a 25 mil pessoas, reuniu-se. O barulho era como o rugido do Niágara. [...] Algumas pessoas cantavam, outras oravam, algumas clamavam por misericórdia nos tons mais lamentosos, enquanto outras gritavam espalhafatosamente. [...] Meu coração batia descompassado, meus joelhos tremiam, meus lábios tiritavam, e senti como se fosse cair ao chão. [...] A cena que então se apresentou à minha mente foi indescritível. De repente, vi pelo menos quinhentas pessoas caírem de uma só vez, como se uma bateria de mil armas tivesse sido disparada contra elas, e então imediatamente se seguiram guinchos e gritos que rasgaram os próprios céus.[71]

Barton Stone, um dos organizadores dessa reunião, descreveu o que denominou como "exercícios": empurrões, danças, uivos, risos, correria

---

[71] William Peter Strickland (ed.), *Autobiography of Rev. James B. Finley; or, Pioneer Life in the West* (Cincinnati: Methodist Book Concern, 1853), p. 166-7.

e cânticos.⁷² O avivamento de Cane Ridge capta a essência do avivamento americano, com sua profunda paixão, ignição de fervor e manifestações físicas extraordinárias.

Avancemos mais um século, quando, então, fenômenos semelhantes eclodiram, agora não na topografia pastoril do Kentucky, mas em um bairro desinteressante e malcuidado de Los Angeles:

> Em uma noite de neblina na primavera de 1906, nove dias antes do terremoto de São Francisco, um pequeno grupo de santos negros e brancos reuniu-se em uma casa de um bairro decadente de Los Angeles para buscar o batismo no Espírito Santo. Antes que a noite acabasse, uma criança assustada saiu correndo da casa para contar a um vizinho que as pessoas lá dentro haviam caído ao chão gritando em línguas estranhas. Vários dias depois, o grupo mudou-se para um estábulo abandonado na rua Azusa, onde foram descobertos por um repórter do *Los Angeles Times*. A "noite tornou-se horrível [...] pelos uivos dos adoradores", escreveu ele. "Os devotos da estranha doutrina praticam os ritos mais fanáticos, pregam as teorias mais tresloucadas e se entregam a um estado de excitação veemente."⁷³

Embora tenha havido barulho e manifestações significativas em outras partes do mundo, aquela noite na rua Azusa marca o nascimento do pentecostalismo moderno.

Não se pode dizer que outros ramos do cristianismo estivessem adormecidos na primavera de 1906. Uma década antes, Charles M. Sheldon publicou um livro extremamente popular, intitulado *Em seus passos o que faria Jesus?* [Mundo Cristão], que encapsulou os ideais do movimento do Evangelho Social e vendeu milhões de exemplares.⁷⁴ Pouco mais de uma década depois, Walter Rauschenbusch publicou o livro *Uma teologia para*

---

⁷² A vívida descrição de Barton Stone pode ser encontrada em Sydney E. Ahlstrom, *A Religious History of the American People* (New Haven: Yale University Press, 1972), p. 434-5.

⁷³ Grant Wacker, "A Profile of American Pentecostalism", in: Harold D. Hunter (ed.), *Pastoral Problems in the Pentecostal-Charismatic Movement*, Thirteenth Annual Conference of the Society for Pentecostal Studies (Cleveland, TN, 1983), p. 1. Esse volume contém uma coletânea de artigos. O artigo de Wacker começa na página 1 de sua contribuição, assim como todos os artigos do volume. Veja mais em Grant Wacker, *Heaven Below: Early Pentecostals and American Culture* (Cambridge, MA: Harvard University Press, 2001).

⁷⁴ O livro foi publicado originalmente em 1896, mas a editora Chicago Advance não reivindicou os direitos autorais, por isso acabou publicado por outras editoras também.

o *Evangelho Social* [Fiel], no qual transmitia "uma concepção sombria do reino do Maligno e uma concepção notavelmente evangélica do reino de Deus. Embora nunca minimizando o pecado individual, ele enfatizou o mal nas estruturas sociais não redimidas — costumes herdados e instituições que fomentam o amor-próprio, de modo que 'uma geração corrompe a seguinte'".[75]

Essa divisão desnecessária, mas obstinada, representada pela rua Azusa e pelo Evangelho Social, continua até hoje na América do Norte. Em um curso introdutório que leciono ocasionalmente sobre formação espiritual, os alunos usam tanto o *Livro de oração comum* como o livro *Salvation on Sand Mountain* [Salvação em Sand Mountain], um relato emocionante de manipuladores de serpentes dos montes Apalaches. Duas citações desses livros representam os confins do espectro pneumatológico. O anglicano *Livro de oração comum* contém palavras simples, que situam a obra do espírito em um sacramento — o batismo na água:

> Você é selado pelo Espírito Santo no batismo.

Por um lado, o selo do espírito é simples e inegável, quer a pessoa sinta ou não a presença do espírito santo de alguma forma tangível. Por outro lado, em *Salvation on Sand Mountain* a obra do espírito santo é descrita de uma forma diferente. Um irmão chamado Cecil experimenta o espírito santo de maneira dramática:

> Agora, há um homem que realmente é ungido pelo Espírito Santo. Ele ficará tão empolgado que usará uma cascavel para limpar o suor da testa.[76]

A obra do espírito é tão poderosa que Cecil perde a consciência de si mesmo e enxuga a testa com uma cascavel.

Essa divisão exerceu grave impacto nas igrejas locais. Herdeiro ou primo do pentecostalismo, o movimento carismático, que criou raízes na década de 1960, floresceu na década de 1970 e continua até hoje, fez grandes incursões nas igrejas locais, muitas vezes ocasionando falhas profundas dentro

---

[75] Grant Wacker, "The Social Gospel", in: Mark A. Noll (ed.), *Christianity in America: A Handbook* (Grand Rapids: Eerdmans, 1983), p. 320.
[76] Dennis Covington, *Salvation on Sand Mountain* (New York: Penguin, 1995), p. 46.

das igrejas. Certa análise sociológica de uma igreja local nas montanhas Blue Ridge, que rastreia o caminho até o cisma, começa assim:

> Em 1990, a Igreja Metodista Unida Memorial de Hinton passou por um cisma. Assolada por conflitos durante quase três anos, a congregação acabou se dividindo ao longo das cisões dos metodistas carismáticos suburbanos *versus* metodistas tradicionais de cidade pequena. Para qualquer um que passou muito tempo examinando os embates e a reconciliação dos confrontos pentecostais tradicionais, a história pode parecer familiar: uma fervura lenta, um fracionamento aberto e, em seguida, uma divisão dolorosa. Contudo, por trás dessa sequência esperada de eventos congregacionais locais, há indícios de escaramuças na linha de frente sobre a reestruturação denominacional, resultantes, em parte, da influência do movimento carismático tradicional.[77]

O cisma em Hinton ocorreu em escala local. Em escala global, o impacto de uma forma pentecostal e carismática florescente do cristianismo tem sido apreciável. Na América Latina, por exemplo, o pentecostalismo e o cristianismo tradicional nem sempre foram parceiros muito tranquilos. Enquanto os teólogos da libertação pediam que a igreja estabelecida abandonasse seu alinhamento com a elite governante, porque Deus tem preferência pelos pobres, muitos desses mesmos pobres foram afastados das principais igrejas protestantes e da Igreja Católica Romana, sendo direcionados às comunidades pentecostais.

Seja em movimentos históricos do século 20, seja em um impasse eclesial na América Latina, seja ainda em simples igrejas locais nas montanhas Blue Ridge, é difícil evitar a impressão de que a igreja pode estar caminhando na direção de dois cristianismos, e não de um. A linha divisória, pelo menos em parte, está fixada no ponto em que os cristãos pensam que o espírito se manifesta no espetacular ou que aparece em uma espiritualidade estável. Essa trajetória é preocupante, porque o coração do êxtase bate com mais força nas chamadas nações em desenvolvimento do Sul global, como

---

[77] Nancy L. Eiesland, "Irreconcilable Differences: Conflict, Schism, and Religious Restructuring in a United Methodist Church", in: Edith L. Blumhofer, Russell P. Spittler e Grant A. Wacker (eds.), *Pentecostal Currents in American Protestantism* (Urbana and Chicago: University of Illinois Press, 1999), p. 168.

a Nigéria, que assistiu a um crescimento explosivo de igrejas pentecostais. É provável que a divisão produzida por experiências drasticamente diferentes do espírito acabe gerando, quando exacerbada por profundas divisões geopolíticas, dois cristianismos.

A Escritura e o espírito

Quando olhamos para o futuro, é com o encargo de desenvolver uma pneumatologia que preencha essa divisão e traga os cristãos para o centro, embora sem sacrificar as características de ambas as extremidades do espectro. Uma pneumatologia viável e vibrante para o futuro deve aceitar a simbiose do êxtase e do entendimento, da espontaneidade e do estudo. As sementes de tal pneumatologia, sugiro, estão apresentadas neste livro. O capítulo 3, em particular, oferece uma base para a unidade: a interpretação inspirada das Escrituras.

Nessa linha, o espírito inspira o que, a princípio, parece ser uma atividade espontânea, com figuras dominadas pelo espírito. Em um exame mais minucioso, torna-se claro que a alquimia do espírito inclui a preparação, particularmente o estudo da literatura apreciada. Lembremos as figuras relativamente obscuras de Amasai e Jaaziel. O revestimento e a vinda do espírito sobre esses homens são dramáticos, vigorosos — como o espírito que inspirou os juízes a realizar feitos notáveis. Contudo, quando o espírito vem sobre Amasai e Jaaziel, eles fazem outra coisa: reúnem fragmentos da literatura israelita de uma forma inspirada. Em outras palavras, a inspiração implica a aplicação do que eles já sabiam a uma situação histórica concreta em particular.

Os autores judeus Ben Sirá, Fílon, o Judeu, e Josefo mantêm a convicção firme de que Deus os inspirava quando interpretavam as Escrituras. O(s) autor(es) dos *Hinos de Qumran* apegavam-se firmemente à inspiração do espírito enquanto citavam texto após texto da *Torá* e da literatura profética em palavras novas de oração e adoração e — pelo menos na opinião dele(s) — inspiradas.

A combinação de inspiração intensa com a interpretação das Escrituras também caracteriza inúmeros textos do Novo Testamento, desde a história de Simeão, no evangelho de Lucas, até o livro do Apocalipse, uma autoproclamada profecia rica de linguagens conjuntas do espírito e das Escrituras, particularmente dos livros de Daniel e Ezequiel. Simeão, embora seja uma figura secundária no evangelho de Lucas, constitui um extraordinário modelo de interpretação inspirada das Escrituras. Ele estava pronto não por ter experimentado, como Eliú, a inquietante sensação da presença do espírito santo. Simeão estava pronto porque era devoto — palavra-código para alguém dedicado às disciplinas do judaísmo. Simeão também aguardava a "consolação de Israel", uma promessa de salvação retratada de forma pungente nos capítulos finais do livro profético de Isaías. Simeão era permeado por essa visão, moldado pela expectativa que ela despertou, e suas palavras a respeito de Jesus podem ser rastreadas até os cânticos do servo (Isaías 40—55). Seu conhecimento do livro de Isaías era tão profundo e completo que, quando chegou o tempo, o espírito o inspirou a reconhecer o culminar de suas palavras na vida e na morte de um menino. Simeão foi inspirado porque era vigilante, porque mantinha uma devoção regular e estudava as profecias de Isaías 40—55, que agora via tomando forma no bebê que seria luz para as nações e ofereceria a salvação a todos os povos do mundo.

De fato, a interpretação inspirada das Escrituras permeia o Novo Testamento. O paráclito, no Quarto Evangelho, traz a Escritura israelita à mente para que se entendam as palavras e as obras de Jesus. O espírito na carta aos hebreus não inspira tanto as Escrituras, mas *amplia* sua mensagem de uma forma sutil, de modo a se tornar relevante para os destinatários da carta. E Paulo, ele mesmo mestre e, como o revelador de mistérios nos *Hinos* dos manuscritos do mar Morto, reivindica o espírito santo ao desbloquear, *aplicar* e modificar o texto do Antigo Testamento de maneira incomum e surpreendente. Lembremos sua interpretação idiossincrática — ele diria *inspirada* — da história de Moisés e dos israelitas em 2Coríntios 3, como Paulo gira o texto, virando-o em diferentes direções, modificando suas palavras e interpretando-o em vários níveis, ao mesmo tempo para aplicar o detalhe do véu a Moisés, aos leitores da sinagoga de sua época, aos crentes em Jesus e até mesmo ao próprio evangelho. O pensamento de Paulo apresenta uma destreza, uma maleabilidade, que lhe confere força. Quando reflito sobre o movimento de 2Coríntios 3, lembro-me de um boxeador peso-galo que confia na velocidade e na agilidade dos pés mais que na força de golpes severos. Uma surpreendente gama de aplicações na leitura que Paulo faz da história de Moisés chama-nos a atenção para sua maneira de ler, ao conduzir os coríntios de Moisés a Cristo, do deserto ao texto escrito, que é fonte de transformação e de glória quando corretamente lido, de trás para frente, do fim para o começo, de Cristo a Moisés, do espírito à *Torá*.

Êxtase e edificação

A reivindicação de Paulo à interpretação inspirada das Escrituras reflete seu compromisso mais geral em preservar o espaço compartilhado entre o êxtase e a edificação. Apesar da hierarquia prejudicial que a *glossolalia* ajudou a criar em Corinto, Paulo não jogou a criança fora com a água do banho. Ele se recusou a descartar o êxtase por causa das aberrações a que pode levar. Em vez disso, descobriu meios pelos quais os coríntios podiam manter o êxtase — um êxtase que educa, incompreensão que, quando corrigida, edifica a comunidade como um todo.

A simbiose entre êxtase e entendimento é fundamental também para o livro de Atos, no qual o espírito combina o melhor do êxtase com uma profunda capacidade de entendimento. Na narrativa de Atos, descobrimos uma misteriosa coalescência de êxtase e contenção que se mostra abundante com a fragrância do arrebatamento greco-romano e encontra fundamento em um profundo conhecimento das Escrituras judaicas. Essa química vai além das divisões típicas. Da perspectiva dessa simbiose, Atos não trata de *xenolalia* (compreensão) *versus glossolalia* (incompreensão). Atos não versa sobre êxtase (incompreensão) *versus* contenção (compreensão). Atos não trata de batismo nas águas *versus* batismo espiritual. Lucas oferece muito mais: um modo de inspiração que une a quintessência do êxtase à acuidade intelectual.

Quanto a isso, lembremos a narrativa do Pentecostes, que exibe elementos referentes ao êxtase — fogo, enchimento e aparente embriaguez — e a compulsão ao entendimento, quando os seguidores de Jesus recitam em línguas compreensíveis a litania dos atos de Deus dignos de louvor. Em outras passagens de Atos, crentes inspirados cheios do espírito pregam e ensinam a respeito de Jesus à luz das Escrituras judaicas. Pedro, cheio de espírito, lembra Salmos 118:22. E assim por diante: *encher-se do espírito, no livro de Atos, é evidente principalmente por meio da interpretação inspirada das Escrituras.*

Lembremos também como a poderosa simbiose em Atos entre o êxtase e a acuidade exegética é evidente em uma tríade relacionada ao falar em línguas. Em Atos 2, os seguidores de Jesus falam em *outras* línguas, recitando em dialetos inteligíveis atos de Deus dignos de louvor. Em Atos 10, eles falam em línguas e *louvam*, mais uma vez mencionando atos de Deus dignos de louvor. Em Atos 19, eles falam em línguas e *profetizam* — uma forma de comunicação sempre inteligível e concreta no livro de Atos. Todos esses são atos de fala inteligíveis, embora sua associação com o falar em línguas sugira que eles não são *meramente* atos de fala inteligíveis. Lucas recusa-se a optar pelo entendimento ou pelo êxtase, porque seu conhecimento da inspiração combina as formas mais respeitadas do êxtase greco-romano — na verdade, tão respeitadas que judeus como Fílon, o Judeu, as adotaram para explicar a inspiração profética — com a mais rica interpretação das Escrituras judaicas para iluminar a vida, a morte, a ressurreição e ascensão de Jesus.[78] Portanto, a representação do falar em (outras) línguas em Lucas une o êxtase ao entendimento — o que o pentecostal Blaine Charette chama "êxtase inteligível e controlado" e o que Fílon, o Judeu, pode ter identificado como um exemplo de "embriaguez sóbria".[79]

Inspiração e investigação

Não fui o primeiro a apresentar a interpretação inspirada das Escrituras. David Aune escreveu um artigo pioneiro sobre o assunto.[80] David Orton, em *The Understanding Scribe: Matthew and the Apocalyptic Ideal* [O escriba do entendimento: Mateus e o ideal apocalíptico], identifica facetas significativas da interpretação inspirada das Escrituras no judaísmo antigo e no evangelho de Mateus. O recente livro *Spirit and Scripture: Examining a Pneumatic Hermeneutic* [Espírito e Escritura: examinando uma hermenêutica pneumática] oferece outros exemplos e tipos de interpretação inspirada. Nesse livro, Mark Boda explora, em extensões que não faço, a noção do escriba e do profeta inspirado em Israel.[81] Archie Wright oferece uma excelente avaliação da interpretação inspirada no período do Segundo Templo — período no qual o cristianismo emergiu.[82] Ronald Herms escreve sobre o livro de Apocalipse — um texto ao qual decidi dedicar apenas

---

[78] Veja *Filled with the Spirit*, p. 343-4, para uma declaração mais completa.
[79] Sobre a "embriaguez sóbria" nos escritos de Fílon, o Judeu, veja *Filled with the Spirit*, p. 332-4; sobre o "êxtase inteligível e controlado", veja Blaine Charette, "'And Now for Something Completely Different': A 'Pythonic' Reading of Pentecost?", *Pneuma*, n. 33 (2011), p. 62.
[80] David E. Aune, "Charismatic Exegesis in Early Judaism and Early Christianity", in: James H. Charlesworth e Craig A. Evans (eds.), *Pseudepigrapha and Early Biblical Interpretation*, Journal for the Study of the Pseudepigrapha: Supplement Series 14 (Sheffield, UK: JSOT, 1993), p. 126-50.
[81] Mark Boda, "Word and Spirit, Scribe and Prophet in Old Testament Hermeneutics", in: Kevin L. Spawn e Archie T. Wright (eds.), *Spirit and Scripture: Examining a Pneumatic Hermeneutic* (London: T. & T. Clark, 2012), p. 25-45.
[82] Archie T. Wright, "Second Temple Period Jewish Biblical Interpretation: An Early Pneumatic Hermeneutic", in: Spawn e Wright (eds.), *Spirit and Scripture*, p. 73-98.

algumas linhas neste livro, embora também possa ser considerado um bom exemplo de interpretação inspirada.[83]

Não vou concluir este livro com um ensaio bibliográfico. Penso que soaria como um anticlímax. No entanto, quero deixar claro que apenas arranhei a superfície. Espero ter sido suficientemente hábil em minha exposição para demonstrar que essa foi a maneira fundamental de entender a inspiração em Israel, no judaísmo antigo e no cristianismo primitivo.

Não é nesse ponto, um ponto histórico, que concluirei este livro, porque estou preocupado, até mesmo ansioso, pela divisão que está se formando devido à estagnação de muitas denominações tradicionais e ao crescimento explosivo do pentecostalismo. De que forma o conhecimento da interpretação inspirada das Escrituras de dois a três milênios atrás lida com a ameaça de uma dicotomia global na igreja?

Na literatura israelita, o espírito se move para transformar textos e tradições mais antigos em recursos para épocas mais recentes. No judaísmo, o espírito se move para esclarecer a relevância das Escrituras em situações novas e desafiadoras, desde a criação de uma comunidade no deserto às margens do mar Morto até o Egito alexandrino, onde interpretações alegóricas inspiradas resolvem dificuldades da *Torá*, como, por exemplo, quando as cobras falam em jardins de prazer. Em todo o Novo Testamento, o espírito santo ancora uma compreensão de Jesus às Escrituras de Israel. Vez após vez, o espírito lembra os textos antigos que esclarecem quem era Jesus e o que ele fez. Simeão não foi o único a experimentar esse tipo de inspiração. Os seguidores de Jesus no Evangelho de João receberam revelação dessa maneira. Os apóstolos falavam às multidões hostis dessa maneira. O autor da carta aos hebreus instruiu seus leitores dessa maneira. E Paulo encontrou o mais profundo nível de significado nas Escrituras dessa maneira. Todos eles inspirados, mas inspirados quando se abaixaram para olhar (como Fílon tão habilmente o expressou) a *Torá*, os Profetas e os Escritos.[84]

Sob tal perspectiva, a principal tarefa do espírito santo entre os cristãos é esclarecer a pessoa de Jesus, definindo suas palavras e ações no contexto das poesias, narrativas e profecias de Israel. Essas são as conexões que se mostram tão frutíferas, tão importantes, tão inspiradas. Lembremos

---

[83] Ronald Herms, "Invoking the Spirit and Narrative Intent in John's Apocalypse", in: Spawn e Wright (eds.), *Spirit and Scripture*, p. 99-114.

[84] Fílon, o Judeu, *Sobre as leis especiais*, 3.1-6.

por um momento do episódio do Concílio de Jerusalém, em Atos 15, uma reunião que abriu a porta para uma igreja inclusiva, em vez de criar um enclave étnico. Lembremos quanto os primeiros cristãos levavam a sério a experiência de Pedro sobre o derramamento do espírito sobre os gentios. Lembremos como eles debateram as evidências de maneira implacável. E lembremos como Tiago apelou naturalmente, por fim e com sabedoria, a uma passagem pouco conhecida da profecia de Amós — um texto relativamente desconhecido, um oráculo misterioso, um ditado obscuro — e como a igreja o aceitou, de modo que Tiago pôde escrever em uma carta a uma igreja madura em Antioquia: "Pareceu bem ao Espírito Santo e a nós...".

Este livro foi impresso pela Cruzado
em 2022 para a Thomas Nelson Brasil.
A fonte usada no miolo é Karmina
O papel do miolo é pólen natural 70g/m².